제5판

로스쿨
민사소송법의 정석

변호사 정연석 著

정독
DEEP READING

제5판 머리말

2023년, 제5판의 개정사항

올해 **제5판**은 독자 여러분의 넘치는 **관심과 사랑에 보답하는 심정**으로 집필했습니다. 본서를 처음 출간할 때 꼭 실현하고 싶었던 본질적 의도를 그대로 살리면서도, 로스쿨 민사법 강의와 연구에 오롯이 매진했던 9년의 경험을 온전히 담아내는 개정을 하려 모든 애를 썼습니다.

제5판에서는 아래와 같이 적지 않은 **'향상'**이 있었습니다.

첫째, 가장 최근 2023년 2월까지의 최신 대법원 판례 및 개정 법령을 모두 반영하였습니다.

'변호사시험 출제범위인 가장 최근 판례까지 1회독 단계부터 기본서로 반복'한다는 저의 **집필 및 강의 원칙**은 해가 갈수록 수험효율 측면에서 장점이 커지고 있습니다. 올해 8월까지 본서로 2회독을 마친 학생들은 9월에 개설되는 「**최신 1.5개년 민사판례 총정리**」 강의에서 **3~6월의 4개월간 선고된 판례**(**강의자료에 별도 표시**)**만 업데이트** 하시면 될 것이어서 최신판례 학습 부담이 매우 줄어들 것입니다.

둘째, 비단 최신 판례 외에도 **기록형 및 선택형 대비를 위한 대법원 판례를 대폭 추가**하였습니다.

우선 **최근 민사재판실무 커리큘럼**에서 강조되거나 학계·실무의 논의가 더 많아진 판례, **법전협 모의시험 사례형 · 기록형** 등장 빈도가 더 높아진 판례들을 모두 엄선하여 추가하였습니다. 또한 작년부터 선택형 기출문제집 「**로스쿨 선택형의 정석 기출문제 완전분석**」을 출간하면서 12년간 변호사시험 및 모의시험의 '선택형' 기출지문에 대한 좀 더 철저한 분류 작업이 있었고, 이를 계기로 **선택형 기출 판례 중 기본서에 수록해 두고 반복하면 학습효율이 높아질 일부 판례 역시 추가**하였습니다.

이에 따라 **본서에 수록된 대법원 판례는 색인 기준 총 874개**가 되었고, 제4판에 비해 약 55개의 판례가 추가된 것입니다.

셋째, 일부 판례를 좀 더 원문에 가깝게 수정·보완하였고, **중요한 서술이나 설명을 담은 '정변(正辯)'의 코멘트를 강화**했습니다.

처음 출간부터 본서는 **"[判例]"와 "[사건번호]" 사이에는 대법원 판례의 원문만** 싣고(소위 **'판례 원문 ZONE'**), 해당 법리의 응용·변형이나 저자의 추가 설명 등은 사건번호 뒤나 "正辯"의 멘트로 정리하는 것을 중요한 서술 원칙으로 삼았습니다. 이는 수험생으로 하여금 **'믿고 그대로 답안지에 써도 되는 판례의 공인된 문구'**와 **'수험적 이해나 정리를 위해 숙지할 내부적 문구'**의 확연한 구분을 제시한 것으로서 이 원칙은 제5판에서 좀 더 강화되었습니다.

한편 **어려운 법리나 판례의 핵심을 직관적으로 이해시켜주는 본서만의 큰 장점 '정변(正辯)'의 코멘트를 더욱 개선 · 강화**하였습니다. 판례의 **사실관계, 전원합의체의 반대의견, 판결이유에 기재된 중요 법리나 추가 논거, 다른 판례와의 비교점 · 관련성**도 매우 간략히 핵심을 정리함으로써, 굳이 공부 진행을 멈춰가며 검색을 하거나 오랫동안 고민해야 하는 수고를 최대한 덜어드릴 것입니다.

넷째, 편집 개선으로 가독성이 향상되었습니다.

본서만의 특징인 **키워드 '행잘림'이나 논점 '페이지잘림' 방지 작업**은 최대한 이뤄졌고(수험 막판에 빠른 속도로 회독할 때 큰 차이를 가져옴), 내용과 판례를 연이어 붙여 서술했던 부분도 다른 행으로 분리하여 좀 더 읽기가 편해졌습니다.

본서의 특징, 활용법, 저자의 노력

항상 말씀드리는 것처럼 본서는 그 특징상 **'강의'와 연동**되지 않으면 별 의미가 없는 교재일 수 있으며, **'강의'를 수강하는 것이 본서의 최고 활용법**입니다. 실제 강의에서 본서의 '활용법' 자체를 매시간 구체적으로 알려주기도 합니다.

강의를 들을 때는 본서에 나와 있는 **'답안 기재 필수문구'**에 대한 저자의 정확하고 효율적인 설명을 통해 자신의 이해와 정리를 명확히 하시고, 그 반복과정을 통해 이후에는 **해당 필수문구만 보고 그 내용이 떠오르게끔** 학습하시기 바랍니다.

본서의 기본적인 특징이나 활용법, 민사소송법 공부방법론에 대해서는 이어지는 **초판의 머리말을 필독**하시기 바랍니다. 다만 수 년 전에 쓴 머리말이다 보니 몇 가지 내용은 현재의 상황에 맞게 수정되어야 하는데, ① 선택형 70%가 아닌 **선택형 90% 커버가 실현**되었다는 점, ② **로스쿨 저학년**의 경우에는 본서에 앞서 학습할 교재로 교수著 교과서도 좋지만 2022년에 출간된 졸저 **「로스쿨 민사소송법의 정석 – The Basic」을 더욱 강력히 추천**한다는 점 등이 그러합니다(올해 7월에는 제2판이 출간될 예정입니다).

한편 작년에 **「로스쿨 민사소송법의 정석 판례총정리(이하 '판례총정리')」**가 신간으로 출간되었는데, 이는 **「로스쿨 민사소송법의 정석 – The Basic」 교재에 실린 판례에 관한 내용을 모두 담아낸 교재**이며, 과거의 단순한 판례모음집과는 달리 ① 판례의 **원문 문장** 수록, 중요한 수험용 키워드·문구의 **볼드 표시**, 각주를 통한 **판결이유나 사실관계의 요약** 등이 이뤄져 있기 때문에, 본서로 공부하는 수험생들이 **이해가 어려운 판례요약에 대해서 매우 편하게 활용할 수 있는 참고서**가 될 것으로 확신합니다(본서 출간 직후 **2023년판 출간 예정**). 다만 내년 시험을 대비하는 수험생들은 판례총정리 교재를 활용하더라도 본서와 해당 교재의 학습 비중을 잘 조절하면서 **최종적으로는 본서로 집중될 수 있도록 수렴**시킬 것을 당부 드립니다.

올해까지도 여전히 **'노력'만큼은 감히 저자가 최고라고 자부**한다는 말씀도 드립니다. 저자는 수년째 ① **매년 약 40개 정규강의로 민사법 全 과정 · 유형 강의 개설**, ② **매년 수백 명 넘는 로스쿨생들과의 GPA · 변호사시험 대비 1:1 상담 및 간담회**, ③ **매년 변시 · 변모 기출문제의 선택 · 사례 · 기록형 모든 문제의 풀이 · 재분석**(올해는 48**회분**)을 자신과의 약속으로 실천해오고 있습니다. 매년 실천하면서 느끼는 것은 **이러한 노력이 저자가 집필하는 '교재'의 품질을 100% 좌우**한다는 것입니다. 만일 저자가 이처럼 다각도에 걸친 강의나 연구 작업을 조금이라도 줄이거나 조금이라도 안일하게 생각하면, 그것은 교재에 바로 드러날 것이라 생각합니다.

마치며

본서가 나오기까지 도와주신 많은 분들에게 **깊은 감사의 말씀**을 올리고 싶습니다. 사법시험 시절 민법을 완성할 수 있는 가르침을 주신 김준호 교수님, 노재호 판사님, 사법연수원 시절 법이론만 다룰 줄 알던 저를 **'법률실무가'**로 성장할 수 있게 해주신 은사(恩師) 이원형 판사님, 여미숙 판사님, 이현철 검사님, 그리고 메가엠디(주)의 임수아 대표님, 이병윤 상무님, 채윤석 팀장님, 메가로이어스 신촌캠퍼스의 곽세희 원장님, 윤호재, 윤예빈 님, 법무법인 정률의 박재명 대표님, 법무법인 중용의 이승환, 오은애 변호사님, 도서출판 정독의 김중용 대표님, 심성보, 권형락 님, 이민경 조교님 등 모든 분들께 항상 마음 속 깊은 곳으로부터 감사하는 마음으로 강의하고 집필하며 살아가겠습니다.

무엇보다, 언제나 '올해 더' 사랑해주시는 **로스쿨생** 여러분께 가장 고맙다는 말씀을 전하며, **'올해 더' 좋은 강의와 교재로 보답할 것을 약속**드립니다.

2023. 5.

변호사 정연석 드림

메가로이어스
정연석 변호사

초판 머리말

민사소송법을 못하는 첫 번째 이유

작년 9월경 학원 수강생 중 1:1 상담 신청자 100여 명과 30분씩 상담을 한 적이 있습니다. 상담자들은 변호사시험을 앞둔 수험생이었고, 당시 저와 2회독을 마친 결과 이미 민사법 성적이 꽤 안정적인 사람도 절반 정도 있었습니다. 그런데 **상담 FAQ 1, 2위였던 것이 '민법은 어느 정도 갈피를 잡겠는데, 민사소송법은 도무지 모르겠다'는 것**이었습니다.

그 질문을 들을 때마다 저는 되물었습니다. **'반소에서 상호관련성이 무엇인가요?'** 당시 불과 2~3주 전에 종강한 민소법 강의에서 별표 2개와 함께 암기를 매우 강조했던 것이었는데, 놀랍게도 약 80% 정도가 정확한 답변을 하지 못했습니다. '본소 청구 혹은 본소의 방어방법과 대상·발생원인에 있어 법률상·사실상 공통성이 있는 것'

제 질문은 대단히 구석에 있는 것도 아니고, 민소법의 핵심 제도인 반소의 시그니처 요건입니다. 올해 이미 상위권 합격한, 그 당시의 상담자들도 이상하게 이걸 답을 못합니다.

저는 현직 법률가이자 학원의 민사법 강사이며, 특히 민사법을 암기식이 아닌 논리로 설명해줘서 좋다는 수강평이 가장 많은 강사, 좋은 법률가가 될 '리얼' 실력자들이 조금이라도 더 인정받는 방향의 변호사시험 시스템 개선을 진심으로 바라는 사람입니다만 — **민사소송법을 못하는 가장 큰 이유는, 도무지 '암기'를 하지 않기 때문입니다.**

암기를 하지 않으면 민사소송법을 못하는 이유

민법 같은 실체법은 우리가 매일 겪는 생활현실과 직접 맞닿아있거나 최소한 우리의 생활경험으로 쉽게 상상할 수 있습니다. 그러나 여러분 중 피고경정 신청이나 독립당사자참가 신청을 해본 사람이 있을까요? 서증 인부절차나 문서제출명령신청을 고민해

보거나, 기일 통지를 받고 출석하여 절차를 겪어본 사람은 있을까요? 송달이 되지 않아 발송송달과 공시송달을 고민해보거나, 추후보완항소장을 받고는 기존 소송기록을 보면서 그 적법성을 판단해본 사람은 있을까요? 당연히 없습니다.

여러분들은 **민사소송법에서 말하는 것들이 도대체 '정확히' 무슨 상황인지 '구체적'으로 상상할 수 없습니다. 한마디로, 매우 생소한 제도들입니다.** 이 제도들을 가지고 **문제**를 풀거나 **응용**을 해야 할 사람이라면, 그가 할 첫 번째 일은 **기본개념, 요건, 효과를 완벽히 암기해서 물을 때마다 바로바로 입에서 튀어나오게 만드는 것**이고, **제도들 사이 깔끔한 비교·분류를 통해 기초체계를 장악하고 있는 것**입니다. 문제풀이와 응용은 그 다음의 일입니다.

민사소송법은 민법과 다릅니다.

실체법을 소송으로 구현해주는 시스템이 소송법이기 때문에 양자의 연관성은 매우 깊지만, 두 과목의 특성은 매우 다릅니다.

소송법은 판사·변호사로 소송실무를 여러 해 직접 수행해봐야 그 메커니즘을 '제대로' 이해할 수 있습니다. 이것은 매우 분명한 진실이고, 실제 제가 강의를 하면서도 변호사로서 소송에서 겪은 구체적 경험을 예시로 들어 수험용 이해와 암기를 확실히 각인시켜 줄 수 있었던 경우가 꽤 많습니다. **그러나 한편 실무가라 하더라도 소송법의 '모든' 것을 정확히 이해할 수는 없습니다.** 대학 동기·후배인 현직 판사들과 매우 자주 민법·민소법의 주제들로 토론을 하곤 하는데, 근 20년을 판사로 봉직한 친구들도 그때그때 규정을 찾아보면서 절차를 배워간다는 이야기를 매우 자주 합니다.

이런 점들을 고려할 때, 실무를 해보지 않은 **로스쿨생이나 변시수험생이 '민사소송법'이라는 소송법·절차법의 모든 것을 '논리적으로' 이해한다는 것 자체가 어불성설입니다.** 그럼에도 많은 로스쿨생들이 민사소송법을 민법처럼 공부하려 합니다. **특히 민법을 성공했던 사람은 민소법에서도 무언가 심오한 메커니즘을 완전히 알아야 한다는 리걸 마인드적(?) 강박으로 접근하다가 민소법을 실패하는 경우가 많습니다.** 앞서 말씀드렸지만 **민사소송법은 그 핵심 제도의 모든 개념, 요건, 효과를 완전히 암기하지 않으면, 논리적 공부를 '시작'조차 할 수 없는 과목**입니다.

물론 민사소송법에서도 심오한 쟁점, 민법 연계 쟁점이 있습니다.

민사소송법에서도 **당사자적격, 소의 이익, 소송물(중복소송, 재소금지), 소송행위, 사망과 중단 · 수계, 서증, 기판력, 청구의 병합, 상소**와 같이 심오한 법리의 논리적 이해가 중요한 쟁점들이 있습니다. 이 쟁점들은 단순한 암기만으로는 도저히 커버될 수 없습니다.

한편 어떤 주제들은 **민사소송법이 민법과 '화학적'으로 결합되어 연계되기도 합니다. 당사자능력, 소송능력, 변론주의, 소송상 화해, 상계항변, 사해행위취소소송, 소멸시효, 공동소송**과 같은 단원이 그러합니다. 이러한 부분에서는 실체법과 소송법이 결합되어 그 시너지로서 새로운 유형의 문제 출제가 가능해지는데, 애초 사법시험이 로스쿨·변호사시험으로 제도가 변경되면서 가장 역점을 둔 차별적 지점이 바로 이 부분이기도 합니다. 아직까지 많은 출제가 이뤄지고 있지는 않지만, 출제될 경우에는 난이도가 상당히 높아지기 때문에 수험생 간의 변별력에 있어 매우 큰 역할을 하기도 합니다.

민사소송법은 차별적 학습법이 중요합니다.

결국 민사소송법을 공부하는 로스쿨생 · 변시수험생은 단원별, 쟁점별로 다른 접근법을 가져야 합니다. 어떤 쟁점은 **논리적 이해** 작업에만 1시간 이상 쏟아부어야 하는 부분이 있는가 하면(가령 '기판력의 시적 범위'), 어떤 쟁점은 말 그대로 엄청나게 **'깔끔한' 암기**가 잘 이뤄져야 할 부분도 있습니다(참가제도, 송달). 극단적으로 상반된 성질을 가지면서도 공존하는 이것들을 명확히 구별하지 않거나 구별하지 못하는 것도 민소법을 더 어렵게 느껴지게 하는 중요한 이유가 됩니다. 강의를 하는 사람으로서, 이러한 분류와 구별이 강의의 가장 큰 역할이라고 생각합니다.

민사소송법은 사실 쉬운 과목입니다.

이상의 내용을 정리하면 결국 ① 민소법은 민법과 달리 생소한 내용이 많아 암기 노력이 선행되어야 하고, ② 민소법의 구성내용은 주제별로 특성이 달라 각기 이해와 암기라는 별도의 접근이 필요하며, ③ 민소법 중 민법과 연계 되는 부분은 특별한 고민과 연습이 필요하다는 점입니다.

그런데 **위와 같은 태도로 잘 접근하기만 한다면, 민사소송법 과목의 성적은 몰라볼 정도로 향상될 수 있습니다.** 이 점은 제가 수년간 지켜본 로스쿨 재학생들과 수험생들의 실제 데이터가 있기에 단언할 수 있습니다. 1학기 C학점이 2학기 A학점으로, 재시 민소 과락 수준이 삼시 최고 전략과목으로 뒤바뀌는 경우를 수없이 봐왔습니다.

민소법은 애초의 접근 방식이 잘못되어 아예 갈피를 못 잡는 경우가 많을 뿐, 확실한 공부방법을 알고 나면 '공부'한 내용과 '출제'되는 내용의 수준 격차가 민법에 비하여 매우 작습니다. 즉, **민법은 제대로 공부했어도 변시 문제를 만나면 또 다른 어려운 느낌일 수 있는데, 민소법은 제대로 공부했다면 변시 문제를 만나는 것의 체감난이도가 매우 낮습니다.**

본서의 활용방법에 관하여

과분한 애정과 관심을 보내주신 「**로**스쿨 **민**법의 **정**석」의 출간 취지를 이어받아 「**로**스쿨 민사**소**송법의 **정**석」을 출간하게 되었습니다. 따라서 "① **로스쿨 내신과 변호사시험 대비에 특별히 빠진 내용이 없을 것, ② 논리와 맥락 중심 서술로 읽는 사람의 실력이 오를 것, ③ 반복 및 수험 막판 최종정리에 부담이 없는 분량일 것**"이라는 취지는 그대로 살렸습니다.

다만 「로소정」의 경우 수험생의 민소법 부담을 최대한 줄이려다 보니 「로민정」에 비하여 요약의 정도가 더욱 크고, 이에 따라 독학의 난해함 및 강의 수강의 필요성이 더 클 것입니다. 실제 「로민정」, 「로소정」 시리즈의 경우 독립적인 교재가 아닌 "강의용 교재"의 성격이 매우 강한 점을 양지해주시기 바랍니다.

교수 著 기본서, 학원 강의의 활용

1 **로스쿨 저학년**의 경우 바로 이 책으로 공부하는 것은 어려운 일일 것이고, 가장 추천하는 방법은 **김홍엽 교수님 著 「민사소송법(제8판, 박영사)」**과 같은 교수 著 교과서의 정독입니다. 특히 위 교과서는 정통성, 정확성, 논리성, 판례 소개 및 해석 등 모든 면을 고려할 때 현재의 로스쿨 및 변호사시험을 위한 최고의 교과서 중 하나가 아닐까 생각합니다.

다만 교과서 전체를 읽는 분량적 부담, 교과서 이해의 어려움을 해소하는 차원에서 매년 여름 〈민소법 Basic 강의〉로 "① **교과서 독해 포인트, ② 모든 민소법 법리 설명, ③ 데일리 테스트를 통한 자기점검**"을 진행하고 있습니다(올해의 경우 7월 1일 개강). 그런데 올해는 주로 1학년들을 위한 이 강의에서도 ④ **본서 「로소정」을 통한 '수험용 압축 정리**'를 함께 진행할 예정입니다.

② 3학년 이상이거나 **본격적 변호사시험 대비를 해야 하는 수험생**의 경우에는 교과서를 읽을 시간적 여유가 없기 때문에, 처음부터 본서로 진행하는 '강의'를 통해 변호사시험을 준비해야 할 것입니다. 즉, 본서는 이처럼 교과서 정독을 할 여유가 없는 경우에 이를 강의와 결합시켜 그것을 대체하려는 목적에서 집필된 성격이 매우 강합니다.

매년 **5월 〈선사기 민소법 완벽정리〉, 8월 〈민사법 진모 및 핵심〉, 11월 〈민사법 파이널〉, 12월 〈민사법 FOF〉의 수험강의 코스**가 그것이며, 이 코스에서는 본서를 최소 5회독 이상 할 수 있도록 진행합니다. 특히 "**① 민소법 쟁점별 접근방법 분류, ② 데일리 테스트를 통한 자기점검, ③ 기출 및 예상 중요쟁점의 별표, ④ 실전 모의고사 연습, ⑤ 최종 중요사함 점검**" 등을 중요한 목표로 진행됩니다.

마치며

책이 나오기까지 이번에도 많은 분들이 애써주셨습니다. 주식회사 메가엠디, 메가로이어스 학원, 도서출판 정독 관계자 여러분께 깊은 감사의 말씀을 올리며, 교정을 봐준 강수경, 권민지 수강생, 이제는 어엿한 변호사들께도 고마운 마음을 전합니다.

차 례

Part 1 총론, 소송의 주체

제1편 총론

제2편 소송의 주체 / 제1장 법원

제2장 당사자 / 제1절 당사자의 확정

제2절 당사자의 자격

제3절 소송상 대리인 / 제1관 법정대리인

제2관 임의대리인

제3관 무권대리인

Part 2 제1심 소송절차

Part 1
총론, 소송의 주체

01

« 서론 »

– 민소법상 임의규정 ≠ 민법상 임의규정(의미다름)

– 가사소송 : **가**류(신분관계 **무**효) / **나**류(신분관계 **취**소) 사건은 직권탐지주의
다류(무효·취소로 인한 손해배상) 사건은 변론주의 적용

– **비송사건**

비송 : 법원의 관할이지만 국가의 후견적 개입과 합목적적 재량 필요하여 소송절차로 처리하지 않는 사건 → 직권조사·비공개·서면주의, 필요적 변론 배제, 자유로운 증명, '결정' 형식, 라류·마류

소송사건과의 구별기준 : 대상설[**통판**] / 실정법설 / 절충설

[判例] 부부간 부양의무 불이행에 따른 부양료청구, 친족 일방의 부양의무 불이행한 상대방에 대한 부양료청구는 모두 마류 가사비송 ○ → 그러나 부부간의 부양의무 불이행한 부부 일방에 대해 상대방의 친족이 구하는 부양료 '상환청구'는 민사소송, 가사비송 ✕ ∵ 가사소송법 2조 1항 2호 나. 마류에 해당 ✕ [2011다96932]

[判例] 과거의 양육비 청구 → 마류 비송 ○

비송사건을 소송사건으로 제기한 경우 → 각하 **[判例]** 비송사건으로서 구제절차가 있는 임시이사해임청구를 소로 제기한 경우 각하

– **형식적 형성의 소** : **형**식은 **소**송, **실**질은 **비**송

처분권주의 ✕, **불**이익변경금지 ✕, 청구**기**각판결 ✕

ex. **경**계확정·**아**버지정하는·**공**유물분할·법정지상권**지**료결정

[判例] 토지경계확정의 소에서 법원은 당사자 쌍방이 주장하는 경계선에 기속되지 아니하고 스스로 진실하다고 인정하는 경계를 확정하여야 [93다41792]

[判例2021] 토지경계확정의 소는 토지 경계가 불분명하여 그 소유자들 사이 다툼이 있다는 것만으로 권리보호이익 ○ → 법원은 당사자 쌍방 주장에 구속되지 않고 스스로 진실한 경계 확정해야 하므로, 특별한 사정이 없는 한 원고가 주장하는 경계가 인정되지 않더라도 청구 전부·일부 기각판결 ✕ [2018다207830]

[判例] 재판상 공유물 분할에서 분할 방법은 당사자 구하는 방법에 구애받지 ✕ → 법원 재량으로 지분비율에 따른 합리적 분할을 하면 되는 것 [93다27819]

– 소송에 갈음하는 분쟁해결제도(ADR) : 화해, 조정, 중재

« 신의성실의 원칙 »

1. 소송형태 **부**당형성

– **[判例]** 제소의사 없이 관할발생 목적만으로 청구병합한 것이 명백하면 관할선택권 남용이므로 25조 2항 ✕ → 법률전문가인 변호사가 독자적 당사자능력이 있는 사찰을 상대로 성공보수금지급청구소송 제기하며 합의관할이 전주인데 굳이 서울에 주소를 둔 그 대표단체 재단을 공동피고로 추가하여 소제기 한 사안 [2011마62]

2. 선행행위와 **모**순되는 거동

– **[判例]** 매매계약의 무효·해제 주장하며 매매대금반환소송 계속 중 '이중의 이득 얻을 목적으로' 매매계약 유효 주장하며 이행을 별소로 제기한 경우 [2004다55698]

– **[判例]** 항소심에서 추완항소를 받아들여 본안판단에서 항소 이유 없다고 기각하자 상고이유에서 자신의 추완항소가 부적법하다고 주장하는 경우 [93다25875]

3. 소권의 **실**효

– 권리자가 권리 행사 않으리라 신뢰할 만한 정당한 사유 여부

– **[判例]** 父의 편취판결로 소유권이전 된 것을 알고도 4년간 아무런 법적 조치를 취하지 않던 子가 父의 부동산 처분 사실 듣고 항소제기 ○ → 실효 ✕ [94다51840]

4. 소권의 **남**용

– 소권 남용 제재 규정 신설 : 원고가 소권·항소권 남용하여 이유 없음 명백한 소를 반복적 제기하면 법원은 500만원 이하 과태료(**제219조의2, 2023. 10. 19. 시행**)

5. 신의칙의 조사, 위반의 효과

– 소송요건이므로 직권조사사항

– 신의칙 위반 효과 : 소 → 각하판결, 소송행위 → 무효

– 간과판결 : 상소 ○, 재심 ✕ (단, 편취판결은 **3호, 11호** 재심사유 해당 가능)

제2편 소송의 주체

제1장 법원

재판권

1. 인적 범위

- 외국국가 : **[判例]** "우리나라 영토 내 외국의 *私法的* 행위가 **주**권적 활동 속하거나 이와 밀접한 **관**련 있어 외국의 주권적 활동에 부당한 간**섭** 될 우려 있다는 등의 특별한 사정이 없는 한, 해당 국가를 피고로 우리나라 법원의 재판권 O" [97다39216] → 상대적 면제주의(외국국가의 행위의 성질에 따라 판단)
- 집행 : **[判例]** 외국국가가 판결절차에서 재판권 면제를 포기했어도 강제집행하려면 집행절차 재판권 면제 명시적으로 포기해야 → 피압류채권이 외국의 사법적 행위로 발생했고 우리나라 법원이 그 사법적 행위에 재판권 있더라도, 피압류채권의 당사자 아닌 집행채권자가 해당 외국을 제3채무자로 압류·추심명령 신청하면 그 국가가 우리나라 법원의 강제집행 대상이 될 수 있음에 명시적 '동의'했거나 집행절차 재판권 면제 주장을 '포기'한 경우에 한하여 채권압류·추심명령 발령 재판권 O → 추심명령의 재판권 있다면 추심금소송도 재판권 있고, 전자 없다면 후자 없음 → 강제집행에 동의·면제포기 했다는 자료 없다면 추심명령 발령되었어도 잘못이고 압류·추심명령은 무효 → 추심금소송은 각하 [2009다16766]
- 주한미군 : 한미행정협정(SOFA)에 따라 주한미군의 구성원과 내국인 아닌 고용원의 공무집행 중의 불법행위에는 우리 법원의 민사재판권 ✕ → 대한민국을 피고로

2. 물적 범위 (= 국제재판관할권)

- 역추지설 / 관할배분설(조리설) / 수정역추지설 **[통판]**
- 국제사법 2조 1항 : 대한민국과 실질적 관련 있을 것, 국제재판관할 배분이념 부합 합리적 원칙 / 2항 : 국내법 관할규정 참작하되 국제재판관할 특수성 고려
  [判例2019] 국제사법 2조 1항 '실질적 관련'은 대한민국 법원 재판관할권 행사 정당화할 만큼 당사자·분쟁사안과 관련성 있는 것 → 공평, 재판 적정·신속·경제 등 국

제재판관할 배분 이념에 부합하는 합리적 원칙 따라야 / 2항에 의해 민소법 관할 규정이 국제재판관할권 판단에 가장 중요한 기준, 다만 국제재판관할 특수성 고려하여 국제재판관할 배분 이념에 부합하도록 수정할 경우도

민소법 2, 3조 관련 국제재판관할에서도 피고 주소지는 생활관계 중심 장소로서 중요 고려요소 → 피고가 대한민국에 생활기반, 재산 취득하여 경제활동을 할 경우 대한민국 법원에 피고를 상대로 재산에 관한 소 제기 쉽게 예측가능 [2016다33752]

正辯 : 중국 국적으로 중국에서 사채업 종사하다 대한민국에 영업 하려 입국한 甲, 중국 국적 부부로 중국에서 부동산업 하다가 대한민국에 거주지 마련한 乙 등(부동산·차량 구입·소유, 대한민국에서 자녀 양육하며 위 부동산에 실제 거주) → 甲이 과거 중국에서 乙 등에게 빌려준 대여금의 반환소송은 대한민국과 실질적 관련성 O, 대한민국 법원이 국제재판관할 O ∵ 甲·乙 등이 소 제기 당시 대한민국에 실질적 생활기반 형성, 甲이 대한민국 법원에 소 제기할 것을 乙 등이 예상 가능 O, 소송경제, 국제재판관할과 준거법(중국)은 서로 다른 이념으로 지배

[判例2021] 위와 같은 법리에서, 민소법 2조, 5조 1항 관련하여 국제재판관할에서도 피고의 주된 사무소 있는 곳은 영업관계 중심적 장소로서 중요한 고려요소 O [2018다230588]

- **[判例]** 제조물책임소송에서 손해발생지 법원에 국제재판관할권 존부는 제조업자가 손해발생지에서 사고 발생하여 그 지역 법원에 제소될 것임을 합리적 예견할 수 있을 정도로 제조업자와 손해발생지 사이 실질적 관련성 있는지 고려해야

  불법행위에서 그 '원인된 사실이 발생한 곳'은 불법행위를 한 행동지뿐만 아니라 손해의 결과발생지도 포함 O [2006다17539]

  正辯 : 베트남전 참전군인이 베트남에 살포된 고엽제에 노출되고 귀국 후 발병 → 고엽제 제조·판매한 미국 회사를 상대로 제조물책임 청구 → 대한민국 법원이 국제재판 관할권 O

- 국제재판관할권 위반 효과 : 소송요건, 외국판결 승인요건(**제217조**), 직권조사사항. 흠결시 소각하 O, 이송 ✕ (국내 관할 위반과 구별), 다만 변론관할은 O

3. 재판권의 조사, 위반의 효과

- 소송요건, 직권조사사항, 직권탐지형
- 재판권 위반 효과 : 흠결시 각하판결(이송 ✕)
- 간과판결 : 상소 ✕, 재심 ✕ (∵재판권이 없으면 확정판결은 당연무효)

* 확정판결 당연무효 → **재**판권 흠결, 당사자**적**격 흠결, 이미 사**망**한 피고 상대로 (간과하고 본안판결 나온 경우)

∝ 관할 ∝

1. 서론

– 관할 : 어떤 사건에 어느 법원이 재판권 행사하는지에 관한 재판권의 분담관계

– 종류 : 법정 (직분·사물·토지) / 재정 (지정) / 거동 (합의·변론)
└전 └임 └임 └임 └임

직분관할인 심급관할 中 비약상고만큼은 임의관할

– **전속관할** → 공익적 / 직권조사사항 / 합의·변론관할 성립 × / 심판편의 이송 × (예외 있음) / 관할경합 × / 위반시 상소 ○(**제411조 단서**, 절대적 상고이유 **제3호**), 재심 ×

– **임의관할** → 사익적 / 항변사항 / 합의관할·변론관할 성립 ○ / 심판편의 이송 ○ / 관할경합 ○ / 위반시 항소심에서 다툴 수 ×(**제411조 본문** ∵이미 변론관할 生), 재심 ×

2. 사물관할

– 사물관할 : 제1심 소송사건에서 사건의 경중에 따라 지방법원 단독판사와 지방법원 합의부 사이 재판권 분담관계를 정하여 놓은 것

– **합의부** : **재**정합의사건 / 소송목적의 값 **5**억 원 초과(2022. 3. 1. 접수 사건부터) / 소가 계산 **불**가 (*ex.* 주주대표소송) / **비**재산권 (*ex.* 해고무효확인, 사원권확인)

– **단독** : **재**정단독사건 / 소송목적의 값 **5**억 원 이하 / 수표금·약속**어**음금 / **금**융기관이 원고인 대여금·구상금·보증금 / **자**동차·철도 운행 손배·부존재 / 근로자 업무상 **재**해 손배·부존재

– 단독 소송계속 중 ㉠ 청구취지확장으로 5억 원 초과하게 되거나, ㉡ 반소·중간확인소·독당참가 등 병합된 새로운 소가 독자적으로 5억 원 초과할 경우에는 직권·신청으로 합의부 이송 원칙 → 그러나 이 경우도 변론관할 생기면 단독판사가 계속 심리해야 (∵ 사물관할은 임의관할), 반소는 **제269조 제2항** 명문규정 有
합의부 계속 중 청구취지 감축인 경우에는 단독으로 이송하지 ×

正辯 : ㉡의 경우 반소나 독당으로 제기된 다른 당사자의 독립된 소를 기존 원고의 본소와 합산 × / 원고가 청구를 단순병합하면 합산 ○, 그러나 변론의 병합은 각 별개 사건번호로 존재하므로 합산 ×

– **소액사건** : 3,000만원 이하

㉠ 청구취지확장으로 3,000만원을 초과하게 되거나, ㉡ 반소 등 독자적으로 3,000만원 초과하는 새로운 소가 병합될 경우 → 소액사건에서 제외됨

[判例] 소액사건으로 제소되어 소액사건심판법 적용되는 여러 소액사건을 법원이 병합심리하여 소가 합산액이 소액사건 범위 넘게 되더라도 여전히 '소액사건' ∵ 소액사건심판법 적용받는 소액사건 여부는 제소한 때 표준으로 결정 [86다137]

正辯 : 단순하게 '병합심리' 된 경우에는 사건들의 소가를 '합산'할 수는 ×

– **항소** : 민사·가사소송사물관할규칙 개정(2022.1.28.)으로 '소가'는 제1심은 5억 원을, 항소심은 소제기·청취확장(변론병합 포함) 당시 2억 원을 각 기준으로 함

地法 단독(소가로는 2억까지만) → 地法 합의부(=항소부) : **재·2·어·금·자·재**

地法 합의부 + 단독 중 2억 초과 → 高法

[判例] 단독사건을 지법 합의부가 항소심으로 심판하는 도중 2억 원 초과 합의부 관할 소송이 새로 추가·변경되거나 반소로 제기되어도 계속 심판함 ∵ "심급관할은 '제1심' 법원의 존재에 의하여 결정되는 전속관할" [92다2066]

[判例2022] 행정사건 제1심판결의 항소사건은 고등법원 관할(법원조직법 28조 1호) → 원고가 고의·중과실 없이 행정소송 사건을 민사소송으로 잘못 제기, 단독판사가 제1심판결 선고 → 그 항소사건은 고등법원 전속관할 [2021다219161]

– **소송목적의 값** : 소로 주장하는 이익(**제26조 제1항**), 소제기시 표준으로 산정

민사소송 등 인지규칙(소유권에 기한 인도·방해배제는 목적물건 가액 1/2, 소유권이전등기는 목적물건 가액, 담보물권 설정·이전등기는 피담보채권액·채권최고액, 말소등기는 원인 무효·취소라면 위 금액 1/2)

– 소가는 합산의 원칙(**제27조 제1항**) → 단순병합, 통상공동소송

예외적 흡수 → ⓐ **경**제적 이익 동일·중복(**민인규 제20조**) : 선택적·예비적 병합 ○, **연**대채무자들, 집행불능 대비 **대**상청구, 주채무자·**보**증인은 통상공동소송·단순병합이더라도 예외적으로 이익이 공통되어 흡수 ○

ⓑ 다른 청구의 **수**단(**민인규 제21조**) : 토지인도와 함께 제기한 건물철거

ⓒ **부**대청구(**제27조 제2항**) : 이자·비용·지연손해금·果實·사용이익

3. 토지관할

– 소재지 달리 하는 같은 종류 법원 사이 재판권 분담관계

– 재판적 : 토지관할 발생원인 인적·물적 관련사유 → 보통·특별 / 독립·관련 / 인적·물적

– **보통재판적 :**

제2조 피고의 보통재판적이 있는 곳의 법원 관할

제3조 사람은 주소 등, **제5조** 법인 등은 주된 사무소 소재지 등

제6조 국가는 수원지법 안양지원(법무부) 혹은 서울중앙지법(대법원)

– **특별재판적 :**

㉠ **근무지(제7조)** : 사무소·영업소에 계속 근무하는 사람에 대하여

㉡ **의무이행지(제8조 후단)** : 재산권 관한 소 → 금전채무(지참채무)는 **民法 제467조 제2항** 통상 채권자인 원고의 주소지·현영업소(**단서**, 영업에 관한 채무)가 의무이행지 O / 특정물채무라면 원고 주소지 ✕

[判例] 채권자취소소송은 “취소로 인해 형성되는 법률관계의 의무이행지 O, 원상회복이 등기말소라면 21조에 따른 등기관서가 있는 곳 O → 취소 대상인 법률행위의 의무이행지 ✕, 원고의 주소지 ✕” [2002마1156]

㉢ **부동산이 있는 곳(제20조)** : 부동산에 관한 소 = 이전등기·인도소송 O / 그러나 부동산의 매매대금·공사대금·차임 지급청구소송은 ✕

㉣ **등기 · 등록할 공공기관 있는 곳(제21조)** : 등기·등록에 관한 소

正辯 : 20조와 21조는 통상 같은 곳인 경우가 많음

㉤ **어음 · 수표 지급지(제9조)** : 어음·수표에 관한 소 → 발행지 ✕

㉥ **재산 있는 곳(제11조)** : 재산권 관한 소에서 피고 주소 모르는 등 → 청구·담보·압류할 재산 있는 곳

㉦ **사무소 · 영업소 있는 곳(제12조)** : 사무소·영업소가 있는 사람에 대하여 그 사무소·영업소 업무와 관련 있는 소

㉧ **불법행위지(제18조)** : 가해행위지·손해발생지 모두 O (국제사법 52조 1항 참조). 채무불이행 포함 여부 논의 有

㉨ **피상속인 보통재판적(제22조)** : 상속·유증 등에 관한 소, 상속개시 당시 기준

㉩ **고등법원 있는 곳의 지방법원(제24조)** : **제1항** 특허권 등을 제외한 지식재산권과 국제거래 관한 소는 관할법원 소재지 관할 고등법원 있는 곳의 지방법원에 제소 可 / **제2항** 특허권 등 지식재산권 관한 소는 관할법원 소재지 관할 고등법원 있는 곳의 지방법원에만 ‘전속’ 관할, 서울중앙에도 可

‘특허권 등’= **특**허권·**실**용신안권·**디**자인권·**상**표권·**품**종보호권 / 위 1, 2항에서 서울고법이 있는 곳은 서울중앙지법에만

[判例2020] 위 규정은 시행일 2016. 1. 1. 이후 최초 소장 접수된 사건부터 적용 → 법원조직법은 특허권 등 지식재산권에 관한 민사사건의 항소사건을 고등법원 및

지방법원 합의부 심판대상에서 제외하고 특허법원 전속관할로 하면서 시행일 2016. 1. 1. 전 소송계속 중인 사건인데 시행일 이후 제1심판결 선고된 경우에도 적용 → 상표권침해 손해배상사건이 17. 7. 12. 소 제기되어 18. 6. 21. 제1심판결 선고되었다면 그 항소사건은 특허법원 전속관할 → 실체 판단한 서울중앙지방법원 판결은 파기하고 특허법원으로 이송판결 [2019다284186]

– **관련재판적(제25조)** : 원고편의, 소송경제
  요건 : **하**나의 소로 여러 개 청구할 경우에 그 가운데 **하**나의 청구에 관할권 있는 법원에 소제기 가능(**제1항**), 단 다른 법원에 **전**속관할 없을 것(**제31조**)
  → 주관적 병합, 즉 65조 '전문'의 공동소송에도 준용 ○ (**제2항**)
  65조 '후문'의 공동소송에는 관련재판적 ×
  관련재판적은 사물관할에는 ×, 합의관할·변론관할에는 ○ (규정은 없으나)

4. 합의관할(제29조)

– 관할합의는 명문규정 있는 '소송상 합의' → 소송행위 ○, 사법상 기본계약 무효·취소로 영향 無
  단, 소송 외의 소송행위이므로 民法규정 유추적용 ○ → 무효·취소 주장 ○ [통]

– **요건** :
  ① 제**1**심 법원의 **임**의관할 : 토지관할 ○, 사물관할 ○, 전속관할 ×
  ② **특**정한 소송을 대상으로
  ③ **특**정한 관할법원으로 : 전국 모든 법원 '배제' 합의는 실질적으로 부제소특약
  [判例] '원고가 지정하는 법원을 관할 법원으로' 하는 관할 합의는 무효 ∵ 피고의 권리 부당 침해, 공평 위배 [77마284]
  ④ **소**송능력 등 소송행위 요건 구비
  ⑤ **서**면으로
  그러나 관할합의의 '시기'는 제한 無

– **[判例]** 전속적인지 부가적인지 석명해도 '불분명'한 경우 → 법정관할 中이면 전속적 합의, 법정관할 外이면 부가적 합의로 각 해석 → 즉, 불분명시 '법정관할을 완전히 배제하는 전속적 합의'로는 보지 않음 [2006다68209]

– **효력** : 관할 변동(관할의 발생·소멸)
  전속적 합의관할도 전속관할 ×, 임의관할 ○ → 전속적 합의관할 있어도 변론관할 생길 수 ○ (다만 이송은 공익요청 이송만 가능하다는 것이 다수설)

– **관할합의의 주관적 범위** : 승계되지 않음이 원칙

[判例] 물권의 특정승계인에게는 관할합의 효력 ✕ → 근저당권자와 근저당권설정자 사이의 관할합의는 그 부동산 소유권의 양수인에게 ✕ [94마536]

正辯 : 물권법정주의 때문으로 해석되며, 민법 '제3취득자' 쟁점과 연결 출제 가능

[判例] 채권의 특정승계인(채권양수인)에게 관할합의 효력 ○ ∵ "관할합의는 권리행사의 조건이자 실체적 이해의 변경이므로 당사자가 자유롭게 권리관계 내용 결정하는 지명채권에서는 승계 ○" [2005마902] → 예외

– **전속적 국제재판관할합의의 효력** :

전속적 국제재판관할합의는 대한민국 관할 배제, 외국법원 전속적 관할합의

유효요건 : **[判例]** "**대**한민국 법원 전속관할 아닐 것, **외**국법원이 외국법상 관할권 가질 것, 외국법원이 사건에 **합**리적 관련성 가질 것, **공**서양속에 반하지 않을 것" [96다20093]

[判例] 일본 거주 채권자·채무자가 채권자의 일본 내 주소지(도쿄) 법원을 제1심 관할법원으로 전속적 관할합의 → 위 채권이 국내 주소를 둔 내국인에게 양도 → 대한민국 법원 재판관할권 ○, 관할합의 효력이 미치지 ✕ ∵ 법정관할 중 하나로 합의하였으니 그 국가 내의 재판에서는 전속적 관할합의일 수 있으나, 다른 국가 재판관할권 완전 배제는 ✕, 다른 국가에서의 전속적 관할합의는 ✕ [2006다68209]

5. 변론관할(**제30조**)

– 의의 : 관할권 없는 법원에 소제기 하였으나 피고 이의 없이 응한 때 생기는 관할

正辯 : 애초에 '관할권이 없는 법원'에 제기한 경우에만 변론관할이 문제되는 점을 주의

– 요건 :

① 임의관할권 없는 제**1**심 법원에 소제기

② 피고가 **본**안에 관하여 변론하거나 변론준비기일에 진술

ⓐ **[判例]** 불출석하여 그가 제출한 서면이 '진술간주'된 경우는 ✕ → 반드시 출석하여 현실적으로 변론·진술해야 [80마403]

ⓑ 소각하판결만 구하면 ✕(본안에 관한 것 아니므로)

청구기각 구하면서 청구원인 답변을 뒤로 미뤄도 변론·진술 ○ [통]

[判例] 항소심에서의 반소제기에 원고가 '반소기각 답변'만 했다면 412조 2항 소정의 '이의 없이 반소의 본안에 관하여 변론한 때' ✕ → '동의' 간주 ✕ [91다1783]

正辯 : 위 판결을 근거로 '청구기각만 구하고 청구원인 답변을 미룬 경우의 변론관할 발생 여부'

에 관한 판례의 태도를 부정설로 해석하는 견해가 있으나, 위 판결은 30조가 아닌 412조 2항에 관한 것이어서 두 규정의 표현의 유사성에도 불구하고 이를 변론관할에 관한 판례로서 부정설이라 단정하는 것은 의문이 있음(私見, 다만 30조 해당 쟁점이 출제될 경우 위 판례를 참조로 기재해야 함)

③ 관할위반 **항**변 부존재

6. 관할권의 조사, 위반의 효과

– 전속관할은 직권조사사항(**제32조**) / 임의관할은 항변사항(=변론관할 생길 수)
전속관할은 직권탐지형
[判例] 법원은 우선 관할권 유무 확인 후 본안심리 들어가야 ∵ 관할권은 법원이 재판권 행사할 권한으로서 청구 당부에 관해 본안판결을 할 수 있는 전제요건 → 관할의 원인이 동시에 본안의 내용과 관련 있다면 원고의 청구원인사실을 기초로 관할권 유무를 판단해야, 본안 심리 후에 관할 유무 결정하면 ✕ [2004무20]

– 관할권 유무는 소제기시 표준(**제33조**, 관할 항정의 원칙) → 주소변경이나 목적물 가액 변동되어도 영향 無 → 그러나 청구취지확장·반소 등은 합의부 이송 O
관할권은 소제기시를 기준으로 하지만 제1심 변론종결시까지 치유 O

– 관할권 없으면 직권이송(**제34조 제1항**), 각하 ✕
관할위반의 경우 당사자의 이송신청권 ✕

≪ 이송 ≫

1. 서론

– 이송 : 어느 법원 계속된 소송을 다른 법원에 이전하는 것
구별개념 :
ⓐ 기록송부 : 상소장을 상소법원에 잘못 제출하면 상소법원은 원심법원으로 상소장 기록송부 → 상소제기 효력은 원심에 송부·접수된 때 비로소 → 각하 우려
ⓑ 이부 : 동일법원 내에서 사건 재배당

2. 관할위반 이송(**제34조 제1항**)

– 전속관할·임의관할 위반시의 이송

– 소 제기 잘못은 이송으로 → 기간준수는 소제기시 기준(**제40조 제1항** 관련)
상소제기 잘못은 기록송부로 → 원심법원에 기록 송부·접수된 때 기준
[判例] 상고장이 대법원에 바로 제출되었다가 다시 원심법원에 송부된 경우에는 상고장 원심법원 접수 시를 기준으로 상고기간 준수 여부 판단해야 [81누230]

– **직권이송** : **[大判全合]** 당사자는 관할위반 이송신청권 ×, "당사자가 이송신청하여도 직권발동을 촉구하는 의미밖에 없으므로 재판할 필요 없음" → 법원이 이송 거부한 경우에도 당사자는 즉시항고권 ×, 특별항고권 × → 항고각하 → 항고각하 없이 당부 판단하여 항고기각결정 하여도 재항고 × → 재항고각하 [93마524]
[判例2018] 당사자 신청에 따른 직권발동으로 이송결정 → 즉시항고 ○(**제39조**) → 항고심에서 당초 이송결정 취소시 신청인 재항고 × → 재항고 각하 [2017마1332]
'후발적' 변경으로 합의부 관할이 된 경우는 이송신청권 있음(269조 2항 등)

– **[判例]** 특별항고만 허용되는데 원심법원에 항고장 제출하며 특별항고·대법원 표시 없어 원심법원이 항고법원으로 송부한 경우라면, 항고법원은 특별항고로 보아 대법원에 기록송부해야 → 만일 항고법원이 재판하면 권한 없는 재판 → 대법원은 이를 무시하거나 취소하고 특별항고 재판 진행함 [2004스19, 2008그90]

3. 심판편의 이송(**제35조, 제34조 제2·3항, 제36조**)

– 전속관할은 불허 원칙(35조 단서, 34조 4항, 36조 2항)

– **제35조** : 현저 손해(사익)·지연(공익) 피하기 위한 이송, 직권·신청
[判例] 수형자 국가배상청구에서 장거리 호송 비용은 행정적 부담이므로 ✕

– **제34조** : 재량이송, 직권·신청
재량으로 지법 단독은 관할권 있어도 합의부로 이송 가능(**제2항**)
재량으로 지법 합의부는 관할권 없어도 스스로 심리 가능 (**제3항**)

– **제36조** : **제1항** 특허권 등 제외한 지식재산권과 국제거래 관한 소는 직권·신청으로 고등법원 있는 곳 지법으로 이송 가능, 다만 현저한 지연시는 ✕, 전속관할이면 ✕
제3항 특허권 등 지식재산권에 관한 소는 직권·신청으로 현저한 손해·지연 피하기 위한 심판편의 이송 가능 → ※ 전속관할임에도 심판편의 이송되는 유일한 예외

– 불복 : 이송결정 혹은 기각결정에 대하여 즉시항고 ○(**제39조**)
cf. 관할위반 이송신청의 기각결정은 불복 ✕

4. 이송의 효과

가. 구속력(**제38조**)

– 소송을 이송받은 법원은 이송결정에 따라야 → 반송·전송 ✕

– **전속관할 위반한 이송**도 구속력 ○, 그러나 심급관할위반은 상급심불구속설 [통판]
[判例] 채권의 압류·전부명령 → 집행채무자 B가 집행법원에 즉시항고 → 항고기간 도과로 항고장각하명령 → B는 광주지법에 즉시항고 → 광주지법은 이것이 재항고라면서 대법원에 이송 → 대법원 : “각하명령이 1차처분, 즉시항고가 최초 항고, 위 광주지법의 이송은 전속관할을 위반한 위법 있고 상급심은 구속 ✕ ∵ 심급의 이익, 이송된 법원이 대법원이라면 사실 주장·입증 기회 박탈” → 반송 ○ / 반대로, 상급심에서 하급심으로의 이송결정은 전속관할 위반해도 구속력 ○ (하급심은 반송 ✕) [94마1059]

나. 소송계속 이전(**제40조 제1항**)

– 이송결정 확정되면 소송은 처음부터 이송받은 법원에 계속된 것 간주

– 소제기 당시 시효중단·기간준수 효력은 그대로 유지

이송 전 소송행위 효력도 그대로 유지. 다만 법관이 바뀌므로 '변론갱신' 필요

- **[大判全合]** 재심의 소가 재심제기기간 내에 제1심법원에 제기 → 재심사유 등에 비추어 항소심판결을 대상으로 한 것으로 인정되어 위 소를 항소심법원에 이송 → 재심제기기간의 준수여부는 40조 1항에 비추어 제1심법원에 제기된 때를 기준으로 O, 항소법원에 이송된 때 기준으로 ✕ [83다카1981]

  正辯 : 한편 위 판결은 "항소심에서 본안판결 한 경우 제1심판결에 대해 재심의 소 제기 ✕ → 항소심판결이 아닌 제1심판결에 대해 제1심법원에 제기된 재심의 소는 재심대상 아닌 판결을 대상으로 하여 재심의 소송요건 결여한 부적합한 소송 → 단순히 재심 관할 위반한 소송은 ✕"라고도 판시하였음

  [判例] 이송한 경우 40조 1항에 비추어 법률상 기간준수 여부의 판단 기준은 이송된 때 ✕, 소가 제기된 때 O → 소멸시효 중단도 그대로 적용 ∵ 265조는 소제기 따른 시효중단 및 법률상 기간준수의 효력발생시기 동일한 규정 [2007다54610]

다. 소송기록 송**부**

- 이송결정 확정 후의 긴급처분(**제37조**) : 이송결정 확정 뒤라도 급박한 사정 있다면 직권·신청으로 필요한 처분 O → 그러나 기록을 보낸 뒤에는 ✕

제척, 기피, 회피

1. 제척(**제41조 이하**)

– 제척 : 신청·직권으로 법률상 일정한 경우 해당사건 직무집행 당연 배제

– **제1호** : 법관 또는 그 (전, 현)배우자가 사건 당사자 혹은 사건 당사자와 공동권리자·공동의무자·상환의무자 관계

[判例] 사건 당사자와 공동권리자·공동의무자 관계란 "소송목적에 공통되는 법률상 이해관계 有" → 종중원 재산·신분상 권리관계에 직접 영향 미치는 종중규약을 개정한 총회결의 효력 유무 관련 소송에서 판사 중 1인이 종중원이라면 제척 ○ [2009다102254]

– **제5호** : 법관이 불복사건의 이전심급 재판에 관여(= 전심관여) / **단서** 다만 다른 법원의 촉탁에 따른 직무 수행은 제척 ×

– **'이전심급'** : 하급심 종국·중간판결 등 모든 재판, 동일 심급 ×

'상고심' 파기환송·이송 前의 원심 관여는 파기환송·이송 後 원심에서 41조 5호 제척사유 × ∵ 전심이 아니고 동일 심급 → 그러나 별도의 제척규정 **제436조 제3항**에 의하여 제척됨 / '항소심' 취소환송·이송 前의 원심관여는 취소환송·이송 後 원심에서 제척 × ∵ 41조 전심도 아니고 별도 규정도 없음

[判例] 재심대상재판 관여 → '전심' × [2000재다87]

[判例] 가압류·가처분 사건 관여 → '전심' × [61민재항3]

[判例] 본안에서 재판장에 대한 기피신청사건의 재판에 관여 → '전심' × [91마631]

→ 모두 '전심' ×, 제척 × → 허용 ○

– **관여** : 실질적 관여 의미 **[判例]** "최종변론과 판결 합의, 중간적 재판에 관여해야 ○" → "최종변론 前의 변론이나 증거조사·기일지정 같은 소송지휘상 재판 등에 관여한 경우는 ×" [96다56115]

– **절차** : 기피와 절차 동일(단 신청·직권), 제척이유는 직권조사사항, 확인적 의미

신청하면 다른 합의부가 재판(원칙, **제46조**) → 그러나 신청방식 불준수나 소송지연 목적 분명한 때는 제척당한 법관 스스로 간이각하(**제45조**)

불복(제47조) : **제1항** 이유 있다는 결정에는 불복 ×, **제2항** 기각·각하결정에는 즉시항고 ○, **제3항** 각하결정에 대한 즉시항고는 집행정지효력 無 → 각하될 경우 소송절차 정지하지 않는 48조 단서와 같은 맥락

- **정지**(**제48조**) : 제척·기피 신청 있으면 그 재판 확정될 때까지 소송절차 정지해야, 다만 종국판결 **선**고, 긴**급** 요하는 행위, 신청 **각**하된 경우는 정지 ✕ (**단서**)
  [判例] 기피신청 했으나 본안 법원이 48조 단서에 따라 종국판결 선고하면 기피신청 재판의 이익 ✕ ∵ 기피신청 목적 소멸 [93마1184]
- **정지 중 소송행위의 효력** : 위법·무효 ∵ 강행규정. 절대적 상고(2호), 재심(2호)
  단, **정지 중 소송행위 한 후에 기각·각하 확정된 경우 치유 여부** :
  1) 부정설, 2) 긍정설, 3) 절충설(신청인의 실질적 불이익 여부에 따라)
  [判例] 기피신청 당한 법관이 기피신청에 대한 재판 확정 전에 한 '판결'의 효력은 그 후 기피신청의 기각결정 확정된다면 유효한 것으로 됨 [78다1242]
  [判例] 기피신청 각하결정 전 혹은 각하결정 고지 전에 변론기일을 진행하여 쌍방 불출석 효과로 항소취하 간주한 것은 그 후 기피신청의 각하결정 확정되어도 위법 흠결 치유되지 ✕ [2009다78467]
  正辯 : 78다1242판결은 '선고'이므로 위법하지 않다면서도 설령 그렇지 않더라도 기피신청 기각결정 확정으로 유효가 된다며 '긍정설' → 그 후 2009다78467 판결에서는 기피신청 각하결정의 '고지' 전(즉, 각하결정 전)에 변론기일 진행하여 쌍불 항소취하 간주한 것은 기피신청 각하결정이 확정되어도 위법 치유되지 않는다는 '부정설' 내지 '절충설'의 입장 → 구제는 기일지정신청
- 제척사유 간과판결 : 절대적 상고이유(**제2호**), 재심(**제2호**)

2. 기피(**제43조 이하**)

- 기피 : 공정한 재판 기대하기 어려운 사정 있을 때 신청을 통한 재판으로 배제
  [判例2019] 기피에서 '법관에게 공정한 재판을 기대하기 어려운 사정이 있는 때'는 우리 사회 평균적 일반인 관점에서 법관과 사건과의 관계(특수한 사적 관계, 특별한 이해관계 등)로 인하여 법관이 불공정한 재판을 할 수 있다는 의심할 만한 객관적인 사정 있고, 단순한 주관적 우려·추측 넘어 합리적이라 인정될 만한 때 → 실제로 법관에게 편파성 존재 않거나 공정한 재판 가능하더라도 기피 ○ [2018스563]
- **절차** : 제척과 절차 동일(단 신청만. 직권 ✕), 형성적 의미
  기피이유 알면서 본안에 변론, 변론준비기일 진술하면 기피신청 ✕ (**제43조 제2항**)
- **정지, 정지 중 소송행위의 효력, 정지 중 소송행위 치유 여부** : 제척과 동일
- 기피결정 간과판결 : 절대적 상고이유(**제2호**), 재심(**제2호**)

3. 회피(**제49조**)

∝ 당사자확정 ∝

– 당사자확정의 문제 : 표시정정 / 성명모용소송 / 법인격부인론 / 사망당사자

– 당사자의 확정기준 : 1) 의사설, 2) 행동설, 3) 형식적 표시설, 4) 실질적 표시설
[判例] "당사자 확정은 소장에 기재된 표시 및 청구 내용과 원인사실 등 소장 전체의 취지를 합리적으로 해석하여 확정해야" [94다61243] → 실질적 표시설 **[통판]**

1. 당사자표시정정

– 표시정정 : 잘못 적거나 빠뜨리거나 애초 당사자 능력 없는 사람을 잘못 표시한 것이 분명한 경우 '동일성' 인정되는 범위에서 표시를 고치는 것

– 효과 : **[判例]** 표시정정을 해도 소제기시 소멸시효 중단 효과 유지 [2010다99040]
cf. 피고경정은 경정시 소멸시효 중단
[判例] 동일성 있어 표시정정 할 경우인데 '피고경정'으로 신청했더라도 표시정정으로 보아 시효중단은 소제기시에 발생한 것으로 취급 [2009다49964]
[判例] 당사자 동일성 인정된다면 항소심에서도 표시정정 ○ [96다3852]
[判例] 원고 甲을 상고인으로 추가하는 당사자표시정정 × ∵ 표시정정은 표시된 당사자와 동일성 있어야, 甲의 새로운 상소제기일 뿐 [91다8333]
[判例] 1심에서 사망자를 상대로 한 제소라서 각하한 판결에 항소심이 당사자표시정정 한 경우 1심판결 취소 및 환송해야 [74다834]
正辯 : 사망자 상대 제소인 것이 밝혀져 '각하'한 판결은 유효로서 항소 가능 ○, 이는 사망 간과한 본안판결이 무효인 것과 구별해야
[判例] 사망자를 피고로 제소한 제1심에서 원고가 상속인으로 당사자표시정정을 함에 있어 일부상속인을 누락시킨 상태로 제1심판결 선고된 경우 원고는 항소심에서 누락된 상속인을 다시 피고로 정정추가 × [73다1190]
[判例] 이미 사망한 자를 상대로 소를 제기하였다가 상고심에서 당사자표시정정 × [2010다105310]

正辯 : 위 판결은 1·2심이 사망 사실 간과한 경우로서 애초 1·2심 판결 자체가 당연무효였는데, 종종 변모 선택형 등에서 74다834 판결과 본 판결의 요지만 단순 비교하여 '사망자 상대 소송의 표시정정'은 '항소심은 허용, 상고심은 불허'라는 식으로 정리하기도 하나 의문임(私見).
그러한 정리보다는, ① 전심이 사망 사실 간과하여 '본안' 판결을 했다면 그 판결 자체가 무효로서 그 상소심(항소심·상고심)에서는 표시정정이 불허(무의미)될 것이고, ② 전심이 사망을 이유로 '각하' 판결(유효한 판결)을 했다면 그 상소심(항소심·상고심)에서 당사자가 표시정정을 할 경우 전심판결은 취소·파기 및 환송될 것으로 정리하는 것이 타당함(私見, 다만 상고심에서 이를 인정한 판례가 없어 상고심 부분은 단정할 수는 없음)
한편 이와 달리 단순 오기(誤記) 바로잡는 표시정정 유형은 항소심 뿐 아니라 상고심도 허용된다는 것이 일반적, 그러나 새롭게 당사자를 '추가'하는 방식의 표시정정은 '동일성'이 없으므로 어느 단계든 불허됨 → 따라서 이미 사망한 자를 상속인으로 표시정정 하는 경우에도 가령 1심에서 누락된 상속인을 항소심에서 추가하는 식의 표시정정은 불허되는 것임(私見)

- **표시정정 허용**

  [判例] 이미 사망한 사람 → 상속인 O ∵ "사망자를 피고로 표시했어도 표시를 그릇한 것에 불과할 뿐 실질적으로 최초부터 상속인이 피고" [69다1230]

  법리 확장 → ㉠ **[判例]** 원고가 피고의 사망 사실을 '알고' 제기한 후에 표시정정 하라는 보정명령을 통해 비로소 상속인을 찾으려는 경우 [2010다99040]

  ㉡ **[判例]** 선순위 상속인의 '상속포기'로 선순위 상속인에서 후순위 상속인(확정된 당사자)으로 표시정정 하는 경우 등에도 모두 표시정정 허용 O [2009다49964]

  [判例] 당사자능력 없는 자 → 있는 자 O [96다3852] : 지점 → 본점 / 학교·학교장 → 지자체·학교법인·설립자개인 / 읍·면 → 국가·지자체 / '중앙회 → 지회'

  正辯 : 중앙회를 지회로 바꾼 경우는 지회도 독자적 당사자능력 있는 경우

  [判例] 당사자적격 없는 자 → 있는 자 O [95다26773]

  正辯 : A교회 교인들이 담임목사 甲을 선정당사자로 선정했음에도 'A교회'를 원고로 표시했다가 당사자적격 있는 甲으로 변경하는 것을 허용해야 한다는 판결

- **표시정정 불허**

  [判例] 개인 甲 → 회사(대표이사 甲) ∵ 동일성 × [96다41496, 94다61243]

  [判例] 그러나 부적법한 표시정정신청에 대해 법원이 허용하고 피고도 동의하여 판결 선고되면 더 이상 상소 × ∵소송경제, 신의칙 [2008다11276]

- 동일성이 없어서 표시정정 불허되고 실질적으로 당사자의 추가·변경으로 보인다면 명문규정 있는 피고 경정, 고필공 추가, 예선공 추가만 가능 → 이들은 모두 제1심 변론종결시까지만 가능하므로 항소심에서는 ×

  [判例] 원고가 '고유한 의미 종중'이라고 주장하다가 '종중 유사 단체'라고 주장하는 경우, 당초 주장처럼 고유한 의미 종중으로서 실체 없다고 하여 바로 각하 ×, 실질이 종중인지 종중 유사단체인지 확정하여 적법 판단해야 → 공동선조 변경하

거나 원고 주장 이미 확정된 고유 의미 종중을 특정 지역 거주 등 종중 유사단체로 변경하면 임의적 당사자변경으로 불허 → 명칭 변경해도 변경 전 종중과 공동선조 동일하고 실질적 동일성 인정되면 표시정정 ○ [98다50722, 2008다45378]

– **[判例]** 소장 표시 원고에게 당사자능력 없는 경우 소장 전취지 합리적 해석 결과 인정되는 올바른 당사자능력자로 표시정정 ○ → 당사자표시 정정케 하는 조치를 취함이 없이 바로 소 각하하면 × [99두2017] → 이 경우 법원은 바로 각하하지 말고 보정을 명해야(**제59조** 유추적용)

– **[判例]** 항소심이 'A교회'에서 '선당 甲'으로 표시정정신청을 동일성 없으니 임의적 당사자변경인데 원고 측이라면서 불허한 후 'A교회'를 원고로 하여 판결 선고했다면, 이는 항소심이 표시정정·임당변에 관한 판단을 잘못 → 소송당사자 아닌 자로 진행하였으므로 판결 선고 無 = 재판누락 = 아직 항소심에 계속 중 → 이에 상고하면 상고 각하 ∵ 상고대상 無 → 항소심에 기일지정신청 ○ [95다26773]

– **[判例]** 당사자표시가 착오로 잘못 기재되었음에도(박종宣) 표시정정 없이 간과판결 선고·확정 → 판결 무효 아니며 동일성 있고 적법하게 확정된 당사자(박종亘)에게 판결 효력 ○ [2008다27615] ≠ 이미 사망한 사람을 피고로 판결 확정 → 당연무효

正辯 : 이미 사망한 사람을 피고로 한 경우나 단순히 기재를 잘못한 경우는 양자 모두 표시정정 사유이지만, 만일 그대로 판결이 확정된 경우라면 사망자는 확정판결 당연무효(확정된 당사자인 상속인에게 판결 효력 미치지 않음), 오타는 확정판결 유효(확정된 당사자에게 판결 효력 미침)

2. 성명모용소송

– 성명모용소송 : 무단히 타인 명의로 소 제기하여 소송 수행(원고측 모용), 타인에 대한 소송에 무단히 그 타인 명의를 참칭하여 응소(피고측 모용)

– 당사자 : 피모용자(실질적 표시설) → 표시와 당사자 일치 → 표시정정 문제는 無

– 법원의 조치 : 원고측 모용 → 각하 (피모용자 추인 않는 한)
피고측 모용 → 모용자 소송관여 배척, 피모용자에게 기일통지

– 간과판결 : **[判例]** 판결이 피모용자에 미침 → 상소(**4호** 유추), 재심(**3호** 유추)

– 송달과 판결확정 : **[判例]** 성명모용 소송에서 피모용자를 송달받을 자로 하여 판결정본 송달한 경우 → 송달 유효, 항소기간 진행, 판결확정 → 재심

cf. **[判例]** 원고가 피고 주소를 거짓으로 기재한 후 판결정본을 원고 측 스스로 수령한 경우 : '송달과정상의 모용' → 송달 무효, 항소기간 불진행, 판결 미확정 → 항소 [75다634]

3. 법인격부인

- 법인격부인 : 채무면탈 목적으로 배후자나 배후회사가 거래회사를 내세워 행위를 한 경우, 거래회사가 실질적으로 배후자의 개인 기업에 불과하거나 배후회사와 기업의 형태·내용 동일하다면 법인격의 남용으로 보아, 채권자로서는 거래회사 뿐 아니라 거래회사 법인격 부인하여 그 배후자·배후회사에 대하여도 책임 추궁 O
- 법인격부인 소송계속 중 당사자 바꾸는 방법 : 임당변(피고경정)설 / 수정임당변설(남용이면 임당변, 형해화면 표시정정) / 소송승계설
- **[判例]** 법인격 남용 성립하는 경우도 "절차의 명확·안정을 중시하는 강제집행절차에서 거래회사에 대한 판결의 기판력·집행력을 배후회사에 확장시키는 것은 ×" [93다44531]

∝ 사망한 사람을 당사자로 한 소송 ∝

– '당사자확정'의 문제는 '소제기 전' 혹은 '소송계속 전' 사망의 경우만 문제됨

1. 소제기 전 사망

① **원고**가 이미 사망

– **[判例2016]** 의뢰인이 소송대리인에게 소송위임을 하고 소제기 전에 이미 사망했는데 소송대리인이 모르고 그를 원고로 표시하여 제기한 소는 적법 O ∵ "당사자가 사망해도 **제95조 제1호**에 의해 소송대리권이 소멸하지 않으므로" → "다만 상속인들은 수계절차 **제233조**를 유추적용하여 수계" [2014다210449]

正辯 : 소 제기 전 사망은 각하함이 원칙이나, 소송위임을 한 '소송대리인' 있다면 사망으로 소송대리권 소멸하지도 않고 상속인들의 당연승계 긍정되어 소송대리인의 소 제기가 적법해짐
한편 위 판결은 엄밀히는 '중단'된 것이 아니지만 233조 수계 유추적용 하였고, 나아가 항소가 되면서 결국 중단 일어나는데(심급대리), 이때 수계신청 법원에 관하여 '선택설'을 취함(후술)

– **[判例]** 소제기 당시 이미 사망한 자와 상속인을 공동원고로 표시하여 소제기 → 상속인이 자기 채권 외에 이미 사망한 자의 채권에 대한 자신의 상속분도 함께 권리 행사한 것으로 볼 수는 ✕ → 사망자 명의 소 부분 각하 [2015다209002]

② **피고**가 이미 사망 (소제기 후 소송계속 전 사망 포함)

– 실질적 피고를 상속인으로 보고 표시정정을 허용 O → 그러나 보정으로 표시정정 기회를 주었음에도 표시정정 하지 않으면 당사자대립구조 없으므로 각하판결

– 간과판결 : 당연무효 → 항소 ✕, 소송수계 ✕

[判例2015] 사망자 피고로 한 소제기는 대립당사자구조 ✕, 실질적 소송관계 ✕ → 그 상태로 선고된 제1심판결 당연무효 → 상속인 항소 ✕, 소송수계 ✕ → 이러한 법리는 소제기 후 소장 부본 송달 전 피고 사망의 경우도 마찬가지 [2014다34041]

正辯 : 판례는 대립당사자구조가 소송계속 발생시까지 유지될 것을 요하는 것

→ 간과판결은 상속인에게 효력 ✕, 시효중단효 ✕ → 상속인의 상소 ✕, 재심 ✕
→ 모두 각하 → 즉, 상속인의 구제수단 없으며 구제 필요성도 없음
→ 다만, 상속인이 현실적으로 소송 관여하여 소송수행 했다면 신의칙상 상속인에게 소송수행의 결과 및 판결 효력 인수 O [통]

[判例] 이미 사망한 자를 피고로 제기된 소는 부적법 → 간과한 본안판결은 당연무효, 상속인에게 효력 미치지 ✕ → 상속인 당사자표시정정 이뤄지는 특별한 사정 없는 한, 애초부터 시효중단 효력 ✕, 민법 170조 2항 적용 ✕ ∵ 사망자 상대 제소는 권리자의 의무자에 대한 권리행사 ✕ [2013다94312]

[判例] 사망한 사람을 피신청인으로 한 가압류·가처분 신청은 부적법 → 그에 따른 가압류·가처분 결정 내려졌어도 결정은 당연무효, 상속인에게 효력 ✕ → 민법 168조 1호 소멸시효 중단사유 ✕ [89그9, 2004다38921, 2004다26287]

그러나 **[判例]** 당사자 소환·심문절차 없이 채권자 일방 신청으로 내려진 처분금지 가처분결정도 '신청' 당시 채무자 생존했던 이상 '결정' 직전에 채무자가 사망하여 사망자를 채무자로 내려졌어도 당연무효 ✕ [92다48017] → 시효중단효 ○

[判例2017] 사망한 채무자를 상대로 한 지급명령 신청하거나 지급명령 신청 후 그 정본 송달 전에 채무자가 사망한 경우, 지급명령 무효 → 설령 지급명령이 상속인에게 송달되어 형식적 확정 외형 생겼어도 지급명령은 상속인에게 효력 ✕ → 회생 관리인을 채무자로 지급명령 발령 후 정본 송달 전에 회생절차폐지결정 확정(=관리인 권한 소멸)되어도 채무자 사망과 마찬가지로 지급명령 무효 [2016다274188]

– **[判例]** 신청 당시 사망한 사람을 채무자로 한 가처분결정에 대해 상속인은 무효인 그 가처분결정에 의하여 생긴 외관의 제거 방편으로 이의신청 ○ [2000다30578]

正辯 : 다만 위 판결은 가처분채권자가 본안소송 승소 확정판결로 소이등까지 마친 후에는 더 이상 이의신청 이익 없다고 판시하였음

한편 위 판결을 근거로 사망자 상대로 한 소제기의 본안판결도 그 '외관' 제거를 목적으로 한다면 '상소'도 허용될 거라는 견해가 대부분이나(여기서의 '외관'을 판결문 존재의 외관으로 보는 견해는 없고, 이는 등기·등록을 의미하는 것임. 한편 이를 허용하면 판결·송달이 모두 무효이므로 상소기간 진행은 없는 송달 전 상소임), 가압류·가처분에 따른 가압류·가처분등기는 말소를 소구할 수 없는 것에 비해(위 판결의 취지는 여기서 비롯되었다고 생각함, 私見), 소제기의 본안판결에 의해 마쳐진 원인무효의 등기(소유권이전등기, 말소등기 등)는 말소·회복을 '소구'할 수 있으므로(기판력이 없기도 함), 위 판결의 '이의신청'을 '상소'까지 확대 해석하면서 우리 대법원이 등기 외관만 있으면 예외적으로 '상소'를 허용하는 입장이라 단정하는 것은 의문임(私見, 다만 이 부분을 지적하거나 동일한 입장인 견해는 아직 찾지 못했으므로 유의할 것)

– **[判例]** 실종선고 확정 전에는 실종기간 만료된 실종자 상대로 제기된 소도 적법 ○, 선고된 판결도 유효 ○, 판결 확정되면 기판력도 발생 ○ → 재심·추완항소로 취소되지 않는 한 기판력에 반하는 주장 ✕ → 판결확정 후 실종선고 확정되어 그 사망 간주 시점이 소 제기 전으로 소급하더라도 판결 자체가 소급하여 당사자능력 없는 사망자 상대로 한 판결로서 무효로 되지는 ✕

→ 공시송달로 진행되어 판결 확정되었다면 실종자의 상속인은 실종선고 확정 후 실종자의 소송수계인으로서 위 확정판결에 추완상소 ○ [92다2455]

2. 소송계속 뒤 변론종결 전 사망(후술)

- 일신전속적 권리관계 아닌 한 상속인 당연승계긍정설 [통판] → 수계사유 중단 여부는 소송대리인 유무에 따라(**제238조**)
- 중단 간과판결 : 상소(**제4호** 유추 ∵상속인 절차관여 배제), 재심(**제3호** 유추)

3. 변론종결 후 판결정본 송달 전 사망

- 판결 선고는 가능(**제247조 제1항**)
- **[判例]** 변론종결 후 사망한 상태에서 판결 선고된 경우, (판결 선고는 가능하지만) 망인에 대한 판결정본의 공시송달은 무효 ∵ 소송절차는 망인의 사망으로 중단되었고, 다만 판결 선고는 중단 중에도 할 수 있으며, 결국 소송절차는 판결선고와 동시에 중단된 것 → 상속인이 수계하여 판결정본 송달받기 전까지는 항소기간 진행 **×**, 설령 상속인이 판결선고 사실 알았더라도 항소기간 진행 **×** [2007다52997]
- 중단·수계 여부는 별론, 상속인에게 기판력 **○**(**제218조 제1항**)

4. 판결정본 송달 후 사망

- 상속인 수계신청 → 수계허가결정 통지 전까지는 상소기간 진행 **×** → 수계허가결정 통지 받은 후 2주 안에 상소(**제247조 제2항**, 중단은 기간 진행도 중단, 재진행은 전체기간 새로이 진행)

제2절 당사자의 자격

당사자능력

1. 당사자 자격 개관

- 당사자능력 (= 民法 권리능력) / 소송능력 (= 民法 행위능력)
  당사자적격 (= 民法 관리처분권) / 변론능력
- **제51조 : 당**사자**능**력, **소송능**력, 소송무능력자의 **법**정**대**리, 소송행위 **수권**은 민사소송법 규정 없으면 民法 규정 적용

2. 당사자능력 서론

- 당사자능력 : 소송의 주체가 될 수 있는 일반적 능력. 民法의 권리능력과 대응
  자연인, 태아, 사망, 법인의 민법상 권리능력 논의와 동일
- 당사자능력 문제는 표시정정 문제와 연결 → 당사자능력 없는 사망자, 학교의 경우 당사자능력 있는 상속인, 학교법인으로 표시정정 O

3. 비법인사단

- **비법인사단(제52조)** : 비법인 사단·재단은 대표자·관리인 있으면 당사자능력 O
  [判例] 비법인사단으로서의 실체는 **조**직, **규**약, **단**체성(구성원 가입·탈퇴에도 유지), 단체로서 주요사항 **확**정, 고유 **목**적, **다**수결 적용 갖춰야 [94다2431]
  [判例] 다만 '종중'의 경우는 자연발생적이므로 이러한 요건 완화 [94다19792]
  [判例] 비법인사단의 재산 관련 소송은 비법인사단이 그 명의로 혹은 구성원 전원이 당사자가 되어 필수적 공동소송 형태로 하여야 → '구성원'은 ⓐ 대표자라거나 ⓑ 사원총회 결의 거쳤다거나 ⓒ 보존행위라 해도 소 제기 × [2004다44971]
  비법인사단의 하부조직·내부기관 × **[判例]** 대한불교조계종 총무원 × [67다549]
  [判例2022] 그러나 독자성이 있다면 권리능력 O (직권조사사항) [2022다227688]
  교회 O, 천주교단 소속 개별 교회 ×, 일반사찰 O, 전통사찰 O, 개인사찰 ×
  종중 O, 실재하는 종중유사단체 O [2010다1166]
  학교 × (비송사건에서도 ×), 노인요양센터 ×

[判例2020] 사찰이란 불교교의 선포하고 불교의식 행하기 위한 시설 갖춘 승려·신도의 조직인 단체 → 독립한 '사찰' 요건 : ① 사찰재산(물적), ② 주지, 승려, 상당 수 신도(인적), ③ 단체로서 규약, 자체 사회적 활동 → 사찰이 권리의무 주체로 되는 데 불교재산관리법에 따른 관할관청에의 등록은 요건 ✕ [2015다222920]

[判例2020] 종중 유사단체가 비법인사단으로서 실체(공동목적 달성 위해 공동재산 형성하고 일의 주도자 중심으로 계속적 사회적 활동 해온 경우) 갖춰 당사자능력 있는지 여부는 사실심 변론종결 시 기준으로 판단 [2020다232846]

4. 당사자능력의 조사, 흠결의 효과

- 소송요건, 직권조사사항, 직권탐지형, 사실심 변종시 기준
- 당사자능력 흠결시 : 보정(**第59조** 유추) → 표시정정
  보정 안 하거나 불가능하면 → 각하판결
- 계속 중 사망·합병 : 중단·수계(**第233, 234, 238조**)
  단, 일신전속적이면 중단·수계 ✕, 소송종료선언 ○ *ex.* 이혼소송 중 배우자 사망, 기관으로서 소송하던 이사 사망
  正辯 : '소제기시' 당사자능력 흠결은 보정·각하의 문제이나, '소송계속 중' 당사자능력 흠결은 중단·수계의 문제인 점을 주의
- **간과판결** :
  ㉠ **[判例]** 사망자, 비실재 단체 간과한 판결 → 당연무효 → 상소 ✕, 재심 ✕
  ㉡ 실재하는 단체의 당사자능력 흠결 간과한 판결 *ex.* 학교, 조합 → 판결 유효 → 상소 ○, 재심 ✕ (재심사유 없음)

5. 민법상 조합의 소송수행방안

- 조합 : 비법인사단의 실체 없고 단체성이 약하여 당사자능력 ✕ [통판]
- 조합의 소송수행방안
  ① **필**수적 공동소송 (조합원 전원)
  ② **선**정당사자 (**第53조**)
  ③ **임**의적 소송담당 (명문규정 없으나 예외적으로 **[判例]** 업무집행조합원은 조합원들로부터 임의적 소송신탁 받아 소송수행 허용 ○, 후술)
  ④ **법**률상 소송대리인 (업무집행조합원의 대리권 추정하는 民法 709조를 근거로 인정할 것인지 긍정설 *v.* 부정설)

∝ 당사자적격 ∝

1. 당사자적격 서론

– 당사자적격 : 특정 소송에서 정당한 당사자로 본안판결을 받기 적합한 자격 내지 소송수행권

2. 이행의 소와 당사자적격

가. 원칙

– **[判例]** "이행의 소에서는 자기에게 이행청구권이 있다고 주장하는 자는 원고적격 **O**, 그로부터 이행의무자로 주장된 자는 피고적격 **O** → 원고 청구 자체로 당사자적격 판가름, 당사자적격의 당부 판단은 청구의 당부 판단에 흡수됨" [72나322]

– 원고가 주장한 원고의 권리나 피고의 의무가 없는 경우 기각판결 (각하 **×**)

나. 예외

– 이행의 소에서 주장 자체로 **당사자적격 없음**이 분명한 경우 : **각하판결**

① 근저당권 혹은 가등기 이전의 **부**기등기 있는 경우
[判例] 근저당권설정등기 말소등기청구는 양수인만을 상대로 **O**, 양도인을 상대로 **×** ∵ 양도인은 피고적격 **×**, 부기등기는 기존 권리의 승계를 등기부상 명시하는 것 뿐 그 등기로 새로운 권리 발생 **×** → 양도인 상대 말소청구 각하 [2000다19526]

② 압류 및 **추**심명령 있는 경우
[判例] 압류 및 추심명령이 있는 경우 채무자의 제3채무자에 대한 이행청구 → 각하 ∵ 당사자적격 상실 [99다23888]
cf. **압류 및 전부명령**이 있는 경우 채무자의 이행청구 → 기각 ∵ 단순히 채권이 없는 경우이므로 이행의 소 당사자적격에 관한 원칙 적용

③ **회**복등기청구에서 말소 당시의 소유자가 아닌 경우
[判例] 회복등기의무자는 "말소될 당시의 소유자" → 가등기 후에 소유권 이전되고 가등기 말소된 경우, 가등기 당시 소유자 상대로 회복등기청구 → 각하 [68다1617]

④ **등**기의무자가 아닌 경우

등기의무자는 "등기기록상 형식적으로 그 신청 등기에 의해 권리 상실 기타 불이익을 받는 자"를 의미함

[判例] 등기명의인이 아닌 위조행위자를 상대로 말소등기청구 → 각하 [93다39225]

[判例] 다만, 예외적으로 등기명의인이 허무인 혹은 실체가 없는 단체라면 행위자를 상대로 ○ [90다684]

[判例2019] 변경(경정)등기는 등기의무자 개념 ✕ ∵ 권리변동 ✕ [2015다47105]

⑤ **등**기상 이해관계 있는 제3자가 아닌 경우(**부등법 제57조, 제59조**)

[判例] '등기상 이해관계 있는 제3자', 즉 '해당 등기를 허용하게 되면 등기부 형식상 손해를 입을 위험성이 있는 자'가 아닌 사람을 상대로 승낙청구 → 각하 [73다211]

[判例2015] 등기명의인이 아닌 사람을 상대로 변경등기나 경정등기에 '승낙청구' → 각하 [2014다87878] *cf.* 변경·경정등기청구는 소구 ✕

[判例] 말소회복등기와 양립할 수 없는 등기는 회복의 전제로서 말소의 대상이 될 뿐, 그 등기명의인은 부등법 59조 회복등기에 등기상 이해관계 있는 제3자 ✕ → 그를 상대로 회복등기에 대한 승낙청구 → 각하 ∵ 당사자적격 ✕ [2003다35567]

→ 지상권·저당권 등기 있던 자가 소유자 기망으로 설정계약 해지하고 말소되었다며 말소회복을 구함에 있어, 기망 사실에 관하여 선의인 현재의 지상권·저당권 등기명의자에게 승낙 청구한 사안에서,

㉠ as **지**상권자로서 about **지**상권등기회복에 승낙청구 부분 → **"각하"** ∵ 회복등기와 양립불능한 등기는 회복의 전제로 말소 대상일 뿐 등기상 이해관계 있는 제3자 ✕

㉡ as **저**당권자로서 about **저**당권·**지**상권등기회복에, as **지**상권자로서 about **저**당권등기회복에 각 승낙청구 부분 → **"기각"** ∵ 등기상 이해관계 있는 제3자 ○, 다만 기망 사실에 선의의 제3자로서 민법 110조 3항 보호되어 승낙의무가 없음

正辯 : 등기 위조였다면 ㉠은 각하, ㉡은 인용

[判例2019] 강제경매개시결정 기입등기 회복등기청구 소의 이익 ✕ ∵ 강제경매개시결정 기입등기는 등기공무원에게 신청 ✕, 법원 촉탁에 의해 기입, 법원 촉탁 의해 말소된 경우 회복등기도 법원 촉탁으로 → 경매신청채권자는 기입등기 말소 당시 부동산에 소유권이전등기 마쳤던 자를 상대로 '법원 촉탁 의한 기입등기 회복절차'에 대한 승낙청구 ○ ∵ 기입등기 회복 촉탁에 등기상 이해관계 있는 제3자 ○

위조된 가등기를 무효등기 유용하고 본등기하여 중간에 마친 경매개시결정기입등기가 직권말소 → 본등기 명의자 상대로 승낙청구 적법 ○ ∵ 회복될 경매개시결정 기입등기와 본등기는 양립 가능 ○ [2015다253573]

3. 확인의 소와 당사자적격

- **[判例]** 이사회결의무효확인소송 같은 단체 내부 분쟁의 피고적격은 단체(= 회사) **O**, 선출된 대표자 개인은 피고적격 **X**, 소의 이익 **X** [80다2425] → 단체피고설 [통판] 그러나 **[判例]** 선출된 대표자의 직무집행정지가처분신청 사건에서는 그 선출된 대표자 '개인'이 피신청인적격 **O**, '회사'는 **X** [71다2351]

4. 제3자 소송담당

- 제3자 소송담당 : 권리귀속주체 이외의 제3자가 당사자적격을 가지는 경우
- **법정소송담당** : 권리관계주체 의사 상관없이 제3자가 법률상 당연히 소송수행권
  ㉠ 병행형 : **공**유자·합유자(**民 제265조, 제272조**), 채권자**대**위소송(**民 제404조**)
  채권**질**권자(**民 제353조**), **주**주대표소송 주주(**商 제403조**)
  ㉡ 갈음형 : **추**심채권자, **파**산관재인·회생관리인, **유**언집행자
  주한**미**군 사건에서 대한민국, **상**속재산관리인
  채권자대위소송의 성질 : 1) 소송담당설 [통판], 2) 고유권설
  → 통설·판례인 소송담당설을 따라야만 보·필·불 결여 시 각하판결
- **임의적 소송담당** : 권리관계주체 의사에 따라 제3자가 소송수행권
  명문 : 선정당사자(**제53조**), 추심위임배서(**어음법 제18조**)
  명문 없는 임의적 소송담당 : 원칙적 불허 (**제87조** 변호사소송대리 원칙, **신탁법 제6조** 소송신탁금지) → 그러나 **변**호사대리원칙·소송**신**탁금지원칙 잠탈 염려 없고, 소송에 자기 **고**유이익 있거나 포괄적 관리처분권 **수**여받아 해당 권리관계에 지식 가질 정도로 관여하는 등 **합**리적 필요성 있으면 허용 [통판]
  [判例] 임의적 소송신탁은 탈법적 방법 아닌 한 극히 제한적으로 합리적 필요 있으면 허용 → 민법상 조합에서 조합규약·결의로 자기 이름으로 조합재산 관리 및 대외적 업무 집행할 권한 수여받은 업무집행조합원은 조합재산에 관한 소송에서 조합원으로부터 임의적 소송신탁 **O**, 자기 이름으로 소송 수행 **O** [83다카1815]
  [判例2016] 집합건물 관리단이 관리비 부과·징수 포함 관리업무를 위탁관리회사에 포괄적 위임하면 관리비에 관한 재판상 청구할 권한도 함께 수여 **O** → 위탁관리회사가 체납관리비 추심을 위해 구분소유자를 상대로 직접 자기 이름으로 소를 제기하면 임의적 소송신탁 → 합리적 이유·필요 **O**, 당사자적격 **O** [2014다87885]

– **제3자 소송담당과 기판력** : 소송담당이 수행한 결과는 권리귀속주체에 기판력 ○ (**제218조 제3항**, 후술)
병행형에 218조 3항 적용 여부 : 절충설(절차보장설)
[大判全合] 채권자대위소송이 확정되면 채무자가 대위소송 계속을 안 경우에 한하여 기판력 ○ [74다1664]

5. 당사자적격의 조사, 흠결의 효과

– 소송요건, 직권조사사항, 사실심 변론종결시 기준
– 당사자적격 흠결시 : 각하판결
– 간과판결 : 상소 △, 재심사유 ✕ (당사자적격 흠결 판결은 무효)

* **당연무효 판결** : **재**판권 흠결, 당사자**적**격 흠결, 이미 사**망**·비실재하는 상대 (간과하고 본안판결 나온 경우)

∝ 소송능력 ∝

1. 소송능력 서론

- 소송능력 : 소송의 당사자로서 유효하게 소송행위를 하거나 받기 위하여 갖추어야 할 능력. 民法의 행위능력 문제와 대응(**제51조**). 소송절차 내·외나 소송개시 전·후 불문하고 문제됨
- **제한능력자의 소송능력**(**제55조**) 2017. 2. 시행
  ㉠ **미성년자 · 피성년후견인**(**제1항**) : 원칙적 제한소송능력자(법정대리인 의해서만)
  (예외) 미성년자의 독립적 법률행위(**제1호**) : **영**업허락, **혼**인
  (예외) 피성년후견인의 **民 제10조 제2항** 가정법원 취소불가 지정(**제2호**)
  ㉡ **피한정후견인**(**제2항**) : 원칙적 소송능력자, 예외적 **民 제13조 제1항** 가정법원의 동의필요 지정 행위는 대리권 있는 한정후견인에 의해서만

2. 보정, 일시적 소송행위, 추인

- **보정**(**제59조 전단**) : **소**송**능**력·**법**정**대**리권·소송행위**수권**에 흠 있는 경우 법원은 기간 정하여 보정명령 하여야 **正辯** : 대표권 준용(64조)
- **일시적 소송행위**(**제59조 후단**) : 만일 보정 지연으로 손해 염려 있다면 보정 전의 당사자·법정대리인으로 하여금 일시적으로 소송행위 하도록
- **추인**(**제60조**) : **소능·법대·수권** 흠 있는 소송행위 후 보정된 당사자·법정대리인이 추인하면 소급 유효 (유동적 무효)

3. 소송능력의 조사, 흠결의 효과

- 소송행위 유효요건 (소제기시는 소송요건), 직권조사사항, 직권탐지형
- 소송능력 흠결시 : 보정(**제59조 전단**) → 보정하지 않으면 소송행위는 무효(추인이 가능한 유동적 무효), 소제기는 각하판결
- 계속 중 소송능력 흠결 : 중단·수계(**제235, 238조**) → 각하 ✕

正辯 : 소송계속 중 소송능력 흠결은 중단·수계의 문제인 점을 주의

– **간과판결** : 제한능력자 패소라면 상소(**제4호** 유추), 재심(**제3호** 유추) → 그러나 보정된 당사자나 법정대리인이 추인했다면 상소·재심 ✕ (각 **제2항, 제3호 단서** 유추) 제한능력자 승소라면 상대방은 상소 ✕, 재심 ✕ [통]

4. 기타

– 송달은 법정대리인에게(**제179조**) → 소송무능력자에게 판결정본 송달되면 상소기간 진행 ✕ [통]

– 소송능력 없다고 판단된 자도 소송능력의 존부 자체를 다투기 위한 소송능력은 있다고 보아야 → 즉, 소송능력 없다는 각하판결 선고되고 그에게 판결정본 송달되면 소송능력 있다고 다투기 위한 항소기간은 진행 ○ → 만일 항소하여 인용되면 필수적 환송(418조 본문)

« 변론능력 »

- 의의 : 법원에 대해 유효하게 변론하기 위하여 필요한 능력. 소송의 원활·신속이라는 공익적 취지가 강하고 民法과 대응할 개념이 없음. 다른 개념에 비하여 유일하게 ① '소송요건'이 될 수 없고, ② 간과판결도 유효하면서 상소·재심 ×
- 우리 민소법은 변호사강제주의 ×, 변호사대리원칙 ○ → 소송능력자는 모두 변론능력자 ○, 다만 변호사 아닌 자가 '소송대리인으로서의 변론능력'은 ×
- 변론능력 없는 경우 :
  ㉠ 진술금지재판(**제144조 제1항**) : 당사자·대리인의 진술 금지(해당 심급 전체) → 변론을 계속할 새 기일 지정 가능 → 필요하면 변호사선임명령(**제144조 제2항**)
  ㉡ 발언금지명령(**제135조 제2항**) : 재판장 명령 따르지 않을 때, 해당 기일만 금지
- 진술보조제도(**제143조의2**, 2017. 02. 시행) : 질병·장애·연령 기타 사유 정신적·신체적 제약으로 소송관계 분명하게 하기 위해 필요한 진술 어려우면 법원의 허가를 받아 진술 도와줄 사람과 함께 출석 가능, 법원은 허가 취소 가능
- 통지의무(**제144조 제3항**) : 대리인에게 진술금지·변호사선임명령 하였다면 본인에게 통지해야 → **[判例]** 선정당사자 유추적용 ○, 선당에게 진술금지·변호사선임명령을 한 경우 실질적 변호사 선임권한 가진 선정자들에게 통지해야 → 선정자에 대한 통지 없이 각하 × ∵ 선당은 당사자이지만 내부적 관계에서는 소송대리인 유사 [2000마2999]
- 변론능력의 조사, 흠결의 효과 :
  소송요건 ×, 소송행위 유효요건 ○
  변호사선임명령 받고도 새 기일까지 선임하지 않으면 소각하 '결정'(**제144조 제4항**, 상소심에서는 상소각하 결정) → 즉시항고(**제5항**)
  간과판결 : 판결 유효하고, 판결로 흠 치유되어 상소 ×, 재심 ×

제3절 소송상 대리인

제1관 법정대리인

≪ 법정대리인 ≫

1. 대리인 개념 구별

– 소송상 대리인 : 당사자·보조참가인의 이름으로 소송행위를 하거나 받는 제3자
  cf. 소송담당(가령 선정당사자는 대리인이 아닌 당사자)

– 법정대리인 : 본인 의사 관계없이 법률 규정이나 법원 재판으로 정해진 대리인
  → ㉠ '실체법상 법정대리인' / ㉡ '소송법상 특별대리인'

– 임의대리인(소송대리인) : 본인의 의사로 대리권 수여된 대리인
  → ㉠ '법률상 소송대리인' / ㉡ '소송위임에 의한 소송대리인'(협의의 소송대리인)

2. 실체법상 법정대리인

– 의의 : 실체법상 법정대리인의 지위에 있는 사람(**제51조**)

– 미성년자의 친권자·후견인(**民 제911조, 제928조**), 성년후견인(**民 제929조** 이하), '대리권수여 심판 있는' 한정·특정후견인(**民 제959조의4~11**), 민법상 특별대리인(**民 제64조, 제921조**), 법원 선임 부재자 재산관리인(**民 제22조 등**)
  주의할 것은 민법상 법정대리인이어도 상속재산관리인 **×**, 유언집행자 **×** → 갈음형 소송담당 (당사자적격의 문제)

3. 소송법상 특별대리인(**제62조**)

– 요건 :
  ① 미성년·피한정·피성년이 **당**사자인 경우
  ② **법**정대리인이… ⓐ 없거나, ⓑ 소송 관련 대리권 없거나, ⓒ 대리권 행사 불가능(사실상·법률상 장애), ⓓ 불성실·미숙한 대리권 행사(소송절차 진행 현저 방해)
  ③ 소송절차 **지**연으로 손해 염려

'법률상 장애' → 民 64조·921조 같은 경우 의미한다는 견해 *v.* 이 규정은 실체법 상 법정대리인(민법상의 특별대리인)이므로 부정해야 한다는 견해
'사실상 장애' → 질병, 소재불명, 장기여행
'손해 염려' → 시효완성 우려, 가압류 기회 상실

- 의사무능력자 준용(**제62조의2**, 2017. 2. 판례 입법화 신설) : 특정후견인·임의후견인도 신청 ○(**제1항**), 특별대리인의 취·포·인·화·탈 행위가 본인 이익 명백 침해라면 법원은 14일 이내 결정으로 불허할 수 있고 여기에는 불복 ✕(**제2항**)
- 법인·비법인사단의 대표자·관리인 없거나 대표권 행사 불능 등에 준용(**제64조**)
- 신청권자 : **친**족, **이**해관계인(미·피·피 상대로 소송행위 할 자 포함 ○), 대리권 없는 성년·한정**후**견인, **검**사, **지**자체 장
  소송계속 후 필요하면 법원 '직권'으로 특별대리인 선임·개임·해임(**제62조 제2항**)
- **[判例]** 신분행위인 인지청구, 이혼청구도 제62조 특별대리인 ○ [84스12, 87스18]
- **[判例]** 주권 발행 없는 주식회사의 주식 양수인들이 주주총회 개최하여 대표이사 선임해도 대표자 자격 ✕ → 적법한 새 대표이사 취임 시까지 당초의 대표이사가 대표권 ○(**상법 제386조, 제389조 3항**) → **제64조, 제62조**에 의한 '대표자가 없거나 대표권 행사할 수 없는 경우' ✕ → 특별대리인 선임 ✕ [74다428]
  [判例2015] 도시및주거환경정비법상 조합의 이사가 조합을 상대로 소 제기할 경우, 조합장이 없거나 대표권 행사할 수 없더라도 조합은 민소법 62조(현행) 특별대리인 선임 ✕ ∵ 위 소송에서는 감사가 조합을 대표하므로(현행 도정법 42조 3항) → 법원이 이를 간과하고 선임한 특별대리인은 조합 대표권 ✕ [2013다89372]
  正辯 : 도정법 22조 4항은 상법 394조와 같은 취지이므로, 이사가 주식회사를 상대로 한 소송에서도 주식회사는 특별대리인 선임 ✕ ∵ 감사가 주식회사를 대표

4. 법정대리인의 지위, 권한

- 지위 : 당사자 ✕ → 기판력·집행력 ✕
  그러나 당사자와 유사한 지위이므로 보조참가인 ✕, 증인 ✕ (당사자신문 ○)
  법정대리인이 사망하면 중단(**제235조**) 그러나 후술하는 것처럼 소멸을 통지해야 중단되는 것으로 해석될 여지 있음
  소장의 필수적 기재사항
- 법정대리인의 권한은 민소법에 규정 없으면 민법 규정 적용(**제51조**)

– **친권자** : 취·포·인·화·탈 O (2017. 02. 개정 56조 2항은 '1항의 법정대리인')

– **후견인** :

㉠ 능동 소송행위는 후견감독인의 동의 필요(**民 제950조 제1항 제5호**) / 후견감독인이 없는 경우에는 동의 불필요

㉡ 수동 소송행위는 후견감독인의 동의 불필요(**제56조 제1항**)

㉢ 취·포·인·화·탈은 후견감독인으로부터 특별수권 필요 / 후견감독인이 없는 경우에는 '가정법원'으로부터 특별수권 필요(**제56조 제2항**)

– **실체법상 특별대리인** : 일체의 소송행위 O

소송법상 특별대리인(**제62조 제3항**, 2017. 02. 개정시행) : '대리권 있는 후견인'과 동일한 권한 O → 그 범위 내에서 법정대리인의 권한 정지

正辯 : 구법 당시 판례도 구법 규정과 달리 "소송법상 특별대리인은 대표자의 권한에 준하여 일체 소송행위, 소제기, 사법상 권리 행사 가능하나, 무권리자 처분행위의 추인 같은 권리 득실변경은 民 950조 1항 4호 특별수권 요한다."는 입장이었고, 이것이 반영된 개정법

– 공동대리 : 혼인 중 부모(**民 제909조 제2항**), 공동성년후견인(**民 제949조의2 제1항**), 그러나 수동 소송행위는 단독으로 O

5. 법정대리권의 소멸 통지(제63조)

– 법정대리권 소멸은 상대방에게 통지해야 소멸 효력 주장 가능(**제63조 제1항 본문**) → 통지하지 않았다면 대리권 소멸한 법정대리인의 소송행위는 유효

그러나 '법원'에 소멸사실이 알려진 뒤에는 상대방에게 통지하지 않았더라도 그 법정대리인의 56조 2항 처분행위 취·포·인·화·탈 금지(**제63조 제1항 단서**) → 만약 하게 되면 무권대리

[判例] 대표권 소멸을 통지하지 않았다면 상대방 악의·과실 불문하고 대표자 소송행위는 유효 ∵ 획일적 처리로 소송절차 안정·명확 취지 [95다52710]

– 위 규정은 법인 대표권 소멸(**제64조**), 소송대리권 소멸(**제97조**), 선정당사자 자격 소멸(**제63조 제2항**) 준용

6. 법인·비법인의 대표자(**제64조**, 준법정대리인)

- 법인·비법인의 대표자는 법정대리인에 준하는 준법정대리인(**제64조**)
  민법상 법인의 이사·청산인, 주식회사의 대표이사·직무대행자
- **[判例]** 이사(원고)가 회사(피고)를 상대로 소제기 하면서 대표자를 감사(商 394조 1항)가 아닌 대표이사로 표시 → 표시정정으로 보정하도록(**제64조, 제59조 전단**) → 표시정정된 피고의 적법한 대표자(감사)에게 소장부본 송달해야 → 만일 대표이사에게 소장부본 송달되면 송달 무효, 대표이사로부터 소송대리권 위임받은 변호사들에 의해 소송 수행되었다면 대표이사의 능동·수동 일체의 소송행위 무효 [89다카15199]
- 그러나 **[判例]** 대표권 유무 자체가 쟁점이 되어 공방·심리 끝에 대표권 없음이 밝혀졌다면 법원은 보정·표시정정 명할 필요 없이 각하 [92다48789]
- **[判例2018]** 비법인사단의 대표권 없는 자가 대표자로서 한 소송행위는 후에 대표자 자격을 적법하게 취득한 대표자가 추인하면 행위 시에 소급하여 효력 → 상고심에서도 추인 O (**제64조, 제60조**) → 추인의 법리는 총유재산에 관한 소송이 사원총회 결의 없이 제기된 경우에도 마찬가지 [2013다76871, 2018다227087]

  正辯 : 2018다227087 판결의 경우 총유재산에 관한 소송이 사원총회 결의 없이 제기되었다가 사원총회 추인 결의가 있었다면 소급하여 유효라는 취지임

∝ 임의대리인(소송대리인) ∝

1. 법률상 소송대리인(제87조)

- 법령상 소송대리인, 법령에 의한 소송대리인(특별수권 불필요, **제92조**)
- **상법 제11조** 지배인, 국가 당사자로 하는 소송의 소송수행자 (지방자치단체는 ✕)
- **民 제709조** 조합의 업무집행조합원도 포함되는지 긍정설·부정설

2. 소송위임에 의한 소송대리인(= 협의의 소송대리인)

- 소송대리권 수여 : 소송행위, 소송능력 있어야
- **변호사소송대리원칙**(**제87조**)
- 변호사대리원칙의 예외 요건(**민소규칙 제15조**) : 서면 신청, 법원 허가 필요
  ㉠ 단독사건 중 **1**억 원 이하 사건 *or* ㉡ 소가 무관 단독사건(**재·어·금·자·재**)
  ⓐ 배우자·4촌 이내 **친**족으로서 당사자와 **밀**접한 생활관계로 *or* ⓑ **고**용관계 등으로 관련 **통**상사무 처리·보조해온 자로서 사건에 비추어
  → 법원 허가 후 1억 원 초과시 법원은 허가 취소하고 본인에게 통지
- 소액사건(**소심법 제8조**) : 배우자·직계혈족·형제자매라면 법원 허가 불필요

3. 소송대리권의 범위

- '변호사'의 소송대리권 제한 불가(**제91조**) → 제한하더라도 내부관계일 뿐
- 소송대리인은 특별수권사항 제외한 일체의 소송행위 ○(**제90조 제1항**) : '**강**제집행, **가**처분·가압류, **반**소, **참**가'에 관한 소송행위, **변**제의 영수 *ex.* 반소에 대한 응소
- **특별수권사항**(**제90조 제2항**) : **반**소제기, **취**포인화탈, **상**소제기 및 **취**하, **대**리인선임
  반소에 대한 '응소', 소취하의 '동의'는 1·2호 ✕ → 특별수권 불필요
  불항소합의·불상소합의·상소권포기도 3호 ○ → 특별수권 필요
  [判例] 항소제기 특별수권 없는 소송대리인이 항소장 제출했는데 당사자나 적법한 소송대리인이 항소심 본안에 관해 변론하면 항소제기행위 묵시적 추인 ○ [2006다67893]

[判例] 소송상 화해, 청구의 포기에 관한 특별수권 받은 소송대리인은 그 소송행위 자체 뿐 아니라 그 소송행위의 전제인 소송물인 권리의 처분·포기 권한(즉, 실체법상 화해할 권한)도 수여된 것 [93다52105]

- **심급대리원칙**(**제90조 제2항 제3호** 참조)

  [判例] 심급대리 원칙에 따라 소송대리인이 해당 심급 판결을 송달받은 때 소송사무 종료 및 소송대리권 소멸 → 단, 상소제기의 특별수권이 있다면 판결문 송달로 중단 ✕ [2007다22859] → 상소제기에 관해서만 소송대리권 존속 → 상소제기 함으로써 소송대리권 소멸

- 파기환송과 소송대리권 부활의 문제 :

  [判例] 상고심에서 파기환송, 항소심에서 취소환송 되어 다시 그 원심법원에 계속된 때는 환송 전 원심 소송대리인의 대리권 부활 ○ [84후102]

  [判例] 파기환송 되었다가 재상고 된 경우, (항소심 소송대리인 소송대리권은 심급대리원칙상 당연 소멸) 환송 전 상고심 소송대리인의 대리권이 부활하지는 ✕ [96마148]

  [判例2016] 항소심 사건 소송대리인의 위임사무는 항소심 판결정본 송달되면 종료되나, 상고심 파기되면 환송 후 항소심 소송사무도 처리해야 위임사무 종료에 따른 보수(성과보수) 청구 가능 ∵ 항소심 소송대리권 부활 ○ [2014다1447]

4. 소송대리인의 지위

- 지위 : 당사자 ✕, 제3자 → 기판력·집행력 ✕
- **경정권**(**제94조**) : 소송대리인의 사실상 진술을 당사자가 곧 취소·경정하면 실효
  경정권은 사실상 진술(가령 자백)에 대하여만 가능
  신청, 소송물 처분, 법률상 진술은 경정 ✕
- 개별대리 원칙(**제93조**) :

  공동대리 약정해도 개별대리 원칙 위배되므로 법원이나 상대방에 효력 ✕
  소송대리인들의 행위가 서로 모순되면 선행행위의 철회, 후행행위가 유효
  다만 선행행위 철회 불가(자·취·포·인·화)라면 후행행위 무효

  [判例] 여러 사람이 공동대리권 행사시 1인에게 송달 가능한 180조는 여러 명의 '소송대리인'에게는 적용 여지 ✕ ∵ 93조 각자대리 원칙 → 법원은 판결정본을 각각의 소송대리인에게 송달하여야 → 다만 소송대리인 중 1인에게 최초로 판결정본 송달시에 당사자에 대한 판결정본 송달의 효력 발생, 그때부터 항소기간 기산 ∵ 모든 소송대리인이 당사자 본인을 위해 송달받을 지위 ○ [2011마1335]

5. 소송대리권의 소멸

- 소멸사유 : 대리인의 **사**망·**성**년후견개시·**파**산(**民 제127조 제2호**만)
  판결정본 송달(심급대리 원칙, 다만 상소제기 특별수권 있다면 예외 [**통판**])
- **소송대리권이 소멸하지 않은 경우**(**제95, 96조**) :
  당사자의 사망·소송능력상실·합병소멸 / 법정대리인의 사망·소송능력상실·대리권 소멸변경 / 소송담당자·선정당사자의 자격상실 → 이러한 경우 소송대리권 소멸하지 않으며, 중단사유가 대부분이나 소송대리인 있으므로 중단되지도 ✕ (**제238조**) → 그러나 이 상태에서 판결정본 송달 등 심급 종료되면 심급대리상 소송대리인도 없는 것으로 되므로 중단 ○
- **소송대리권 소멸통지**(**제97조, 제63조**) : 위임계약 해지, 본인 파산(**民 제690조**) 등 소송대리권 소멸사유가 있더라도 상대방에게 통지해야 소멸 주장 ○
  그러나 소멸사실이 법원에 알려진 뒤라면 상대방에게 통지하기 전이라도 56조 2항의 취·포·인·화·탈 금지(취포인화탈의 특별수권 있어도 그렇다는 의미)
  [判例] 소송대리인이 법원에 사임서 제출했어도 상대방에게 통지 안 했으면 소송대리인의 소송행위 유효 ○ → 사임한 소송대리인에게 판결정본 송달되고 2주 지나서 항소한 경우 항소장각하명령 ○

제3관 무권대리인

무권대리인

1. 의의

- 무권대리 : 대리권 없는 대리 → 대리권 미수여, 법정대리인 아닌 경우, 특별수권 없는 경우, 대리권 서면증명 못한 경우, 법인 등의 대표권 없는 경우(**제64조**)

2. 대리권의 조사, 흠결(무권대리)의 효과

- '대리권'은 소송행위 유효요건 (소제기시는 소송요건), 직권조사사항
  논란 있으나 직권탐지형이 아닌 직권조사형(자백의 구속력은 없으나 사실 주장책임, 증거 제출책임은 당사자에게 있는 유형)으로 보는 것이 타당
  [判例] 소송대리권 존부는 직권탐지사항으로서 자백간주 적용 여지 ✕ [97다38930]
  [判例] 법인·비법인사단 대표자의 적법한 대표권 여부는 소송요건, 직권조사사항 → 법원으로서는 그 판단 기초자료인 사실·증거를 직권으로 탐지할 의무까지는 없다 하더라도, 이미 제출된 자료들로 대표권 적법성에 의심 갈 만한 사정 엿보이면 상대방이 다투지 않더라도 심리·조사할 의무 ○ [2009다22846]
  正辯 : 민사소송법에서 대리권과 대표권은 거의 동일시되고 있으나 판례는 '소송대리권'에 대하여는 직권탐지형을 인정하고 '대표권'에 대하여는 직권탐지형을 부정하는 것처럼 판시하였음 → 어느 모로 보나 원고가 입증책임 있고 자백·자백간주 대상이 아닌 것은 공통됨
- 대리권 흠결시(무권대리) → 소송행위는 유동적 무효, 소제기라면 보정하지 않는 경우 각하판결
- 법원의 조치 : 무권대리임이 밝혀지면 무권대리인의 소송관여 배척하고 보정 명하되, 보정 지연으로 손해 염려 있으면 보정 전 무권대리인에게 일시적 소송행위를 하도록 ○ (**제97조, 제59조 후단**)
- 간과판결 : **제4호** 상소, **제3호** 재심 / 다만 추인한 경우는 치유 **제2항, 제3호 단서**
- 추인 : 당사자·법정대리인 추인하면 소급 유효(**제97조, 제60조**), 상고심에서 ○
  [判例] 종중 대표자 자격 없는 자의 소송행위를 상고심에서 추인 ○ [96다25227] → 이유 中 : 항소심이 대표권 없음을 이유로 소각하판결 했으나 항소심판결 선고 이후에 대표로 선출되어 자신의 소송행위 추인한 사건

묵시적 추인 O : **[判例]** 특별수권 없는 소송대리인의 항소제기 후에 적법한 소송대리인이 항소심 본안에 관하여 변론하면 항소제기행위 추인 O [2006다67893]

일괄추인 원칙(일부추인은 원칙적 불허) :

[判例] 무권대리인이 한 상소행위만 추인하는 것은 ✕ [2007다79480]

그러나 **[判例]** "소송혼란 우려 없고 소송경제상 적절하면 일부추인 O" → 무권대리인이 선임한 변호사가 승소한 후 상대방이 항소하자 2심에서 소취하 → 소취하 행위만 제외하고 나머지 소송행위만 추인 O [69다60]

正辯 : 2007다79480 판결은 그 이유에서 추인을 거절한 후에는 무권대리행위가 확정적 무효로 되므로 다시 추인할 수 없다고 판시함(=민법)

3. 쌍방대리 금지

- 쌍방대리 금지 : 통상 民 124조와 같은 법리

  [判例] 독립당사자참가 사건에서 3인 중 2인의 대리도 불허 [64다1691]

  [判例] 참가승계에서 승계사실을 다투지 않는 한 피승계인의 소송대리인이 승계인 소송행위 대리는 허용 [69다1578]

- 변호사법 31조 1항 위반의 쌍방대리

  제1호 한쪽 상의 받아 수임 승낙한 사건의 상대방이 위임한 사건 :

  '동일한 사건'일 것 : **[判例]** 동일한 사건 여부는 기초된 분쟁의 실체가 동일한지로 판단, 민사사건과 형사사건도 O **[判例]** 수임하여 종료한 사건도 포함 O

  제2호 수임하고 있는 사건의 상대방이 위임하는 다른 사건 :

  동일하지 않은 사건 포함 O, 종료된 사건은 ✕

  2호의 경우 수임하고 있는 사건의 위임인의 동의하면 허용

  변호사법 제31조 위반행위의 효력 :

  1) 유효설, 2) 절대무효설, 3) **추**인설 (**뒤**에 선임한 자 추인하면 유효)

  4) **이**의설 [통판] (**먼**저 선임자가 이의하면 무효)

  [判例] 변호사법 31조 1호 위반의 소송행위에 대해 상대방이 법원에 이의 제기하면 소송행위는 무효, 이의 받은 법원은 변호사 소송관여 불허 → 그러나 상대방이 알았거나 알 수 있었음에도 사실심 변론종결시까지 이의 없었다면 소송행위는 소송법상 완전한 효력 O [2003다15556]

4. 표현대리

– 소송행위에서는 표현대리 적용 ✕

[判例] 집행증서 집행승낙 의사표시는 공증인에 대한 소송행위로서 표현대리 ✕ → 무권대리인의 촉탁으로 작성됐다면 상대방 정당한 이유 불문하고 무효 [93다42047]

5. 변호사대리원칙 위반의 효과

– 징계로 정직 중인 변호사의 소송대리행위는 유효 /

비변호사의 소송대리행위는 무효 → 다만 몰랐던 본인은 추인 ○ → 그러나 본인이 알았거나 혹은 비변호사가 이익 받을 목적으로 영업으로 했다면 추인 ✕ [통]

Part 2
제1심 소송절차

02

제3편 제1심의 소송절차

제2절 소송요건

제1관 총설

« 소송요건 »

1. 소의 의의와 종류

- **[判例]** 사실상 혼인관계 존재확인의 확정판결 있더라도 혼인신고 있어야 혼인이 성립하므로 위 판결에 따른 신고는 창설적 신고 [95므694] → 확인소송설
  正辯 : 형성소송설에 의하면 확정판결로 성립하므로 혼인신고는 보고적 신고
- **[判例]** 당사자는 다른 소송에서도 주주총회 결의가 부존재 또는 무효임을 주장 O [91다39924] → 확인소송설
- 사해행위취소소송 : 형성소송 + 이행소송
- 사해행위취소소송 제기 없이 원상회복만 청구 → 1) 기각설[**통판**], 2) 각하설
  [判例] 이유 中 : 원상회복의 전제인 사해행위 취소가 없는 이상 원상회복청구권은 인정되지 않으므로 사해행위취소 없이 원상회복만 구할 수는 × [2007다69162]
  → 다만 원상회복청구가 사해행위취소 제척기간 도과하여 제기되면 각하판결이 실무 ∵ 청구권원에 비추어 사해행위취소소송, 소송요건 심리의 선순위성

2. 소송요건

- 법원 → 재판권, 국제재판관할권, 민사소송사항, 직분·토지·사물관할권
  당사자 → 실재, 당사자능력, 당사자적격 / 소송능력, 법정대리권·임의대리권
  소송물 → 특정, 소의 이익
- **[判例]** 제소단계에서의 소송대리인의 대리권 존부는 소송요건·직권조사사항으로서 그 사실 존부 불명하면 증명책임 원칙 적용되어 원고가 증명책임 O ∵ 본안판결을 받는다는 것 자체가 원고에게 유리한 점 [96다39301] → 원고가 소송요건 증명책임
  그러나 **[判例]** 채권자취소권의 제척기간 도과는 채권자취소소송의 상대방이 증명책임 O [2007다63102]

– 소송요건 판단 시점 : 사실심 변론종결시 → 제소당시 구비되었더라도 그 후 소멸하면 부적법 각하 → 다만 당사자능력·소송능력·법정대리권의 도중 소멸은 각하가 아닌 중단사유(**제233, 235조**)
관할권 존부는 제소시 기준 판단 (다만 변종시까지 생기면 치유 O)

3. 소송요건 조사의 개시, 조사의 방법

조사의 개시	자료의 수집	구체적 예
직권조사사항 (원칙)	**직권탐지형** (사× 자× 증×)	**재**판권 **재**심사유 **전**속관할 **당**사자능력 **소**송능력 (**경**험법칙 **외**국법규 **관**습법 – 소송요건 아님)
	직권조사형 (사O 자× 증O)	소의 이**익**, 당사자**적**격, **대**리권·대표권 유무 △ O
	변론주의형 (사O 자O 증O)	
항변사항	**변론주의형** (사O 자O 증O)	임의관할 / 부제소합의, 불항소합의 → **[判例]** "직권조사사항"

– **[判例]** 전소 확정판결의 존부는 당사자 주장이 없더라도 법원이 직권 조사하여야, 확정판결의 존재를 사실심 변론종결시까지 주장하지 않았더라도 상고심에서 새로이 주장·증명 O [2009다94384]

– **[判例]** 우리나라 법률상 규정 없으나, 외국법은 법률이어서 법원이 권한으로 내용 조사해야, 조사 방법도 법원이 합리적이라 판단하는 방법으로 O [89다카20252]

– **[判例]** 당사자적격은 소송요건으로서 사실심 변론종결시 기준으로 법원 직권으로 조사하여 판단해야 [2007다60417]

– **[判例]** ① 법인·비법인사단이 당사자인 사건에서 법인·비법인사단 대표자에게 적법한 대표권 있는지 여부, ② 채권자대위소송에서 피보전채권이 존재하는지 여부 → 소송요건 O, 법원의 직권조사사항 O → 법원은 판단 기초자료인 사실과 증거를 직권으로 탐지할 의무까지는 없다고 하더라도, 현출된 자료에 의해 ① 대표권 적법성, ② 피보전채권의 존부에 의심갈 사정이 엿보이면 상대방이 구체적으로 지적하여 다투지 않더라도 심리·조사할 의무 O [2009다22846, 2009다3234]
[判例] 비법인사단의 대표자 자격에 관한 사항은 직권조사사항으로서 자백에 구속되지 않음 [70다44]

[判例] 소송대리권의 존부는 법원의 직권탐지사항으로서, 여기에 자백간주에 관한 규정이 적용될 여지 ✕ [97다38930]

– '직권조사사항'을 직권탐지형·변론주의형으로 이원화하는 견해 :
직권조사사항의 존부 자체에 대한 자백은 구속력 ✕
'변론주의형' 직권조사사항의 존부 판단 위한 '사실자료'는 자백 구속력 ○
'직권탐지형' 직권조사사항은 그 판단 위한 '사실자료'도 자백 구속력 ✕

– **[判例]** 관할권은 직권조사사항이므로 당사자는 관할권 위반 이송신청 ✕ [87마1010]

– **[判例]** 부제소합의, 불항소합의는 법원의 직권조사사항 [2011다80449, 79다2066]

4. 소송요건 심리의 선순위성

– 각하사유 + 기각사유 모두 있으면 → 각하판결

– **[判例]** 채권자대위소송에서 피보전채권 부존재하는데 기각판결 ✕ [88다카4727]
[判例] 비법인사단 대표자의 대표권에 다툼이 있음에도 밝혀보지도 않고 인정한 채 본안 판단 했다면 위법
비법인사단이 사원총회 결의 거치지 않고 총유재산에 관한 소송 제기한 것 문제되면 직권으로 총회 결의 여부 조사해야 [2010다97044]

5. 소송요건의 조사, 흠결의 효과

– 소송요건의 흠결 → 보정 → 보정할 수 없는 경우(**제219조**), 보정하지 않는 경우는 변론 없이 소각하판결(소송판결, 확인판결)
각하판결도 확정되면 소송요건 부존재에 기판력 생김
[判例] 당사자적격, 권리보호이익 등 소송요건은 당사자 주장 않더라도 법원이 직권으로 조사·판단해야 하는 직권조사사항 → 사실심 변론종결 이후에 소송요건 흠결되거나 흠결 치유된 경우 상고심에서도 참작하여야 [2010다87535, 2016두52064]

– 간과판결 : 상소 ○, 재심은 재심사유(*ex.* 소송능력, 대리권 흠결) 있다면 ○
전속관할 위반의 간과판결 : 상소 ○(취소·이송, 파기·이송 '판결'), 재심 ✕

– 소송요건 갖추었으나 각하판결 한 경우 : 상소법원은 원심판결 취소 혹은 파기한 후에 필수적 환송(**제418조 본문, 제436조 제1항**) / 다만 제1심에서 본안판결 할 정도로 심리되었거나 당사자 동의 있는 경우는 항소심이 자판(**제418조 단서**)

공통적 소의 이익 (권리보호자격)

0. 개념

– 권리보호자격(청구적격) : 청구 내용이 본안판결 받기 적합한 일반적·공통적 자격
  권리보호이익(권리보호필요) : 원고가 판결 구할 만한 구체적·개별적 법적 이익

1. **소**구할 수 있는 구체적 권리·법률관계

– **[判例]** 대장의 명의말소·명의변경 ✕ [93다36967]
  [判例] 그러나 대장이 물권변동 공시하지 않더라도 대장 명의말소 청구가 언제나 법률상 소의 이익 없는 것은 ✕ → 개별적, 구체적 고려해야 [97다48937]
  正辯 : 무허가건물 정비 보상금 지급 조례가 무허가건물대장에 등재될 경우 철거보상금 지급하도록 규정한 경우 건물 신축자를 대위하여 대장상 건물주 명의 말소청구 ○
  [判例] 등기부 사항란의 근저당권설정등기 접수일자 변경청구 ✕ [2003다13260]
  [判例] 단체 내부 규정의 효력만을 확인하는 정관무효확인 ✕ [92다13875]
  [判例] 건축허가서 건축주명의변경 → 완공 및 소유권보존등기 상태라면 ✕, 그러나 '미완성' 건물은 소유권보존등기에 필요하므로 건축주명의변경 소의 이익 ○ [2006다60229]
– **[判例]** 법원의 권한에 속할 것 → 통치행위, 종교단체 내부분쟁 원칙적 ✕

2. 법률상·계약상 소제기 **금**지사유 없을 것

– 법률상 소제기 금지사유 : 중복소송금지, 재소금지
– 계약상 소제기 금지사유 : **부제소합의**
  [判例] 요건 : ① 당사자 자유로이 **처**분할 수 있는 권리, ② **특**정된 법률관계
  ③ 합의 당시 당사자 **예**상 가능한 사항, ④ **불**공정한 방법 아닐 것 [98다63988]
  법적 성질(후술) : 항변권발생설 [**통판**] / 그러나 **[判例]** 직권조사사항 [2011다80449]
  [判例] 기본약정이 民 104조 위반이면 폭리 유지 위해 포함된 부제소합의도 무효 [2009다50308]

3. 다른 특별**구**제절차 없을 것

- 가압류등기 말소청구 ✕, 가처분등기 말소청구 ✕ → 직권말소 대상일 뿐

  [判例] 법원의 가처분결정에 기하여 집행 방법으로 이뤄진 처분금지가처분등기는 집행법원의 가처분결정취소나 집행취소 방법으로만 직권 말소 → 가처분등기 말소를 소구 ✕ [80다1872]

  正辯 : 위 판결은 '처분금지가처분등기의 이행을 소구할 수 없다'고 판시하나 오기인 것으로 보임

  [判例] 무효인 소유권이전등기 명의인을 채무자로 한 가압류등기 및 그에 터잡은 경매신청기입등기가 있는 경우, 소유자는 등기상 이해관계 있는 제3자인 가압류채권자를 상대로 원인무효인 소유권이전등기 말소에 **부등법 제57조**의 승낙을 청구 ○ → 승낙 혹은 갈음하는 판결 있으면 등기관은 원인무효 등기 말소하면서 가압류등기·경매신청등기를 직권말소(**부등법 제57조 제2항**) → 만일 원고가 가압류등기의 말소를 구한다면 이는 소유권이전등기 말소에 '승낙' 구하는 것으로 해석할 여지 ○ [97다41103] → 가압류등기 말소를 구하면 각하사유이지만, 바로 각하할 것이 아니라 승낙을 구하는 취지인지 석명해야 한다는 판례

- **[判例]** 부기등기의 말소등기청구는 소의 이익 ✕ ∵ "부기등기는 주등기에 종속되어 일체를 이루고 주등기가 말소되면 직권말소되므로" [87다카1836]

  그러나 근저당이전 원인만 무효·취소·해제된 경우에는 예외적으로 부기등기 말소 구할 소의 이익 ○ [2002다15412]

- **[判例]** 가등기에 기한 본등기가 경료됨으로써 등기공무원이 직권으로 제3자 명의의 중간처분 등기를 말소한 경우, 그 후 가등기에 기한 본등기가 원인무효로 말소된 경우 등기공무원은 직권으로 제3자 등기 말소등기의 회복등기를 하여야 → 그 회복등기를 소구할 이익 ✕ [95다6878]

  正辯 : 만일 직권 말소된 중간처분등기가 소유권이전등기, 저당권등기 등이라면 역시 회복을 소구할 수는 없으나 물권적 청구권에 기하여 직접 가등기 및 본등기의 말소를 구할 수 있을 것임

4. 동일청구에 대한 **승**소확정판결이 없을 것

- 화해·인낙·조정조서, 확정된 화해권고결정·조정에갈음하는결정도 마찬가지

- 모순금지설에 따라 '승소' 확정판결의 부존재만 소송요건

- 예외적 허용 : 판결내용 **특**정, 판결원본 **멸**실(다만 재판예규 개정), 소멸**시**효중단

  [判例] 소송물 동일하더라도 판결 내용 특정되지 않아 집행할 수 없는 경우에는 다시 소송 제기할 권리보호 이익 ○ [97다57658]

[大判全合2018] 확정된 승소판결 받은 자가 동일한 청구 소 제기하면 권리보호이익 없으나, 예외적으로 소멸시효기간 10년 경과 임박하면 시효중단 위한 재소는 소의 이익 O ∵ 다른 중단사유 압류·가압류·승인도 1회 제한 없음, 파산·회생 면책제도와의 균형 → 이 경우 후소법원은 그 확정된 권리의 요건 구비 다시 심리할 수 × ∵ 전소 승소 확정판결 내용에 저촉 금지 [2018다22008]

그러나 **[判例2019]** 전소 변론종결 후 발생한 변제·소멸시효완성 등 채권소멸사유는 후소 심리대상 O → 후소에서 채무자 항변 인정되면 '기각'하여야 [2018다24349]

[大判全合2018] 시효중단사유로서 재판상 청구는 이행·확인 청구 모두 O → 이미 승소 확정판결 받은 채권자가 판결상 채권의 시효중단 위해 후소 제기하는 경우도 동일 → '재판상의 청구'가 있다는 점만 확인 구하는 '새로운 방식의 확인소송' 허용 O, 채권자는 두 가지 형태의 소송 중 선택 가능 O ∵ 시효중단을 위한 이행소송의 다양한 문제점 보완 [2015다232316]

– **[判例2020]** 국세기본법은 국세징수권의 소멸시효 관한 특별 규정 제외하고는 민법에 따르고(27조 2항), 납세고지, 독촉·납부최고, 교부청구, 압류를 국세징수권 소멸시효 중단사유로 규정(28조 1항) → 민법 168조 1호 청구도 허용되는 경우라면 국세징수권의 시효중단사유 O → 납세의무자가 무자력·소재불명 등 체납처분 등 자력집행권 행사할 수 없고 소멸시효기간 경과 임박하는 등 특별한 사정 있다면 그 시효중단 위한 재판상 청구는 예외적 소의 이익 O → 국가 등 과세주체가 확정된 조세채권의 시효 중단을 위해 납세의무자를 상대로 제기한 조세채권존재확인의 소는 공법상 당사자소송 [2017두41771]

5. 신의칙 위반 소제기 아닐 것

« 이행의 소 (권리보호이익) »

1. 이행의 소와 권리보호이익

- 원칙적으로 소의 이익 문제되지 않으나, 논의 되는 경우는
  강제집행 불능 혹은 곤란, 목적 **실**현 혹은 실익 없음, **장**래이행의 소, **일**부청구

2. **강**제집행 실행 불가능 또는 현저히 곤란

- 소의 이익 ○ : **[判例]** "판결은 분쟁의 관념적 해결절차, 집행권원 확보 필요"
- **[判例2022]** 이행의 소는 원칙적으로 원고가 이행청구권 존재를 주장하는 것으로서 권리보호이익 ○, 이행판결 받아도 집행 사실상 불가능하거나 현저히 곤란하다는 사정만으로 권리보호이익 부정되지 ×
  제3자를 위한 계약에서 요약자는 낙약자에 대해 제3자에게 급부 이행할 것을 요구할 수 있는 권리 있으므로, 낙약자가 요약자의 청구에 응하지 않을 경우 요약자는 낙약자를 상대로 제3자에게 급부 이행할 것을 소로 구할 이익 ○ [2018다259565]

  正辯 : 공중위생관리법 관련 규정 등을 종합하면 영업자 지위승계신고 과정에서 제출되는 '지위승계 증명서류'는 단순한 영업승계 사실 증명 서류만이 아닌 양도인의 폐업신고 의사표시 갈음하는 서면 성격도 함께 가지므로, 양수인의 영업자 지위승계신고 과정에 양도인 폐업신고 의사표시 관련 양도인의 협력 필요 → 원심이 '청구취지 승소판결 있더라도 관할관청에 그에 따른 영업자 지위승계신고 이뤄질 수 없음을 이유로 권리보호이익 부정'한 것은 위법함

- **[判例]** 순차로 된 소유권이전등기에서 후순위등기의 말소청구가 패소확정 되어 그 전순위등기의 말소등기 실행이 불가능하게 되었더라도 그 전순위등기의 말소를 구할 소의 이익 ○ [93다20955]

  正辯 : 등기 말소라는 집행은 불가능하지만 중간 등기명의자에 대한 말소청구가 권리보호이익이 없다는 이유로 '각하'되지는 않는다는 의미. 만일 최종 등기명의자에 대해 패소확정된 사유가 가령 최종 명의자의 등기부 취득시효 완성(소유권 취득)이었고, 이 사실을 중간 명의자가 소송에 제출한다면 청구가 '기각'될 수는 있으며 이는 별개 문제임

- **[判例]** 채권에 대한 가압류·가처분·압류가 있더라도 채무자의 제3채무자에 대한 이행청구 인용 ○, 법원은 가압류 이유로 배척할 수 × ∵ **집**행권원 취득 필요, **집**행단계 저지 가능, 가압류취소 후 소 제기 **불**편, **시**효중단 필요 [2001다59033]
  [判例] 채권에 대한 압류 및 '추심명령' 있으면 채무자의 제3채무자에 대한 이행청구는 각하 ∵ 제3채무자에 대한 이행의 소는 추심채권자만 제기, 채무자는 피압류채권에 대한 이행소송 제기할 당사자적격 상실(갈음형) [99다23888]

[判例] 추심금청구 확정판결까지 나와도 현금화절차 종료 전이라면 압류명령 신청 취하 가능 → 추심권 소멸, 추심권능·소송수행권 모두 채무자에 복귀 → 채무자의 이행청구 인용 O [2009다48879]

[判例] 소유권이전등기청구권에 대한 가압류·가처분 있다면 채무자의 제3채무자에 대한 이행청구는 가압류집행 해제를 조건으로 인용 ∵ 의사진술 명하는 판결 확정되면 일방적 등기신청으로 **집**행단계 저지 불가 [92다4680] → **[判例]** 제3채무자 응소하여 가압류 사실 주장·입증 의무 O → 고의·과실로 응소 아니하여 자백간주 판결 선고 및 확정되면 가압류한 채권자에 대하여 불법행위 O [98다22963]

正辯 : "소유권이전등기청구권의 가압류 사실"은 본안의 문제로서 법원의 직권조사사항 × → 피고 답변서 부제출시 무변론 원고 전부승소판결 가능 O [98다22963]

3. 목적 **실**현되었거나 실익 없는 경우

– 소의 이익 × → 각하

– **[判例]** 근저당설정등기 말소등기 구하는 중 근저당권설정등기가 경매로 말소되거나 말소될 수밖에 없는 경우는 말소를 구할 법률상 이익 × [2002다57904]

cf. **[判例]** 사해행위취소소송 계속 중 사해행위인 근저당권설정계약에 기한 경매 진행되어 근저당권등기가 말소되었더라도 사해행위취소 이익 O [97다8687]

– **[判例]** 멸실된 건물은 등기부 폐쇄될 운명이므로 그에 마쳐진 원인무효 등기 있더라도 그 말소등기청구를 소구할 이익 × [93다24810]

그러나 **[判例]** 동일인이 구 건물 멸실등기 및 다시 신축하는 건물의 소유권보존등기 해야 할 경우는 구 건물에 있는 원인무효등기 말소 청구할 실익 O [91다39184]

– **[判例]** 부기등기의 말소등기청구는 소의 이익 × ∵ "부기등기는 주등기에 종속되어 일체를 이루고 주등기가 말소되면 직권말소되므로" [87다카1836]

그러나 근저당이전 원인만 무효·취소·해제된 경우에는 예외적으로 부기등기 말소 구할 소의 이익 O [2002다15412]

– **[判例2017]** 취득시효 완성 원인 소유권이전등기청구권을 피보전권리로 하는 부동산 처분금지가처분 등기 마친 가처분채권자가 ① 가처분채무자 상대로 가처분 피보전 권리에 기한 소유권이전등기청구 + ② 가처분 등기 후 가처분채무자로부터 소유권 이전등기 받은 제3자 상대로 가처분채무자·제3자 법률행위 원인무효 사유로 가처분 채무자를 대위하여 제3자 명의 소유권이전등기 말소청구 → 소의 이익 O ∵ 대위 행사하는 가처분채무자의 제3자에 대한 말소청구권은 가처분 자체의 효력과 무관, 가처분은 실체법상 권리관계와 무관하게 효력 상실될 수 있어 가처분 효력 원용과 별도로 말소 구할 실익 O [2017다237339]

4. 일부청구

- **일부청구**의 **허용 여부** 및 **소송물**

  1) 일부청구 부정설 : 일부청구 불허 → 일부청구 해도 전부가 소송물

  2) 일부청구 긍정설 : 일부청구 허용 → 일부청구 하면 일부가 소송물

  3) 명시설(절충설) [**통판**] : 일부청구 허용되고, 다만 명시적 일부청구는 일부 청구 부분이 독립된 소송물, 명시 않은 묵시적 일부청구는 전부가 소송물

- 소액사건심판법 적용 받을 목적으로 분할하여 청구하는 일부청구는 각하판결(**소심법 제5조의2**)

∝ 장래이행의 소 ∝

1. 서론

– 장래이행의 소(**제251조**) : 사실심 변론종결(법원 현재시점) 이후에 이행기가 도래하거나 조건 성취하는 소송 + 장래 청구권 발생, 특정도 포함 O

2. 적법요건

– **청구적격** :
[判例] 장래 발생할 청구권이나 조건부 청구권에 관한 장래이행 소가 적법하려면 "청구권 발생의 **기**초 되는 법률상·사실상 관계가 변론종결 당시 **존**재하고 그러한 상태가 **계**속될 것이 **예**상되어야" [95누4902]

– **미리 청구할 필요** :
[判例] 장래이행 청구하는 소는 미리 청구할 필요 있어야 → '미리 청구할 필요'는 이행기 미도래나 조건 미성취 청구권에 있어 "채무자가 **미**리부터 채무의 존재를 다**투**기 때문에 장래 이행기도래·조건성취 되어도 **임**의 이행 **기**대할 수 없는 경우"
→ 채무자 무자력으로 집행곤란·이행불능 빠질 사정만으로는 ✕ [2000다25576]
→ ⓐ 의무의 성질, ⓑ 의무자 태도
단순한 장래의 집행곤란·이행불능 우려는 ✕ → 보전처분인 가압류·가처분사유
(집행불능 대비 대상청구는 예외적 인정)

3. 장래이행의 소가 문제되는 경우

– **[判例]** 통지·승낙 갖추지 못한 채권양수인이 '양도통지 받은 다음 양수금 이행하라'는 장래이행 청구 ✕ ∵ 현재 채무자와 아무런 법률관계 없어 아무런 권리주장 못하므로 부적법 [90다9452] → 각하

– **[判例]** 토지거래허가 조건부 소유권이전등기청구 ✕ ∵ 허가받기 전 상태는 아무런 효력 없어 권리 이전·설정에 관한 어떠한 이행청구도 ✕ [90다12243]
[判例] 감독청 허가 없는 학교법인 기본재산 매매에 관하여 감독청 허가 조건으로 소유권이전등기청구 O ∵ 당국 인가받아 신축교사로 이전하고 준공검사 완료한 사안, 허가 없이 체결되어 효력 없더라도 기초 법률관계는 존재, 장차 감독청의 허가

로 청구권 발생할 개연성 O [96다27988]

正辯 : 토지거래허가 받기 전은 '유동적 무효'이고 사립학교법 관할청 허가 없는 매매는 강행규정 위반으로 '확정적 무효'인 점을 생각하면 혼동하기 쉬움. 후자의 경우 특수한 사정 있었음

[判例] 농지 매수인은 그 필요가 있는 한 소재지관서 농지매매증명 있을 것을 조건으로 미리 농지에 관한 매매로 인한 소유권이전등기청구 O [94다42402]

- **장래 계속적 불법행위에 대한 손해배상 · 부당이득반환청구 :**

  장래이행의 소로서 대체로 미리 청구할 필요 O

  [判例] 확정적으로 예정할 수 있는 기한일 것 → '피고가 토지를 매수할 때까지' ×, '2015년까지' × ∵ 불확실한 시점 [91다17139] → 토지를 매수할지 여부나 매수할 때까지 점유할 것인지, 2015년까지 점유할 것인지 여부가 불확실

  [大判全合2020] 소수지분권자 공유물 독점 점유할 경우 다른 소수지분권자 인도 × → 토지인도청구 부분 불허되면 부당이득반환청구 중 아직 확정적 발생하지 않은 변론종결일 다음날부터 토지 인도완료일까지 부분도 함께 파기 [2018다287522]

  正辯 : 인도청구가 불허되기 때문이며, '건물 철거완료일'까지로 청구해야(상세히는 「로민정」 참고)

  [判例2019] 장래 부당이득금의 지급 명하는 판결주문에 '원고의 소유권 상실일까지'라는 기재는 이행판결 주문 표시로 바람직하지 × ∵ ① 소유권 변동 여부는 집행법원·집행기관이 아닌 수소법원이 판단할 문제, ② 확정된 이행판결의 집행력에 영향 미칠 수 없는 무의미한 기재(기재 있고 상실해도 피고가 청구이의 않으면 집행 可, 기재 없어도 상실되면 피고가 청구이의로 저지 可), ③ '원고의 소유권 상실일'은 임의이행 여부와 무관 [2015다244432]

  [判例2018] 乙로부터 건물 임차한 甲이 계약위반 이유로 보증금반환 소 제기하여 조정 성립 → 甲은 조정성립 전후로 건물 퇴거하며 丙에게 열쇠 주어 건물 점유·사용케 → 乙이 甲 상대로 '조정성립 다음날부터 건물 인도완료일까지' 부당이득·손해배상 구하면 인도받을 때까지 손해 발생 확정적 예정 O, 소 적법 O ∵ 丙이 점유한 이래 인도 거부, 甲은 여전히 乙에 대해 인도의무 O

  正辯 : 직접점유자가 丙이므로 甲과 상관없이 손해 중단될 수 있다며 부적법하다고 한 원심 파기

- **선이행의무자의 변제 조건 저당권등기말소청구 :**

  원칙적으로 미리 청구할 필요 ×

  그러나 예외적으로 **[判例]** 채권자가 ㉠ 피담보채무의 액수를 다투거나, ㉡ (가등기담보·양도담보에서) 등기가 담보목적이 아니라고 다투는 경우 → "(말소) 의무자인 채권자의 태도에 비추어 장래 채무자가 채무를 변제하더라도 등기말소에 선뜻 협력할 것을 기대할 수 없으므로 미리 청구할 필요 O" → 피담보채무의 변제를 조건(선이행)으로 등기말소청구 O [92다15376]

→ 한편 **[判例]** 이처럼 채권자가 피담보채무 액수를 다투고 있어 선이행을 조건으로 저당권등기 말소를 구할 경우, 피담보채무부존재확인도 확인의 이익 ○ [81다393]

- **[判例]** 양도인이 매매계약 무효 주장하며 받은 매매대금 변제공탁 → 양수인으로서는 소유권이전의무 이행기 도래 전에도 소이등 미리 청구할 필요 ○ ∵ 양도인은 부동산 소유권이전의무 존재 다투는 것이므로 [92다43128]
- **[判例2019]** 변론종결 이후 기간까지의 급부의무 (장래)이행을 명하면 그 확정판결의 기판력은 주문에 포함된 기간까지의 청구권 존부에 미침 → 승소판결 확정 후 소촉법 변경으로 지연손해금 법정이율 달라졌어도 선행 승소확정판결 효력 달라질 수 ✕ → 개정 소촉법 적용할 수 ✕ [2019다215272]

« 확인의 소 (권리보호이익) »

1. 서설, 적법요건

– 확인의 소 : 당사자 간의 법률적 불안을 제거하기 위하여 실체법상의 권리 혹은 법률관계의 존부의 확정을 목적으로 하는 소

正辯 : 기록형 실전에서 이행청구할 것이 없는 의뢰인이라면 확인 청구취지를 써야 하는 사건이라는 것을 재빨리 파악하는 능력이 중요함. 가령 임대차가 묵시갱신 되었음에도 임대인이 임대차계약 종료를 주장하며 임차인의 영업을 방해할 경우, 임차인이 딱히 임대인에게 이행청구할 민사법적 권리가 없으므로 임차권존재확인의 소를 제기하는 것이 정답임.

– 적법요건

① 청구적격(권리보호자격) : **자**기의 **현**재의 권리·**법**률관계 확인을 구하는 것

② 확인의 이익(권리보호이익) : 권리나 **법**률상 지위에 법적 불안이 **현**존하고 이를 제거함에는 확인판결이 가**장** 유효·적절할 것

[判例2020] 확인의 이익 등 소송요건은 사실심 변론종결 이후 흠결되거나 흠결이 치유되더라도 상고심은 참작하여야 ∵ 직권조사사항 [2019다247385]

2. 청구적격(대상적격)

① **자**기의

– **[判例]** 확인의 소는 반드시 당사자간 법률관계 한하지 않고, 당사자 일방과 제3자 사이, 제3자 상호간 법률관계도 대상 O → 다만 확인의 이익 있으려면 그 법률관계에 따라 원고의 권리나 법적 지위에 현존하는 위험·불안 야기되고, 위험·불안 제거 위해 그 법률관계 확인판결에 의해 즉시로 확정할 필요 있고, 그것이 가장 유효·적절한 수단이어야 [2005다9463]

– **[判例]** 물상보증인이 채무를 다투고 있다면 채권자는 물상보증인을 상대로 피담보채무 존재확인 구할 수 O ∵ 분쟁을 종국적으로 종식시키는 방법 [2002다20742]

– **[判例]** 매도인 소유이지만 매도인 앞으로 소유권이전등기가 마쳐지지 않은 상태에서 제3자가 매도인의 소유권 다투고 있다면, 매수인은 매도인을 대위하여 제3자를 상대로 소유권확인의 소 제기 O [73다1306] → 그러나 만일 매도인 앞으로 소유권이전등기가 마쳐진 경우라면 매수인은 매도인 대위하여 확인청구 ×, 설령 등기부 멸실되었더라도 × ∵ 대위하여 멸실회복등기로 가능

正辯 : 대위소송은 소송담당이고 소송물이 피대위권리이므로 '자기의' 요건에 관한 예외는 아님

② **현**재의

– **[判例]** 확인의 소에서 확인의 대상은 현재의 권리·법률관계일 것 → 특별한 사정이 없는 한 과거의 권리·법률관계의 존부확인 ✕ → 근저당권 피담보채무 부존재확인의 소는 근저당권 말소되면 과거의 권리·법률관계 존부이므로 확인의 이익이 없어짐 [2012다17585]

– **[判例]** 매매무효확인의 소는 현재 매매계약에 기한 채권·채무의 부존재확인 취지를 간결하게 표현한 것으로 선해 ○ [66다17]

[判例] 매매계약 해제 확인을 통해 현재의 법률관계가 존재하지 않는다는 취지라면 계약해제확인 ○ [81다108]

[判例2018] 대기처분 후 기간 경과로 인한 자동해임처분 된 경우라면 대기처분의 무효확인 소 ○ ∵ 대기처분의 유효성이 자동해임처분의 유효성에 직접적 영향 ○ [2014다9632]

– "과거의 법률관계도 관련 분쟁을 한꺼번에 해결하는 유효·적절한 수단이면 예외적 허용" [통판] → **신**분·**사**단·**행**정 관계에서 널리 활용

[判例2020] 甲 주식회사 주주들이 법원 허가 받아 개최한 주주총회에서 乙이 감사 선임, 甲회사는 감사임용계약 체결 거부 → 乙이 甲회사 상대로 감사지위확인청구소 제기 → 파기환송 후 원심 심리 도중 乙 임기 만료, 후임 감사 선임 → "과거의 법률관계 확인청구로 되었다는 이유만으로 확인의 이익 없는 것은 아님 ∵ 과거의 법률관계도 현재의 권리나 법률상 지위에 영향 미치고 위험·불안 제거 위하여 확인판결 받는 것이 유효·적절한 수단이면 확인의 이익 ○" → 乙에게 확인의 이익 있는지 석명하고 청구취지 변경할 기회 줬어야 [2018다249148]

[判例2022] 임기 만료된 甲 주식회사의 이사 乙이 임기만료 후 개최된 주주총회 결의 하자 존재로 이사 정원에 결원 있어 이사 지위 계속 유지된다며 '이사 지위 확인' 청구 → 소송계속 중 새로운 이사 선임되자 임기 만료 시부터 약 2년 4개월 동안 이사 지위 있었음 확인 청구로 청구변경 → 과거 지위 확인이므로 乙이 甲회사와 현재 법률적 분쟁 있고 과거 지위 확인 받는 것이 분쟁 해결 유효·적절한 수단 되는 등 특별한 사정 있어야 → 위 기간 이사 보수청구권 있다는 점 외에 현재 甲회사 등과 어떠한 법률적 다툼도 없어 확인의 이익 ✕ [2022다207967]

正辯 : 이사 보수청구권만으로는 과거 이사 지위 확인 구할 확인의 이익 ✕

[判例] 사실상 혼인관계에서 한쪽 사망해도 사실상 혼인관계 존부확인청구가 법적 분쟁을 한꺼번에 해결하는 유효·적절 수단이면 확인의 이익 ○ / 그러나 생존한 배우자의 혼인신고 목적 사실상 혼인관계 확인청구는 ✕ [81므76, 95므694]

[判例] 협의이혼으로 혼인관계 해소된 이후에도 과거의 혼인관계의 무효확인 구할 정당한 법률상 이익 ○ [78므7]

③ 권리·**법**률관계 확인

– 역사적 사실, 자연현상 등 사실관계의 확인은 ×

– 단, 예외적 제도 : 증서진정 여부 확인의 소(**제250조**)

3. 확인의 이익(권리보호이익)

– **확인의 이익** : **[判例]** "권리·**법**률상 지위에 **현**존하는 불안·위험이 있고 이를 제거함에 확인판결이 가**장** 유효적절한 수단일 것" = "즉시확정의 법률상 이익" [81다636]

① 권리·**법**률상 지위(법률상 이익)

– 사실상·경제적 이익이 아닌 원고의 법률상 지위에 영향 주어야

– **[判例]** 근저당권자는 유치권 주장하는 자를 상대로 유치권부존재확인 ○ ∵ 매각 자체가 어렵게 되거나 저가 낙찰로 인해 근저당권자 배당액 줄어들 위험 有 → 법률상 이익 ○, 단순한 사실상·경제상 이익 × [2004다32848]

[判例] 위 경우, 근저당권자는 유치권 신고자 상대로 경매절차에서 유치권 내세워 대항할 수 있는 범위 초과하는 유치권 부존재 확인 구할 법률상 이익 ○ → 심리 결과 유치권 신고한 자의 유치권 피담보채권 주장하는 금액 일부만 경매절차에서 대항 가능하다면 법원은 그 유치권 부분에 일부패소 판결 [2013다99409]

正辯 : 위 판결은 소극적 확인소송이므로 유치권의 요건사실인 유치권 목적물과 견련관계 있는 채권의 존재는 피고가 주장·증명해야 한다고 판시함.

[判例2020] 소유자도 위 근저당권자와 같은 근거로 유치권부존재확인 ○ → 경매절차에서 유치권 주장되었으나 소유부동산·담보목적물 매각되어 소유권·근저당권이 상실·소멸된 경우 소유자·근저당권자는 유치권부존재 확인의 이익 ×
경매절차에서 유치권 주장되지 않은 경우 → 채권자인 근저당권자는 매각으로 근저당권 소멸되었더라도 유치권부존재 확인의 이익 ○ ∵ 유치권 존재를 알지 못한 매수인으로부터 민법 575조, 578조 1, 2항에 의한 담보책임 추급당할 우려 있어 법률상 지위 불안정 → 그러나 채무자 아닌 소유자는 담보책임 부담하지 않으므로 유치권부존재 확인의 이익 × [2019다247385]

正辯 : 대법원은 '채무자 아닌 소유자'라고 표현하고 있으나, 여기에는 물상보증인과 제3취득자가 있을 수 있고, 대법원은 이 중 물상보증인은 경매에서 담보책임을 부담한다는 입장이 확립되어 있으므로(87다카2641 판결 참조), 위 표현은 담보책임을 질 수 없는 '제3취득자'에 한정된다고 해석하는 것이 타당함(私見). 실제 위 판결도 제3취득자 사안이었음.

- **[判例]** 임기 만료되거나 사임한 구 이사가 후임이사 선임될 때까지 종전 직무를 수행할 수 있는 경우(민법 691조 참조)는 구 이사는 그 직무수행의 일환으로 다른 이사를 해임하거나 후임이사를 선임한 이사회결의 하자 주장하여 '이사회결의무효확인' 구할 법률상 이익 O
  그러나 만료·사임한 구 이사로 하여금 법인 업무 수행케 함이 부적당한 특별한 사정 있다면, 구 이사의 위 이사회결의무효확인은 확인의 이익 × [2004다65336]
- **[判例2022]** 주식회사의 채권자는 그 회사가 제3자와 체결한 계약이 자신의 권리나 법적 지위 구체적 침해하거나 직접적 영향 미치는 경우에 계약무효확인 O → 그 계약으로 인해 회사 변제자력 감소되어 그 결과 채권의 전부·일부가 만족될 수 없게 될 뿐인 경우는 계약무효확인 × ∵ 채권자의 권리나 법적 지위가 그 계약에 의해 구체적 침해 ×, 직접적 영향 × [2018다228462]
- **[判例2017]** 담보지상권이라 하더라도 피담보채무 범위 확인의 이익 × ∵ 지상권은 용익물권으로서 피담보채무 개념 ×, 담보지상권도 담보권 존속과 지상권 존속이 연계되어 있을 뿐 피담보채무 × [2015다65042]

② 법적 불안 **현**존

- 법적 권리·지위가 타인으로부터 부인당하거나 모순된 주장
- 다툼이 없으면 확인의 이익 × → 그러나 **[判例]** 다툼이 없더라도, 소멸시효 완성에 이른 경우, 원고 주장과 반대되는 공부상 기재 있는 경우는 확인의 이익 O
  [判例] 피고가 다투다가 항소심에서 다투지 않더라도 확인의 이익 O [2008다74130]
- **[判例]** 국가를 상대로 한 토지 소유권확인청구는 "㉠ 미등기 토지로서 대장상에 등록명의자 없거나 등록명의자가 누구인지 알 수 없을 경우, ㉡ 국가가 등기·등록된 제3자의 소유를 부인하면서 계속 국가 소유 주장하는 등 특별한 사정 있는 경우 한하여 확인의 이익 O" [95다14817]
  [判例] 토지 등기부나 대장상 소유자 등기·등록되어 있는 자 있는 경우 그 명의자 상대로 소유권확인청구 확인의 이익 O ∵ 확정판결로 소유권보존등기 신청 가능 → ㉢ 대장의 소유자 기재의 권리추정력 없는 경우는 국가를 상대로 소유권확인 구할 수밖에 [2010다21757]
  正辯 : 결국 국가를 상대로 토지소유권 확인 구할 확인의 이익 있는 경우는 위 ㉠㉡㉢의 경우에 한한다고 보아야. 이 중 ㉠㉢은 국가와의 다툼 없어도 확인의 이익 O.
  한편 ㉢의 경우는 지적법 시행 전 소관청이 법적 근거 없이 행정 편의 위해 임의복구 한 경우가 권리추정력이 없는 경우임

[判例2019] 토지대장상 소유자 표시 중 주소 기재가 일부 누락된 경우는 위 ㉠의 '등록명의자가 누구인지 알 수 없는 경우' 해당 ○ → 토지대장에 의한 소유권보존등기 신청 불가, 대장상 소유자의 채권자는 그를 대위하여 대장상 등록사항 정정 불가(지적공부 등록사항의 정정은 채권자대위 할 수 없다는 '공간정보의 구축 및 관리 등에 관한 법률' 87조 4호 및 동조 단서) → 대장상 토지소유자의 채권자는 소유권보존등기 신청을 위하여 토지소유자를 대위하여 국가를 상대로 소유권확인 구할 확인의 이익 ○ [2018다242246]

[判例] 그러나 국가가 20년 점유취득시효 완성된 경우는 × ∵ 국가에 소이등의무 부담하므로 소유권확인이 무용 [94다13480]

[判例] 대장상 이전등록자는 대장상 최초의 소유자가 등록되어 있지 않다면 국가를 상대로 소유권확인 ○ ∵ 대장상 이전등록받은 자는 민법상 소유권 취득 ×, 바로 보존등기 신청 ×, 대장상 최초 소유명의인 앞으로 보존등기 해야 이전등기 가능, 최초명의인 아니면 보존등기 × [2009다48633]

正辯 : 미등기 토지의 대장에 원고의 소유권이전등록만 되고 최초의 소유명의인 등재되어 있지 않아 원고가 국가를 상대로 직접 소유권확인을 구한 사안으로서(대위소송이 아님), 원심은 원고가 대장으로 소유자 증명을 할 수 있고 국가가 소유를 주장하고 있지도 않으므로 확인의 이익이 없다고 하였다가 상고심에서 파기됨

[判例] 미등기 '건물'을 국가 상대로 소유권확인 × ∵ '건물'의 경우 대장의 비치·관리업무는 당해 지방자치단체 고유사무, 국가사무 ×, 국가는 건물 소유권 귀속에 관한 직접 분쟁의 당사자 ×, 확인의 이익 × [99다2188]

正辯 : 판례의 표현상 피고적격의 문제로 볼 여지도 있으나 판례는 '확인의 이익'을 부정함. 한편 위 판결은 설령 국가 상대로 건물소유권확인판결 받더라도 부등법 65조 2호(현행) 소정의 판결이 아니어서 이를 근거로 소유권보존등기 신청할 수 없다고 판시함

- **[判例2017]** 甲 소유 부동산에 乙 명의 가등기 마쳐진 후 가압류등기 마친 丙이 위 가등기가 담보목적 가등기인지 확인 구하는 것은 확인의 이익 × ∵ 부등법 92조 1항 丙의 가압류등기 직권 말소될지 여부는 가등기 성질(순위보전/담보)에 따라 결정되지 × → 丙의 법률상 지위에 현존하는 불안·위험 없음, 만일 담보가등기인데 乙이 청산 없이 본등기 마친다면 丙 회사로서는 甲을 대위하여 본등기 말소 구하고 가압류등기 회복시킬 수 있어 다른 구제수단도 있음 [2014다30803]

③ 불안제거에 가**장** 유효·적절한 수단

- 분쟁해결을 위한 근본적 수단일 것
- **[判例]** 적극적 자기 소유권 확인 구하지 않고 소극적 상대방 소유권 부존재확인 × → 다만 원고 소유권이 없고 피고 소유권이 부인되면 법적 지위 불안 제거 가능한 경우는 예외적으로 확인 ○ [2012다87898, 83다카2337]

[判例] 서로 채권자라 주장할 때도 상대방 채권 부존재 확인 ✕ → 전부명령 받은 양 당사자 중 한쪽이 상대방에 대하여 제3채무자의 상대방에 대한 전부금채무의 부존재 확인을 구하는 소는 확인의 이익 ✕ [2003다49092]

- **[判例]** 소송대리권존부확인청구 ✕, 취하무효확인청구 ✕ ∵ 소송절차 내 구제수단 있으므로
- **확인의 소의 보충성** : 이행의 소, 형성의 소 제기 가능하다면 ✕ ∵ 확인판결에는 집행력·형성력 없으므로 분쟁의 근본적 해결 실효성 없고 소송경제에 반함

  [判例] 확인의 소는 확인판결 받는 것이 원고 법적 지위에 불안·위험 제거하는 데 가장 유효·적절한 수단인 경우에 인정 → 원고 소유 점포를 피고가 점유하는 경우 피고 유치권의 부존재확인 ✕, 확인의 이익 ✕ ∵ 점포 인도 구하는 것이 원고 소유권 불안·위험 유효·적절하게 제거하는 직접적 수단 [2010다84932]

  [判例] 가장임차인의 배당요구로 허위 임차보증금에 1순위 배당 이뤄지고 배당이의 없어 그대로 배당표 확정 → 이를 알게 된 후순위 진성채권자가 배당금지급청구권을 가압류 → 후순위진정 채권자가 가장임차인을 상대로 배당금지급청구권 부존재확인 구하면 확인의 이익 ✕ ∵ 진정채권자는 배당금지급청구권을 부당이득한 가장임차인을 상대로 부당이득한 채권 반환 구하는 것이 권리·지위 불안·위험을 근본적 해소하는 유효·적절 방법 [96다34009]

  正辯 : 피고가 부당이득한 배당금지급채권의 양도 및 통지를 구하는 청구가 될 것임

- **[大判全合2021]** 보험계약 당사자 사이에 계약상 채무 존부·범위에 다툼 있는 경우 그로 인한 법적 불안 제거하기 위해 보험회사는 먼저 보험수익자를 상대로 소극적 확인의 소 제기할 확인의 이익 ○ [2018다257958]

  正辯 : 당시 〈반대의견〉은 보험의 공공성, 보험업에 대한 특별한 규제, 보험계약의 내용 및 그에 따른 당사자의 지위 등을 위 법리에 비추어 보면 보험계약자·피보험자·보험수익자 등(이하 '보험계약자 등')이 단순히 보험회사를 상대로 보험사고 여부나 보험금 범위를 다툰다는 사정만으로 보험회사의 법적 지위에 현존하는 불안·위험 없으므로 보험회사의 소극적 확인의 소는 확인의 이익 없다고 보았음

- **[判例2022]** 보증보험계약의 보험금 미지급 상태에서 주계약 당사자인 보험계약자와 피보험자 사이에 주계약상 채무의 존부·범위에 다툼 있다면, 주계약 채무자인 보험계약자는 우선 주계약 채권자인 피보험자를 상대로 주계약 채무 부존재확인 구하는 것이 분쟁 해결 가장 유효적절한 방법 ○ ∵ 보증보험계약에서 보험자의 피보험자에 대한 보험금지급채무는 주계약의 채무 부담을 전제로, 보험자·피보험자 사이 주계약 채무 다툼은 보험금지급채무에 영향 ○ [2019다269156]

正辯 : 보증보험은 형식적으로 채무불이행을 보험사고로 하는 보험계약이나 실질적으로는 보증 성격 가지는 점(보증보험계약에 관하여는 성질에 반하지 않는 범위에서 보증채무에 관한 민법 규정 준용하는 상법 726조의7) 등도 판시하였음
사안은 하수급인 甲이 하도급인 乙에게 丙보험회사와의 이행보증보험계약에 따른 보증보험증권 제출 → 甲이 공사 지연하다가 포기하자 乙이 丙에 대해 보험금 청구 → 甲이 丙에게 보험금 지급 보류 요청 후 乙을 상대로 하도급 약정 따른 채무 부존재 확인 청구 → 甲에게는 주계약에 따른 하수급인이라는 법률상 지위에서 乙에 대해 손해배상 등 채무를 부담할 가능성이라는 법적 불안 또는 위험 존재 O, 해당 채무 존부 가리는 것이 법률관계 불안·위험 해소할 가장 유효적절한 방법 O, 확인의 이익 O

[判例2019] 주주명부상 주식 소유자인데 주식매매계약서 위조하여 타인 명의개서 되었다며 주식회사 상대로 주주권 확인 **✕**, 확인의 이익 **✕** ∵ 명의개서절차 이행 구할 수 있으므로 [2016다240338]

그러나 **예외** :

① **[判例] 집**행공정증서에 대하여 청구이의 소(=집행력 배제) 제기하지 않고 공정증서의 작성원인인 채무의 채무부존재확인 **O** [2012다4381]

② **[判例]** 이유 中 : 교통사고 피해자들이 손해배상을 청구하지 않아 보험금채권의 전제인 **손**해배상액이 불확정 상태인데 보험회사는 보험계약 해지로 보험금채권의 존재 다투며 피해자들에게 치료비 지급 거절할 경우, 보험계약자는 보험회사 상대로 보험금채권존재확인 **O** [2004다36215]

③ 확인판결만으로 피고 **임**의이행 기대할 수 있는 경우(피고가 국가·지자체)

④ 목적물이 **압**류된 경우

⑤ **[判例]** 해제 효과로서 이미 이행한 것 반환 구하는 이행의 소 제기할 수 있으나 **기본**적 법률관계인 매매계약 존부에 다툼 있어 '즉시 확정의 이익' 있다면 현재의 법률관계 존재하지 않는다는 취지의 계약해제확인 구할 확인의 이익 **O** [81다108]

– **근저당권등기말소 구하면서 피담보채무부존재확인** :

[判例] 원칙적 확인의 이익 **✕** ∵ 피담보채무 부존재를 원인으로 근저당권설정등기 말소 이행 구하는 것이 분쟁의 유효적절한 해결의 직접적 수단 [2000다5640]
그러나 **[判例]**는 피담보채무액에 다툼 있어서 선이행의무인 피담보채무 변제를 조건으로 근저당권등기 말소를 구하는 장래이행의 소에서는 확인의 이익을 인정하는 것을 전제로 판결하였음 [81다393] → 학설은 분쟁의 주된 대상이 말소등기 뿐 아니라 피담보채무액 확정에도 있다는 것을 근거로 설명

4. 증서의 진정 여부를 확인하는 소(제250조)

– 법률관계를 증명하는 서면이 명의인 의사로 작성되었는지 여부를 확인하는 소
  민사소송법이 명문 규정으로 '사실관계'의 확인을 구하는 소를 예외적으로 인정

– **[判例]** 법률관계를 증명하는 서면이란 "그 기재 내용으로부터 직접 일정한 현재의 법률관계의 존부가 증명될 수 있는 서면" [66다2154] → 주로 처분문서 ○
  [判例] 영수증, 세금계산서, 대차대조표, 회계결산보고서, 조합원입금일람표, 당사자본인신문조서 → 보고문서에 불과, 증서 진부 확인 소송 ✕ → 각하

– 확인의 이익 있어야
  [判例] 서면의 진정 여부가 확정되어도 권리나 법률적 지위 불안이 제거될 수 없고 해당 권리 자체 확인 구해야 한다면 즉시확정의 이익 ✕ [91다15317]
  正辯 : 기존 계약이 강박을 이유로 취소되었거나 새로운 합의에 의해 소멸되었다는 취지의 주장을 하고 있다면 기존 계약서의 진정 여부 확인 구할 이익 ✕
  [判例] 그 서면으로 증명돼야 할 법률관계를 둘러싼 소가 이미 제기되었다면 확인의 이익 ✕ → 이유 中 : 그러나 증서진부 확인의 소가 제기된 후에 법률관계를 둘러싼 소가 제기되었다면 증서진부 확인의 소가 부적법하게 되지 ✕ [2005다29290]

형성의 소 (권리보호이익)

1. 서설

- 형성의 소는 법률의 규정이 있는 경우에만 제기할 수 있는데, 법률의 규정에 따라 형성의 소를 제기했다면 원칙적으로 소의 이익 인정 O
  그러나 형성의 소도 소송 목적이 이미 실현되었거나 별도의 직접적 권리구제절차가 있는 경우에는 소의 이익 부정될 수 O
  [判例] 기존 법률관계 변동 형성 효과 발생 목적으로 하는 형성의 소는 법률 명문 규정 있는 경우에 한하여 인정 O, 법률상 근거 없으면 불허 [92다35462]
  正辯 : 화해조항 실현을 위해 부동산을 경매에 붙여 경매대금에서 경매비용 등을 공제한 나머지 대금에 대한 분배청구소송 × ∵ 아무런 법률상 근거 없는 형성소송이므로 ×
- **[判例]** 경계확정의 소는 당사자 합의 도출돼도 원고가 소 유지하는 한 이익 O [95다54761]
  [判例] 공유물분할은 '협의' 성립하면 소의 이익 × → 협의분할 내용대로 이행하지 않는 경우에도 재판상 분할청구 ×, 이행을 청구해야 → 이미 공유물분할소송을 제기한 상태에서도 협의 성립하면 소의 이익 × [94다30348]

2. 형성의 소와 장래 이행의 소의 병합 가부

- 형성의 소와 장래 형성될 법률관계에 대한 이행의 소 병합 → 원칙적 ×
  [判例] 재심청구와 그로 인한 원상회복(등기말소)청구 병합 × [71다8]
  [判例] 공유물분할청구와 그로 인한 소유권이전등기청구 병합 × [96다41649]
- 예외적으로 법률상 허용되는 경우 : ① 사해행위취소와 원상회복청구, ② 재판상 이혼과 재산분할청구·위자료청구, ③ 양육자지정과 양육비지급청구

3. 사해행위취소소송의 소의 이익

- **[判例]** 채권자취소 및 원상회복청구 승소판결 확정되었더라도 그 후 제기된 다른 채권자의 동일한 청구는 권리보호이익 O → 그러나 그 확정판결에 기하여 재산이나 가액 회복 마친 경우는 중첩되는 범위 내에서 권리보호이익 × [2003다19558]
  [判例] 사해행위 및 원상회복 구하는 소송 계속 중 그 사해행위가 해제·해지되고 재산이 채무자에게 복귀된 경우 권리보호이익 × ∵ 이미 목적 실현 [2007다85157]

– [判例]는 채권자가 전득행위의 취소를 구하는 경우도 각하하는데, 이것 역시 권리보호이익이 없는 경우로 해석됨(요건사실론)

– [判例] 사해행위취소소송 계속 중 사해행위인 근저당권설정계약에 기한 경매 진행되어 근저당권등기 말소되었더라도 사해행위취소 소의 이익 O ∵ 수익자(근저당권자)가 배당받는 것은 民 406조 취지 위반, 부당한 이득 보유시키지 않도록 → 배당금 지급받지 못했다면 원상회복 방법은 수익자가 취득한 배당금지급청구권을 채무자에게 채권양도 및 통지 하도록 [97다8687] / 경매대금으로 근저당권자(수익자)에게 변제하여 근저당권설정등기 말소된 경우도 소의 이익 O [2012다65058]

cf. [判例] 근저당권설정계약에 대한 사해행위취소 및 근저당권등기말소 승소확정 되었는데 (말소등기 안 한 사이) 경매 진행되어 수익자(근저당권자)에게 배당된 경우, 취소채권자는 대상청구권 O(배당금 반환청구) ∵ 위 확정판결에 따른 수익자의 말소등기의무가 이행불능으로 되었으므로 [2010다71431]

正辯 : 사해행위취소소송 '계속 중' 취소청구의 소의 이익 문제와 사해행위취소 및 원물반환까지 '승소확정 된 이후' 취소채권자의 구제방법(대상청구권) 문제, 양자를 명확히 구별해야 함
한편 2012다65058 판결은 배당이 아닌 임의환가 → 배당이든 임의환가든 변제받은 근저당권자(수익자)에 대해서는 가액배상으로 청구하게 되는 것임

[判例] 원상회복청구 패소 예상된다고 사해행위취소소송 소의 이익 부정되지 않음 ∵ 사해행위취소와 원상회복은 서로 소송물 다른 별개 소송, 별개 제기될 수 있고 전자 승소해도 후자 패소 가능, 사해행위취소 효력은 407조 모든 채권자 이익을 위해 미치고 그것이 소의 목적 [2011다60421, 2011다37001]

正辯 : ① 2011다60421 판결은 취소채권자가 배당에 참가하지 않은 사안, ② 2011다37001 판결은 피고A(1순위근저당권자), 피고B(2순위근저당권자)라는 두 수익자 중 경매에서 피고A만 배당받고 피고 B는 전혀 배당받지 못한 채 근저당권등기가 말소된 사안 → 원상회복은 패소 가능성 있음 → 그럼에도 사해행위취소는 소의 이익 O(특히 ②의 경우 피고B에 대한 사해행위취소소송의 소의 이익이 문제되었고, 피고A의 저당권설정이 사해행위로 취소되면 피고B가 추가배당 받을 수도 있음을 이유로 들고 있음)

– [判例] 채무자가 근저당권이 설정된 부동산을 처분한 후 근저당권설정계약을 해지하고 근저당등기 말소한 경우, '이미 해지된 근저당권설정계약'의 사해행위취소도 소의 이익 O ∵ 그것의 사해행위 해당 여부에 따라 후행 양도계약 당시 부동산의 잔존가치가 달라져서 후행 양도계약의 사해행위 해당 여부나 범위 달라지므로 → 양도계약 이후 근저당권설정계약 해지된 경우, 근저당권등기 말소등기와 양도계약의 소유권이전등기의 접수일·원인일자 동일한 경우 모두 마찬가지 [2011다75232]

cf. **[判例2018]** 저당권 설정된 부동산이 사해행위로 양도된 후 변제 등으로 저당권설정등기 말소되었다면 부동산 가액에서 저당권 피담보채무액 공제한 잔액 한도에서 사해행위취소 및 가액배상 구해야 하는 법리는, 채권자가 (말소된) 저당권자를 상대로 사해행위취소소송 인용판결 확정되었더라도 마찬가지 ∵ 저당권설정에 대한 사해행위취소판결의 효력은 상대적 효력만 있고 그 소유권 취득자에게 효력 미치지 ✕ [2018다214319]

제3절 소송물

소송물이론

1. 서론

- 소송물 : 소송목적이 되는 권리나 의무
  소송물은 청구 특정·범위, 청구의 병합, 청구의 변경, 토지·사물관할, 처분권주의, 중복소송, 기판력 범위, 재소금지 문제들과 직결됨

2. 소송물이론

- 1) 구이론 : 소송물 = 실체법상 권리·법률관계
  2) 이지설 : 소송물 = 청구취지 + 청구원인 구성하는 사실관계(= 역사적 1개)
  3) 일지설 : 소송물 = 청구취지
- 이지설에서는 확인의 소에 관하여 예외설 *v.* 일관설(유일하게 확인청구 분별)
  일지설에서도 금전지급청구(대체물) 만큼은 청구원인 구성 사실관계로 보충
- **채**무불이행·불법행위 손해배상, **소**유권·점유권 기한 반환 /
  어음채권·원인채권, **매**매·시효취득 소유권이전등기청구, **이**혼 각 이혼사유
  → 구이론은 모두 異 이지설은 同 / 異 일지설은 同

3. 구이론에 따른 판례

- 인신사고의 소송물 : 손해 3분설 = 적극적 / 소극적 / 정신적
  [判例] 불법행위로 인한 신체 상해를 이유로 손해배상 청구할 경우는 치료비 등 적극적 재산상 손해, 일실수익 상실의 소극적 재산상 손해, 정신적 고통에 따른 정신적 손해(위자료)의 3가지로 나눠짐 [76다1313] *v.* 손해 1개설 *v.* 손해 2분설
  [判例2022] 제1심 인용 청구액을 항소심이 그대로 유지했다면 소촉법 3조 2항의 '이행의무 존부·범위 항쟁하는 것이 타당한 경우'에 해당하지 ✕ → 생명·신체에 대한 불법행위에서 항쟁의 타당 여부도 적극적, 소극적, 정신적 손해를 모두 따로 판단해야 [2022다200768]

[判例] 원고가 재산상 손해(소극적 손해) 전부승소, 위자료 일부패소한 후, 위자료 패소부분 항소 → 사건 전부 확정 차단, 항소심 계속 → 항소심에서 위자료는 물론 재산상 손해도 청구취지 확장 O, 항소이익 O ∵ 재산적 손해와 위자료는 애초 단일한 원인인데 편의상 별개 소송물로 분류해온 것 불과 [94다3063]

正辯 : 피고가 재산적 손해에 대해 항소를 하지 않은 사안이어서 별개 소송물임을 강조한다면 재산적 손해를 전부승소한 원고는 재산적 손해는 부대항소도 할 수 없는 상황이었음

– 후유증 손해 : 1) 명시적 일부청구설, 2) 기판력 시적 한계설, 3) 별개소송물설 →

[判例] 불법행위 적극적 손해 배상 전소 변론종결 후 새로운 적극적 손해 발생한 경우 변론종결 당시 손해발생 예견할 수 없었고 청구 포기했다고 볼 수 없는 특별한 사정 있다면 전소에서 청구 유보하지 않았어도 전소 소송물과는 별개 소송물로서 기판력 저촉 無 [80다1671] → 별개소송물설

正辯 : 후유증이 2002년 이후에는 정기금판결 변경의 소로 해결된다는 견해가 있으나, 전소 혹은 후소가 정기금 판결이 아닌 경우는 적용할 수 없으므로 부당하고, 판례의 별개소송물설은 여전히 유의미함

– 판례의 구이론 적용에 따라 소송물 서로 다른 경우 :

[判例2021] 법원은 원고 행사 청구권에 관해 다른 청구권과 별개로 성립요건·법률효과 여부 판단해야 → 계약위반 채무불이행 성립한다고 불법행위 성립은 × ∵ 채무불이행과 불법행위는 각각 요건·효과 달리하는 별개 법률관계로 발생·경합, 동일 사실관계라도 각 배상청구는 청구원인 다르고 소송물 다름 [2016다210474]

[判例] 채권자가 먼저 부당이득반환청구 소 제기했다면 특별한 사정 없는 한 손해 전부 승소했을 것임에도 우연히 손해배상청구 소 먼저 제기하는 바람에 과실상계·책임제한 등으로 승소액 제한된 경우, 제한된 금액 부당이득반환청구 소 제기 O ∵ "부당이득반환청구권과 불법행위 손해배상청구권은 실체법상 별개 청구권, 각 청구권에 기초한 이행소송도 소송법상 소송물 다름" [2013다45457]

[判例] 차임 상당 부당이득 ≠ 불법점유 손해배상 [91다650]

[判例] 가등기에 기한 본등기 ≠ 통상의 소이등 [87다카1637]

[判例] 재심청구에서 재심사유1 ≠ 재심사유2 [69다1888]

[判例] 원금 ≠ 이자 ≠ 지연손해금 [2004다40160]

[大判全合] 명의신탁을 해지한 경우 → '신탁관계 종료'를 이유로 소유권이전등기청구 ≠ 소유권에 기한 소유권이전등기청구 [79다634]

正辯 : 유효한 명의신탁 해지한 후, '신탁관계 종료'를 이유로 소이등 구하여 본안 승소판결 선고 후 취하했다가 '소유권'에 기해 소이등 구하면 재소금지 아님 ∵ 소송물 다름

4. 판례의 구이론에 의해도 소송물 1개인 경우

– **확**인의 소, 법**조**경합, **부**당이득, **등**기말소

① **말소등기청구**

– 소송물 '말소등기청구권', 청구원인 '등기 원인무효' (소송물 1개 동일)
공방 '원인무효 뒷받침하는 개개 사유(民 103조, 民 104조, 民 108조, 계약취소 등)'
[判例] 동일 당사자 사이에 전후 2개 소이등말소청구사건에서 양 소송물은 당해 등기 말소청구권, 동일성 식별 표준인 청구원인(말소등기청구권 발생원인)은 당해 등기원인 무효 → 전소 변론종결 전까지 주장할 수 있었던 무효사유는 무권대리·불공정불법행위·통정허위표시를 이유로 하든 모두 청구원인인 원인무효를 뒷받침하는 이른바 독립된 공격방어방법에 불과, 서로 별개 청구원인 구성 ✕, 기판력에 의해 후소에서 주장 ✕ [82다카148]

– **[判例]** 그러나 등기말소청구지만 다시 소송물 異(등기 '원인무효' 사유가 아닌 경우)
㉠ 원인무효 ≠ 피담보채무 '변제' 이유 [82다카1203] ← 양도담보 소이등 사안
㉡ 사기로 근저당권설정계약 취소 ≠ 피담보채무 부존재로 근저당권설정계약 해지 [85다353] → 각각 A청구·B청구라 할 때, 두 청구 기각판결 받은 자가 항소심에서 A청구만 유지하고 B청구는 취하했다가 다시 B청구 추가 → A·B청구는 공격방법만 달리하는 게 아니라 각 청구원인 다른 별개 소송물로서 선택적 병합 → B청구는 종국판결 선고 후 취하했다가 제기한 것이라 재소금지 위반 각하
正辯 : 만일 사기취소 근저당권말소와 도박채무 근저당권말소였다면 재소금지 위반 아님
㉢ 소유권 기한 방해배제(民 214조) ≠ 계약해제 원상회복(民 548조) [92다1353]

② **부당이득반환청구**

– 소송물 '부당이득반환청구권', 청구원인 '법률상 원인 없음' (소송물 1개 동일)
공방 '법률상 원인 없음을 뒷받침하는 개개 사유(불성립, 취소, 무효, 해제)'
[判例2022] 부당이득반환청구에서 법률상 원인 없는 사유인 불성립·취소·무효·해제 등의 주장은 공격방법 불과 → 어느 사유 주장하여 패소 후 다른 사유 주장하여 청구하면 기판력 저촉 불허 → 기판력은 변론종결 전 주장할 수 있던 모든 공방에 미치므로, 당시 당사자 알 수 있었거나 알고서 주장 않았던 사항에 한해서만 기판력 미치는 것 아님 [2020다231928]
[判例] 무효·취소로 매매대금반환청구 = 계약해제 원상회복으로 매매대금반환청구 ∵ "계약해제로 인한 원상회복은 부당이득반환의 특별규정", 부당이득반환청구에서 법률상 원인 없는 사유(불성립·취소·무효·해제)들은 공격방법 불과 [2007다49960]

正辯 : 등기말소청구는 소유권에 기한 것(214조)과 해제 원상회복인 것(548조)의 소송물을 다르게 봤지만, 금전지급청구는 무효·취소 부당이득(741조)과 해제 원상회복(548조)을 동일한 소송물로 보았음 → 548조는 741조의 특칙(일종의 법조경합)으로 볼 수 있지만, 214조 물권적 청구권은 548조와 전혀 이질적인 것이기 때문임(판례는 기본적으로 근거 법규정이 다르면 소송물을 달리 보는데, 법조경합이나 특칙관계는 그렇게 볼 수 없음)

③ **확인의 소**

- 판례의 구이론 및 일지설 모두 청구취지만으로 소송물 판단 (소송물 1개 동일)
  확인의 원인인 다른 사실들은 공격방법에 불과, 청구원인에 의한 보충 필요 ✕
  단, 이지설 중 일관설만 청구원인 사실관계까지 판단하여 소송물 다르게 봄
  [判例] 특정토지의 소유권확인 본안판결 확정되면 그 권리·법률관계 그대로 확정 → 변론종결 전 그 확인원인 되는 다른 사실 있었더라도 확정판결 기판력은 거기까지도 미치는 것 [84다카2132]

5. 기타 소송물 논의

- **[判例]** 진정명의회복 원인으로 한 소유권이전등기청구권과 무효등기의 말소청구권은 소송물이 동일 ∵ 모두 진정한 소유자의 등기명의 회복을 위한 실질적 **목**적 동일, 소유권에 기한 방해배제청구권(214조)으로 그 법적 **근**거와 **성**질이 동일 [99다37894]
- **일부청구와 소송물 : [判例]**는 명시설 → 명시했으면 잔부청구는 별개 소송물
  [判例] 반드시 전체 액수 특정 불필요, 잔부청구와 구별하여 심리 범위 특정할 수 있을 정도 표시하여 전체손해의 일부로서 우선청구함을 밝히면 족함 [86다카536]
  [判例] 상속재산 협의분할 소급효로 인하여 피상속인 사망시부터 원고 단독소유인 상속재산에 대해 잘못 알고 법정상속분만 청구하였다가 전소 항소심 계속 중에 별소로 법정상속분 제외한 나머지 부분 청구하였다면(그 후 전소는 판결확정됨) 전소는 일부청구 명시 ○ → 후소는 전소 기판력에 저촉되지 ✕ [93다43170]
  [判例] 공유지분 범위 정확히 몰라 일부 지분만 청구한 것은 명시 ✕ [92다33008]
- 사해행위취소소송
  [判例] 소송물은 채권자 고유의 채권자취소권 → 피보전채권의 교환·추가는 공격방법의 변경에 불과하고 소송물 변경 ✕ [2001다13532] → 피보전채권을 늦게 추가한다고 하여 제척기간 도과한 것 아님
  [判例] 금원지급행위를 사해행위로 취소 구하며 그 금원지급행위의 법률적 평가를 증여나 변제로 달리 주장해도 공격방법 차이일 뿐 소송물 동일 [2004다10985]
- 재심소송 : 판례의 구이론은 재심사유별로 소송물 異 → 새로운 재심사유를 추가한 경우 재심기간 준수 여부는 재심사유 추가 시점 기준 (재심원고에게 불리)

∝ 소의 제기 ∝

1. 소장의 필수적 기재사항(**제249조 제1항, 제64조**)

– 필수적 기재사항 : **당**사자, 법정**대**리인(**대**표자), **청**구취지, **청**구원인

– 법정대리인(법인·비법인의 대표자)은 필수적 기재사항 (임의대리인은 필수 ✕)

– 청구취지의 특정 : **[判例]** 민사소송에서 청구취지는 내용·범위 명확히 알아볼 수 있도록 구체적 특정되어야, 특정 여부는 직권조사사항 → 청구취지 특정 않은 경우 법원은 피고 이의 불문 직권으로 보정 명하여야 → 당자자 명백히 간과하고 있는데 보정 기회 주지 않고 당사자 전혀 예상 못하였던 청구취지 불특정 이유로 각하하면 석명의무 위반, 위법 ○ → 보정 명했는데 불응하면 소 각하 ○ [2011다111459]

– 청구원인 기재 정도

1) 식별설 [**통판**] : 협의의 청구원인인 '소송물 특정에 필요한 사실관계(소비대차계약 체결, 목적물인도)'의 기재만으로 충분

2) 이유기재설 : 광의의 청구원인인 '청구를 이유 있게 하는 사실관계(협의 + 반환시기도래)'까지 기재해야

– 소장이 접수되면 제출 시 소 제기된 것(**제248조 제3항** 신설, 2023. 10. 19. **시행**)

正辯 : 인지액 미달하면 소장 접수 보류할 수 있다는 근거 규정 신설(제248조 제2항)

2. 재판장 등의 소장심사(**제254조**, **제255조**, 소장심사의 선순위성)

– **인**지, 소장부본 **송**달 가능성, **필**수적 기재사항 심사

→ 재판장은 상당기간 정하여 보정명령(**제1항**, 혹은 법원사무관으로 하여금)

보정명령 불응하면 '**소장각하명령**'(**제2항**)

소장각하명령에 대한 불복 : 즉시항고(**제3항**)

[判例] (상)소장에 관한 재판장의 인지보정명령에 이의신청·항고 ✕, 특별항고 ✕ ∵ ① 439조 '소송절차에 관한 신청을 기각한 결정·명령'에 해당하지 ✕, 별도의 불복 규정도 없음, ② 인지보정명령 따른 인지 보정 않아 내려진 (상)소장 각하명령에 대해 즉시항고 ○ → 인지보정명령은 (상)소장 각하명령과 함께 상소심 심판 받는 중간적 재판 성질, 449조 '불복할 수 없는 명령'에도 해당하지 ✕ [2012그46]

- **[判例]** 254조 소장심사 대상은 소장 필수적 기재사항(청구취지·원인 등) 빠짐없이 기재되어 있는지 여부 → 소장에 일응 청구 특정 가능한 정도로 청구취지·원인이 기재되어 있다면 비록 불명확하여 파악 어렵더라도 그 후 석명권 행사의 문제일 뿐 254조 1항 소장심사 대상 ✕ → 석명권 행사로도 원고 주장 명확하지 않으면 원고 청구 기각 [2004무54]

  [判例] 소장에 일응 대표자 표시 있는 이상 표시가 잘못되어 표시정정의 보정명령을 하였으나 불응하는 경우에도 소장각하명령 ✕, 소각하판결 ○ [2013마1273]

  [大判全合] 소장각하명령에 즉시항고 제기하고 보정하였다고 하여 흠이 보정되지 않으므로 이미 내려진 소장각하명령을 취소하지 ✕ [68사49]

  [判例] 소장각하명령 원본이 법원사무관등에게 교부된 후 정본이 당사자에게 고지되기 전에 부족한 인지 보정했더라도 각하명령 위법 ✕, 재도의 고안으로 취소 ✕ ∵ '선고'가 없는 결정·명령은 법원사무관등에게 원본 교부 시 성립 [2013마670]

  [判例] 인지보정명령 보정기간 내 수납은행에 부족 인지액 납부하고 납부서 제출하지 않아 소장각하명령 → 뒤늦게 납부서 제출하며 즉시항고 → 소장각하명령 취소해야(재도의 고안) ∵ 보정기간 내 납부하면 보정 효과 ○ [2008마1073]

  [判例2021] 상소인이 인지 보정명령에 따라 인지액 현금을 수납은행에 납부하면서 잘못하여 '인지'가 아닌 '송달료'로 납부 → 석명 구하고 다시 인지 보정할 기회 부여해야 → 곧바로 상소장 각하하면 ✕ [2020마7755]

  [判例2020] 소송대리인이 상소제기 특별수권 받은 경우 상소장 인지 붙이지 않은 흠결 있다면 소송대리인이 보정 ○, 재판장도 소송대리인에게 인지보정 명할 수 ○ ∵ 소송대리인이 상소장 제출할 권한·의무 있으므로 [2019다292026]

- 소장각하명령의 행사시기 : 1) 소송계속시설 **[통판]**, 2) 변론개시시설

  [判例2020] 피항소인에게 항소장 부본 적법하게 송달되면 항소심 재판장은 더 이상 항소장 각하명령 ✕ [95마337] → 독당참가 소송에서 피항소인 1명에게 항소장 적법 송달되어 항소심법원·당사자들 사이 소송관계 일부라도 성립했다면 항소심재판장은 더 이상 단독으로 항소장 각하명령 ✕ ∵ 독당의 합일확정 [2019마5599]

  → 소장 부본 송달(=소송계속 발생) 이후에는 소각하 판결을 해야

- 보정의 효력 발생 시기 → 소멸시효 중단, 제소기간 준수의 문제 → 절충설 **[통]** : ㉠ 인지부족 보정은 소장제출시 ㉡ 청구취지 불특정 보정은 보정시

≪ 답변서제출, 무변론판결 ≫

1. 소장부본 송달(**제255조 제1항**)

① '소송계속' 효과 발생

② 소장 기재된 실체법상 의사표시 효력 발생 : 해제, 취소, 상계 (도달주의)

2. 답변서제출의무(**제256조 제1항**)

– 소장부본 송달받은 날로부터 30일 내 제출해야 → 무변론판결 저지효
다만, 공시송달로 소장 받았다면 의무 ✕ (**단서**) → 공시송달은 무변론판결 불가

3. 무변론판결(**제257조**)

– 종래 '자백간주판결'제도는 변론 필요했으나 변론 없이 서면심리만으로 자백간주

– **사유**
① 30일 내 답변서 제출하지 않은 때(**제1항**)
② 청구원인사실 모두 자백 취지 답변서 제출하고 다른 항변 않는 때(**제2항**)

– 효과 : 변론기일 지정 없이 선고기일 지정한 후 무변론 원고승소판결 선고 가능

– **불허**
① **공**시송달로 소장 송달(**제256조 제1항 단서**)
② **직**권조사사항 존재(**제257조 제1항 단서**) *ex.* 법인 대표권, 대위소송 피보전채권
③ 판결선고기일까지 **다**투는 답변서 제출(**제257조 제1항 단서**) → 선고 취소해야
④ 원고 **주**장 자체로 이유 없는 경우, **자**백간주 불허 사건, **형**식적 형성의 소

– 원고 주장 자체로 이유 없는 경우 무변론 원고청구 '기각'판결 가부 : 부정
[判例2017] 甲이 丙에게 돈을 대여하면서 일부를 동생 乙 명의 계좌로 송금했다는 이유로 乙·丙 연대하여 대여금 지급하라는 소 제기 → 乙이 소장부본 송달받고 답변서 제출 않았는데, 1심은 甲의 청구가 주장 자체로 이유 없다면서 무변론 청구기각판결 선고 → 甲이 항소, 乙에 대한 불법행위 손해배상청구로 변경 → 발송송달로

변론기일통지서 송달 후 乙의 불출석 상태로 변론기일 진행·변론종결, 자백간주로 원고승소판결 선고(150조 3, 1항) → "제1심은 무변론 원고청구기각판결로 피고의 변론참여·의견제시 기회 차단, 사실상 심급이익 박탈, 제2심은 발송송달 변론기일 통지로 피고의 참여기회 박탈" → 항소심은 석명권 적절히 행사하지 않고 곧바로 변론종결하고 제1심 판결과 전혀 다른 결론의 판결 선고하여 위법함 → 이유 中 : "무변론판결은 원고 청구 인용할 경우만 가능, 원고 청구 이유 없음이 명백하더라도 변론 없는 청구기각 판결은 인정되지 아니함에도 제1심이…" [2017다201033]

– **[判例2020]** 소장부본 송달일부터 30일 이내 답변서 제출 않았으나 판결선고 전까지 피고가 다투는 취지 답변서 제출했음에도 제1심법원이 간과하고 무변론판결 → 항소법원은 제1심판결 취소하여야(417조), 심급이익 고려하여 환송 또는 자판할 수 있음 [2020다255085]

제7절 소제기의 효과

제1관 소송계속

제2관 중복소송금지

– 소제기의 효과

① 소송법상 효과 : 소송계속 발생(다만 소장 부본이 피고에 송달되어야)

② 실체법상 효과 : 시효중단, 기간준수

– 소송계속 : 특정한 청구에 대하여 법원에 판결절차가 현실적으로 존재하는 상태 → 소장 부본의 송달로 소송계속이 발생

중복소송금지(제259조)

1. 취지

– **소**송경제 도모, 판결의 **모**순·저촉 방지 취지

2. 요건

① **당**사자 동일

– 218조 1항 : 변론종결 후 **승**계인 O

218조 3항 : 소송담당 O → **선**정당사자=선정자, **추**심채권자=채무자

– 채권자**대**위소송

㉠ **[判例]** 대위소송 ⇨ 채무자소송 : 중복소송 (채무자 인식 불문) ∵ 당사자는 다르나 실질상 동일소송 [94다29256]

㉡ **[判例]** 채무자소송 ⇨ 대위소송 : 중복소송 [80다2751] *or* 당사자적격흠결 [92다30016]

㉢ **[判例]** A대위소송 ⇨ D대위소송 : 중복소송 ∵ 당사자 다르나 실질상 동일소송 [87다카1618]

[判例2016] 채무자가 반소를 제기한 후에 채권자의 대위소송이 제기되었다면 설령 채무자의 반소가 취하되었더라도 대위소송은 당사자적격 흠결 각하 [2015다69372]

正辯 : 2015다69372 판결은 유형 ㉡이므로 중복소송과 적격흠결이 경합해야 하나, 채무자가 소를 취하했으므로 중복소송 문제는 명백히 없어지고 적격흠결만 문제된 것임
한편 채무자가 소를 제기했다가 취하/각하/기각된 각 경우에 대위소송에 있어 '권리불행사'로 볼 것인지(혹은 '권리행사'로 보아 적격흠결이 되는지) 문제됨 → ① 상대방과 합의 되어 취하하면 '행사' [2015다69372](즉, 합의가 된 사안이었음), ② 기각으로 패소했더라도 '행사' [92다32876], ③ 종중총회 결의 거치지 않아 각하되면 '불행사' [2018다210539] → 결국 3가지 중 ③의 경우에만 대위소송 적격 있고 적법 ○, 나머지 ①·②는 부적법 각하(이상 내용 중 일부는 졸저「로민정」 참조)

– 사해행위취소소송과 중복소송

[判例] 사해행위취소소송 계속 중에 '다른' 채권자가 동일한 사해행위의 취소 구하는 것은 중복소송 × ∵ "각 채권자 고유의 권리" [2003다19558]

그러나 **[判例]** 사해행위취소소송 계속 중 '동일한' 채권자가 피보전채권만 달리하여 동일한 사해행위취소소송 제기하면 중복소송 ○ ∵ 사해행위취소에서 피보전채권의 추가·변경은 공격방법 변경에 불과하고 소송물 자체 변경 × [2010다80503]

– **[大判全合]** 채무자의 이행청구소송 계속 중 압류채권자가 별소로 추심금청구소송 제기해도 중복소송 × ∵ 소송경제 반하거나 판결 모순·저촉 위험이 크지 ×, 압류채권자의 승계참가는 의무 아니고 상고심에는 불허되는 점 [2013다202120]

v. 반대의견 : 전소 소송계속 소멸하지 않은 점, 81조·79조에 따른 승계·독당참가 방법 있음, 상고심이어도 파기한 뒤 파기환송심에 소송참가 가능

正辯 : 반대의견은 후술하는 [97다45532] 판결의 법리(전소가 부적법하더라도 각하되지 않는 한 소송계속은 존재하므로 중복소송이라는 점)에 근거하고 있음

② **소**송물 동일

– 구이론으로 판단

소송물이 아닌 동시이행 '항변권'으로 제출한 반대채권은 별소제기 해도 중복 ×

– **상**계항변

1) 유추적용부정설 **[통판]** : 상계항변은 예비적 항변, 방어방법에 불과

2) 유추적용긍정설 : 상계항변은 기판력 생기므로 모순저촉 우려

[判例] (별소선행형 사안) "상계항변 제출 당시 이미 자동채권에 기한 소송이 계속 중인 경우, 이부·이송·변론병합 시도로 판결 모순·저촉 방지, 소송경제 도모함이 바람직하나, 별소로 계속 중인 채권을 자동채권으로 상계항변 ○" [2000다4050]

[判例2022] (상계항변 선행형 사안) 먼저 제기된 소송에서 상계항변 제출한 다음 그 소송계속 중에 자동채권과 동일한 채권에 기한 소송을 별소나 반소로 제기 ○ [2021다275741]

– 동일권리인데 소의 **종**류가 다른 경우(확인·이행) : 대향형의 경우

㉠ 甲의 이행청구 ⇨ 乙의 채무부존재확인청구 : 중복소송 O [통] *v.* [판]

㉡ 乙의 채무부존재확인청구 ⇨ 甲의 이행청구 : 중복소송 ✕ [통]

[判例] 채권자가 인수인을 상대로 제기한 이행청구소송 계속 중 인수인이 채권자를 상대로 원래 채무자의 채무부존재확인소송 제기하면 청구취지·청구원인 서로 다르므로 중복소송 ✕, 그러나 확인의 이익 ✕ → 중복소송이라며 '각하'한 원심의 결론은 결과적으로 옳아 상고기각 [2001다22246]

正辯 : '전소 이행청구, 후소 확인청구' 사건에 관하여 통설은 중복소송으로 보나, 판례는 중복소송을 부인하고 확인의 이익이 없는 것으로 해결함. '전소 확인청구, 후소 이행청구' 사건의 판례는 존재하지 않음

– **[判例]** 원고 이행청구 ⇨ 피고 채무부존재확인 '반소' : 반소의 이익 ✕, 각하

∵ "반소는 본소청구 기각 구하는 이상의 적극적 내용 포함되어야" [2005다40709]

[判例] 원고 채무부존재확인 ⇨ 피고 이행청구 '반소' : 후에 제기한 반소로 인하여 본소가 확인의 이익이 소멸 ✕, 소 적법 O ∵ 소송요건 갖추어 적법하게 제기된 본소가 상대방이 제기한 반소로 인하여 부적법하게 될 수는 ✕ [99다17401]

正辯 : 본소와 동일한 절차 내에서 '반소'를 제기하는 경우는 '중복소송'의 문제가 아님. 출제될 경우 중복소송 대향형 논의를 가볍게만 소개한 후, 사안은 중복소송의 문제가 아니라면서 판례 태도를 소개하고 사안 해결할 것

– **일**부청구

명시설 [통판] → 묵시적 일부청구 계속 중 별소 잔부청구는 중복 O

명시적 일부청구 계속 중 별소 잔부청구는 중복 ✕ → **[判例]** 전소에서 일부만 특정하여 청구하고 별도 청구하겠다는 취지 명시적 유보한 경우, 전소 소송물은 그 일부에 한정되므로, 전소 계속 중 잔부를 별소로 제기해도 중복소송 ✕ [84다552]

→ 그러나 **[判例]** 명시적 일부청구라 해도 '사실심' 계속 중인 경우는 청구취지 확장이 용이하므로 별소로 잔부청구 하는 것은 소권남용, 각하 [95다46319]

③ 전소 **계**속 중 후소 제기

– 전소·후소는 소장부본 송달시 기준, 별개의 다른 소송절차일 것

실질적 소제기인 이상 반소·참가 등 형태 불문

– **[判例]** "전소가 소송요건 흠으로 부적법해도 후소 변론종결시까지 전소가 각하·취하 등으로 소송계속 소멸하지 않는 한 후소는 중복소송금지 위배로 각하" [97다45532]

→ 그러나 추심채권자의 후소는 중복소송 ✕, 적법 O (전술)

3. 효과

- 중복소송인 경우 소각하판결, 소극적 소송요건, 직권조사사항
  간과판결 : 상소 O, 재심 ✕ → 다만, **[判例]** 중복소송을 간과한 판결이 확정된 후 서로 모순·저촉된다면 '뒤에 확정'된 판결에 **제10호** 재심사유 O [96다32706] → 그러나 이는 '확정의 선후'에 의하며, 소송계속의 기준인 전소·후소 개념과 별개
- 중복소송금지 확대시도론 : 청구기초 동일, 주요쟁점 공통인 경우도 중복소송 금지하자는 논의 → 가령 소유권확인청구와 인도청구·등기말소청구(기판력 선결관계)도 중복소송금지하자는 견해 *v.* 적용부정설 [통판]
  [判例] 소유권 원인 이행의 소 계속 중 소유권 유무 자체에 관하여 분쟁이 있어 즉시 확정의 이익이 있다면 소유권확인의 소 제기 O [65다2371]
  正辯 : 결국 판례에 따를 때 중복소송금지는 동일 관계에만 적용. 재소금지는 동일·선결 관계에, 기판력은 동일·선결·모순 관계에 각 적용됨
- **[判例2018]** 보전처분 신청에도 중복소송금지(259조) 준용 O → 후행 보전처분의 심리종결 시를 기준으로 중복 여부 판단 → 보전명령에 이의신청이 제기된 경우는 이의소송 심리종결 시가 기준 [2017마6308]
  [判例2020] 특허심판에서 중복심판청구금지 적용 O → 후심판 심결 시 기준으로 전심판의 심판계속 소멸되면 후심판은 적법 [2016후2317]

4. 국제적 중복소송 금지 여부

- 외국법원에 소 제기 되어 계속 중 동일 사건에 대하여 국내법원에 다시 소가 제기된 경우 중복소제기인지 여부
- 1) 규제소극설 : 외국법원은 적용 없으므로 중복소송 ✕
  2) 적극설(승인예측설) [통] : 외국법원 판결이 장차 217조 1항에 의하여 승인받을 가능성 예측되면 중복소송 O
  3) 절충설(비교형량설) : 사안별로 구체적 검토

« 소멸시효 중단, 기간준수, 지연손해 인상 »

– 소제기로 인한 시효중단, 기간준수 효력발생 시기 : 소제기시 (= 소장 제출시)
단, **[判例]** 형성권 행사기간은 소장부본 상대방 도달시 *ex.* 소장으로 취소·해제

– **[判例]** 甲이 乙을 대위하여 丙을 상대로 부당이득 원인으로 소유권이전등기 구했으나 피보전권리 부정되어 각하 확정 → 그로부터 3개월 후 丁이 乙을 대위하여 丙을 상대로 같은 내용의 소를 제기하였다가 피보전권리 부정된다는 조정 성립 → 조정 성립일로부터 10여 일 경과 후 戊가 乙을 대위하여 丙을 상대로 같은 내용의 소를 다시 제기 → 최초 재판상 청구인 甲의 대위소송 제기로 중단 O [2010다80930]

正辯 : 위 판결은 졸저 「로민정」 제5판 p.295의 [2018두56435] 판결과 비교하면 의문이 들 수 있음. 2018두56435 판결은 1차 응소 후 소 각하되고 6월 안에 2차 응소 했어도 다시 각하되면 더 이상 중단효 없다는 취지인데(2차 각하 시점은 이미 1차 각하 시점으로부터 6월이 넘은 상황), 위 [2010다80930] 판결은 戊가 대위소송을 제기할 때 甲의 대위소송이 각하된지 6월이 넘었음에도 최초 甲의 제기 시에 시효중단효 인정하기 때문. 이는 대위소송이라는 점에서 차이가 생긴 것으로, 2010다80930 판결의 원심판결(서울고법 2020나46307 판결)을 보면, 두 번째 丁의 대위소송 계속 기간에 戊는 대위소송을 제기해봐야 중복소송으로 각하될 것이어서 그 기간에는 戊의 입장에서 권리 행사할 수 없는 객관적 장애사유가 있다고 판시함(즉, 아예 시효 진행되지 않는다는 의미).

– **일부청구와 시효중단 :**
1) 일부중단설, 2) 전부중단설
3) 명시설 **[통판]** : 명시적 일부청구는 명시한 일부채권 범위만 중단
다만 **[判例]** 손해배상 일부청구 소장에 장차 신체감정결과에 따라 청구금액 확장할 것을 전제로 우선 일부를 청구한다는 뜻이라면 일부만 판결 구하는 취지 아님 분명하여 소제기 시효중단 효력은 소장에 주장한 손해배상채권의 동일성 범위 내의 채권 전부에 O [92다29924]

– **[判例2020]** 하나의 채권 중 일부만 판결 구함을 명백히 하면 소제기 의한 소멸시효 중단 효력은 일부에만 발생 → 소송경과에 따라 장차 청구금액 확장할 뜻 표시하고 당해 소송 종료될 때까지 실제로 청구금액 확장하면 소제기 당시부터 채권 전부에 시효중단 효력 O → 그러나 소송 종료될 때까지 실제로 청구금액 확장하지 않으면 나머지 중단 × → 다만 종료 시로부터 6월 내에 174조 조치 취함으로써 중단 O ∵ 청구 의사는 있었으므로 당해 소송 계속 중인 동안 나머지 부분도 최고에 의해 권리 행사 상태 지속된 것 O [2019다223723]

* 소멸시효 중단 관련 민법 판례 일독

– 소제기로 인한 지연손해금 법정이율의 인상

소송촉진 등에 관한 특례법 제3조

제1항 금전채무 이행판결 선고시 소장 송달 다음날부터 다 갚을 때까지 연 12% 법정이율 **正辯** : 2019. 6. 1.을 기준으로 한 경과규정 숙지

제2항 이행의무의 사실심 판결 선고 전까지 채무자가 이행의무 존부·범위에 관하여 항쟁함이 타당한 범위 내 1항 적용 **×** → **판결선고일** 다음날부터 **연 12%**

제3조 제1항 단서 장래 이행의 소는 소촉법 적용 **×** → 이혼청구로 인한 재산분할, 사해행위취소로 인한 가액배상은 **판결확정일** 다음날부터 **연 5%**

[判例2021] 채무부존재확인소송만 제기되고 채권자의 이행소송이 없는 경우, 심리결과 채무 존재 일부 인정되어 확인판결 선고하더라도 지연손해금 산정에 소촉법 3조 법정이율 적용 **×** ∵ 금전채무 전부·일부 이행 명하는 판결 선고한 것은 **×** [2018다276768]

처분권주의

※ 심리의 제원칙 중 기타 원칙 개관

㉠ **집**중심리주의 : **제272조 제1항, 제293조**

㉡ **구**술심리주의 : 법관의 면전에서 구술변론 하여야, **제134조 제1항** 필요적 변론, 최종의견 진술권 보장(**민소규칙 제28조의3**, 2015. 7. 1. 개정시행)

㉢ **직**접심리주의 : 판결하는 법관이 직접 변론 듣고 증거조사 행해야(**제204조 제1항**) → 법관 바뀌면 종전 변론결과 진술하여야 = 변론갱신(**제204조 제2항**)

㉣ **쌍**방심리주의 : 양쪽 평등 진술 기회 주는 것. 당사자평등, 무기대등

㉤ **공**개심리주의 : **제162, 163조, 제163조의2** → 위반시 절대적 상고이유(**제5호**)

– 필요적 변론(**제134조 제1항**) → 예외 : 무변론판결 (30일 답변서 부제출, 부적법하고 보정 불가, 기간 내 상고이유서 부제출, 소송비용 담보결정 받고 미제공)

1. 처분권주의의 의의

– 처분권주의 : 절차**개**시, 심판**대**상, 절차**종**결을 당사자의 처분에 맡기는 것
형식적 형성의 소(경·아·공·지)에서는 처분권주의 배제

– ① 개시 : 예외적 직권재판 → 소송**구**조, 판결**경**정, 소송**비**용의 재판, **가**집행선고, **배**상명령, **추**가판결

② 대상 : 당사자 신청 사항·범위만, 당사자 신청 않은 사항 판결 금지(**제203조**)

㉠ 상소법원은 당사자의 불복 한도에서만 변경 가능(= 불이익변경금지)

㉡ 청구하지 않은 소송물(구이론 기준)에 대한 판결은 처분권주의 위반

㉢ 예비적 병합, 예비적 공동소송에서는 당사자가 정한 순서에도 구속 O

正辯 : '항변'의 경우는 당사자가 임의로 정한 주위적·예비적 순서에 구속될 필요가 없음

㉣ 특수쟁점(후술) : 채무부존재확인, 인신사고, 일부청구, 상환이행, 선이행

③ 종결 : 당사자의 소취하, 포기·인낙, 화해로 → 인지청구소송 등 가족법적 관계, 예비적 병합 등에서는 포기·인낙, 화해 등이 제한될 수 있음

2. 채무부존재확인청구

- 채무 상한 명시된 경우 : 채무 1,000은 400을 초과해서는 존재하지 않음을 확인 → 소송물은 '600 부존재' 부분(가령 600 변제 주장)
  - ㉠ 심리결과 450 변제로 부존재하면 부존재 600 주장 중 150 부분 패소 → 주문 : '550(=400+150) 초과 부존재 확인'(일부패소)
  - ㉡ 심리결과 700 변제로 부존재해도 초과승소 불가, 600 주장 모두 승소 → 주문 : '400 초과 부존재 확인'(전부승소) ∵ 처분권주의, 청구취지 넘어서 선고 불가
- 채무 상한 명시가 없는 청구 : 상한 명시 없이 채무가 400을 초과해서는 존재하지 않음을 확인 → 소송물은 400 초과하는 부존재 전체 → 심리 결과 만약 400을 초과한다는 사실만 인정되면 구체적 금액 심리 없이 전부 기각할 것인지 → **[判例]** 원고가 상한 표시 없이 일정액 초과 채무 부존재 확인 청구한 사건에서 그 일정액을 초과하는 채무 인정될 경우 전부 기각 ✕, 일부 패소 ○ [93다9422]

  正辯 : 법원은 구체적 액수를 확정하여야 하고, 결국 상한 명시한 경우와 동일하게 처리하게 됨

3. 인신사고 손해배상청구, 원금·이자·지연손해

- 손해 3분설 **[통판]** : 각 손해 청구액에 각각 구속 → 청구총액을 넘지 않는 인용이더라도 각 항목별로 1개라도 금액을 넘으면 처분권주의 위배
- 원금·이자·지연손해금 : 별개 소송물로서 각각 따로 평가 → 원금·이율·기간 어느 것이든 원고 주장 기준 넘으면 처분권주의 위반

  [判例] 금전채무불이행에서 법정 지연손해금채권은 원본채권의 일부가 아닌 전혀 별개의 채권, 별개 소송물 → 불이익변경 해당 여부는 각 소송물별로 원금과 지연손해금 부분을 각각 따로 비교·판단하여야 → 별개 소송물을 합산한 전체 금액을 기준으로 판단해서는 ✕ [2009다12399]

  正辯 : 피고만 항소했는데 제1심보다 지연손해금 인용 액수가 적어지고 원본채권 인용액 늘어난 경우 → 별개로 보아 원본채권 증액 부분의 항소만 기각(불이익변경금지), 지연손해금 부분은 파기('취소'를 의미하는 것으로 보임)했어야 → 원본이 늘어났다는 이유로 전체적 관점에서 지연손해금 부분까지 모두 항소 기각한 원심판결은 위법함

  [判例] 대여금 원금 및 소장 부본 송달일 다음날부터 다 갚는 날까지 소촉법상의 지연손해금을 청구 → 대여금청구 인용하면서 대여일부터 다 갚는 날까지 약정이자 및 지연손해금을 인용하면 ✕ ∵ 청구하지 않은 약정이자 인정하여 처분주의 위배, 석명의무 게을리 [88다카19231]

[判例2017] 금전소비대차 주장하며 약정이자 청구 → 특별한 사정 없는 한 대여금 채권의 변제기 이후 기간은 약정이율 따른 지연손해금 구한 것 O → 약정이율이 인정되지 않더라도 법정이율에 의한 지연손해금 구하는 취지 포함 O → 채무자의 청구이의의 소에서 채권자가 주장한 경우도 마찬가지 [2017다22407]

正辯 : 대여금청구의 경우, 88다카19231 판결은 원고가 원금과 '지연손해금'만 구할 뿐 청구하지 않은 부분인 '약정이자'를 인용하여 처분권주의 위반으로 보았으나, 2017다22407 판결은 대여금의 '약정이자'를 청구하면 약정이율(혹은 법정이율)에 따른 '지연손해금'을 구하는 취지도 포함된 것으로 보았으므로, 구별에 유의해야 함

4. 일부청구와 과실상계

– ① 외측설 [통판] *v.* ② 안분설(청구액을 기준으로 과실상계) [소]

[判例] 손해전액에서 과실비율 의한 감액을 한 후, **잔**액이 **청**구액 **초**과하면 **청**구액 전액을, **잔**액이 **청**구액 초과 **않**으면 그 **잔**액을 각 인용 ∵ 당사자의 통상적 의사 [75다819] → 외측설

→ 일부청구와 '상계'에도 동일 법리로 외측설 적용 : **[判例]** 원고가 금전채권 중 일부 청구하고 피고의 반대채권으로 상계를 함에는, 금전채권 전액에서 상계를 한 후, 그 **잔**액이 **청**구액을 **초**과하면 **청**구액 전액을, **잔**액이 **청**구액을 초과하지 **않**으면 그 **잔**액을 각 인용 ∵ 당사자의 통상적인 의사 [83다323]

– '일부청구' 정리

허부·소송물, 중복소송, 기판력, 시효중단 쟁점 → 명시설

과실상계 쟁점 → 외측설

正辯 : 과실상계를 제외하고는 '명시설'이 통설·판례이며, 명시설에서는 명시를 한 당사자가 대체로 유리하게 되나(중복소송·기판력 등), 시효중단 쟁점만큼은 명시한 당사자가 오히려 불리한 결과(명시하면 일부만 중단됨)가 되는 점을 유의해야

5. 단순이행청구 → 상환이행판결

– 처분권주의 위배 ✕

[判例] 매매계약체결과 대금완납을 청구원인으로 무조건 소유권이전등기 구하는 청구취지에는 '대금 중 미지급금이 있으면 그 돈의 수령과 상환으로 소유권이전등기 구하는 취지'도 포함 O [79다1508]

[判例] 다만 그 청구가 자신의 반대급부의무가 없다는 취지임이 '분명'한 경우에는 기각 [80다56]

- **[判例]** 토지임대인의 토지인도 및 건물철거 청구에는 임차인이 건물매수청구권을 행사한 경우 매매대금지급과 상환으로 건물인도 청구 포함 ✕ → 청구변경이 없는 한 기각 → 다만, 법원으로서는 매매대금지급과 상환으로 건물인도 청구할 의사 있는지 적극적 석명의무 有 ∵ 분쟁의 1회적 해결 [94다34265]

6. 현재이행청구 → 장래이행판결

- 처분권주의 위배 ✕

  [判例] 피담보채무 소멸(전액 변제)을 이유로 한 근저당권설정등기(담보가등기, 소유권이전등기)의 말소청구에는 '잔존채무 있음이 밝혀지면 잔존채무를 변제하고 등기말소를 구하는 취지' 포함 O → 미리 청구할 필요도 인정 O → 잔존 원금 및 지연손해금 액수를 심리·확정한 다음 그 변제를 조건으로 말소 명하여야 (= 선이행판결, 장래이행판결) [92다5249, 2007다83694]

  [判例] 잔존채무 변제 조건으로 근저당권설정등기말소청구 한 청구 중에는 잔존채무액이 주장 금액 초과할 경우 확정된 잔존채무 변제 조건으로 등기말소 구하는 취지 포함 O → 확정된 채무 변제 조건으로 말소 명하여야(일부인용)

  채무부존재확인 같은 소극적 확인소송에서 확인 구하는 목적 법률관계 가분이고 분량적 일부만 존재하면 존재하는 부분 일부 패소 판결 [81다393]

  正辯 : 결론적으로 위 판결은 가령 원고가 3천 초과 부존재확인 및 3천 변제 조건 말소를 구한 경우 법원은 5천 초과 부존재확인 및 5천 변제 조건 말소 판결을 내릴 수 있다는 의미임. 한편 위 판결은 변제 조건 저당권말소의 선이행판결을 할 경우에 피담보채무 채무부존재확인청구도 확인의 이익이 있다는 전제에 있음(전술)

- **[判例]** 그러나 원고가 '피담보채무의 애초 불발생(도박채무 담보)' 전제로 말소를 구하는 것이라면 위와 같은 취지 포함 ✕, 선이행·장래이행 판결 ✕ [91다6009]

  正辯 : 원인무효 등기라는 이유로 말소를 구할 때는 선이행 판결 내릴 수 ✕

- **[判例]** 일시금·정기금은 원칙적으로 원고의 선택, 다만 예외적으로 법원은 일시금 청구에 대하여 정기금판결 명할 수 O → 기대여명의 예측이 불확실한 경우 일실손해·향후치료비 관련하여 피해자 확실히 생존하리라 인정되는 기간 동안의 손해는 일시금, 그 이후는 피해자 생존 조건으로 정기금 지급 판결 O [2001다72678]

7. 기타 처분권주의

- **[判例]** 사해행위취소소송에서 채권자의 '전부취소 및 원물반환'을 구하는 청구취지 속에는 '일부취소 및 가액배상'을 구하는 취지 포함 O ∴ 법원은 청구취지 변경 없이도 바로 가액배상 명할 수 O [99다20612]
- **[判例]** '집행불능' 대비 대상청구에는 '이행불능' 대비 대상청구 의사는 포함되지 ✕
  → 변론종결시까지 이행불능이 되면 대상청구도 기각 [67다1525]
- **[判例]** 2인에게 동업정산금 총액 1,000만원(숫자는 예시, 이하 동일) 연대하여 지급 구했는데, 법원이 1인 개별책임 750만원을 각 인용하면, 합계액이 청구금액 초과함이 분명하므로 처분권주의 위배(1,000 〈 1,500) [2008다69169]

  [判例] 그런데 피고들이 부진정연대책임이 있음을 전제로 (공동하여) 2,500만원의 지급을 구했는데 법원이 피고1은 620만원, 피고2는 600만원을 각 개별적 지급책임 인정한 경우, 처분권주의 위배 [2012다89832]

  正辯 : 인용한 개별적 분할채무 금액의 합계 총액이 청구한 부진정연대채무액 총액 넘지 않음에도 처분권주의 위배로 본 판결로서 논란이 있을 수 있음

  [判例] 피고들에게 개별적 지급을 구했는데 법원이 연대하여(혹은 공동하여) 지급책임을 인정하는 경우는 처분권주의 위배 [2011다61646]
- **[判例]** 피고가 상계항변을 이미 철회하였음에도 법원이 이를 간과하고 상계항변을 판단하여 반대채권 불성립을 이유로 상계항변을 배척했다면 처분권주의 위반 ∵ 당사자가 주장하지 않은 사항에 대해 심판 [2011다23323]

  正辯 : 통상적으로 소송물이 아닌 '항변'에 대해 주장하지 않았음에도 판단하는 것은 변론주의 위반일 것인데, 상계항변은 주문에 준하는 기판력이 발생하므로 그 주장이 없음에도 판단한 것은 '처분권주의' 위반으로 파악한 판결로 보임(私見)
- **[判例]** 자동차 사고로 손해 입은 자가 자배법에 의한 손해배상 주장하지 않았더라도 법원은 민법에 우선하여 자배법 적용해야 ∵ 특별규정 [95다29390]

8. 처분권주의 위반의 효과

- 상소 O, 재심 ✕
- 이의권 대상 ✕ (소송절차에 관한 것이 아니라 판결내용에 관한 것이므로)
  → 이의권 포기·상실 ✕

변론주의

1. 변론주의의 의의

- **변론주의** : 소송자료(사실자료, 증거자료)의 수집·제출책임을 당사자에게 맡기고 당사자가 제출한 소송자료만을 재판의 기초로 삼는다는 원칙
→ **사**실의 주장책임, **자**백의 구속력, **증**거제출책임

2. 사실의 주장책임

- '사실' = 주요사실 : 권리의 발생·변경·소멸·저지라는 법률효과 발생시키는 실체법상 요건이 되는 사실, 즉 법률효과 판단에 직접 필요한 '주요사실'만을 의미함
간접사실 : 주요사실의 존부 확인에 도움이 되는 사실, 배경·경과·동기·내역·목적 등에 관한 사실
보조사실 : 증거능력이나 증명력에 관한 사실(다만 '문서의 진정성립'은 보조사실이지만 예외적으로 주요사실에 준하여 취급)
→ 주요사실은 **변**론주의, 판단**누**락 사유, **자**백 구속력, **유**일한 증거 필수조사
㉠ 일실수익의 산정기초가 되는 **월**수입·**가**동연한·**공**제월생계비·**노**동능력상실률은 모두 주요사실 O / 그러나 중간이자 공제의 방법 자체는 주요사실 X
㉡ 소멸시효의 '기산점'은 주요사실 O → 당사자 주장에 구속되어야
그러나 소멸시효의 '기간', 취득시효의 '기산점', '점유권원', '기간'은 간접사실
[判例] 당사자가 주장하는 소멸시효 '기산일'이 본래 기산일보다 앞이든 뒤이든 법원은 당사자 주장한 기산일을 기준으로 [94다35886]
[判例] 어떤 권리의 소멸시효기간에 관한 주장은 단순한 법률상 주장에 불과하므로 변론주의 적용대상 아니고 법원이 직권으로 판단 O [2006다70929]
[判例] 취득시효 점유기간 산정기준인 점유개시 시기나 자주점유 기준인 점유권원 같은 시효취득의 요건인 사실은 그 사실을 추정할 수 있는 징표, 즉 간접사실로 당사자 주장 구애됨 없이 소송상 나타난 자료에 의해 인정해야 [82다565]
- 법규기준설[**통판**] : 주요사실과 간접사실 구별은 법규 구조에 의하여야
- **일반조항**이 주요사실인지 여부 *ex.* 과실(過失), 정당한 사유, 공서양속
1) 제1설 : 일반조항 = 주요사실 → 과실이 주요사실, 신호위반은 간접사실
2) 제2설 : 개별사실 = 준주요사실 → 신호위반을 주요사실 준하여 취급
3) 제3설 : 요건사실(실체법) ≠ 주요사실(소송법) → 신호위반이 주요사실

→ '과속'으로 공격방어했는데 법원은 '신호위반'으로 판결할 수 있는지의 문제 → 법규기준설 관철하면 제1설로 이를 인정하여 부당 → 제3설이 타당 : 원칙적으로 '요건사실 = 주요사실'이지만 '일반조항' 논의에서는 '요건사실 > 주요사실'로 봄

[大判全合] 당사자가 변론에서 주장한 주요사실만 심판대상 → 주요사실이란 법률효과 발생시키는 실체법상 구성요건 해당사실 [83다카1489]

– '주장책임' : 당사자가 자기에게 유리한 '주요사실'을 주장하지 않으면 그 사실이 없는 것으로 취급되는 불이익 → 주장책임의 분배가 문제됨

  법률요건분류설 **[통판]** : '권리근거규정'의 요건사실(권리근거사실, 청구원인사실)은 '원고'가, '권리**장**애·소**멸**·**저**지규정'의 요건사실(항변사실)은 피고가, 각 주장책임 및 증명책임을 지는 것으로 주장책임·증명책임을 분배하는 원칙

– **[判例]** 채무부존재확인소송은 원고가 주장하면 채권자인 피고가 권리관계 요건사실 주장·입증책임 O [97다45259]

  [判例] 배당이의소송도 일반 민사소송 증명책임 분배 원칙 따라야 → 원고가 피고의 채권 성립하지 않았음 주장하면 피고가 채권 발생원인사실 증명책임 → 원고가 허위표시나 변제 주장하면 원고가 그 장애·소멸사유 증명책임 [2005다39617]

  [判例2021] 배당이의 소에서 원고는 피고 채권의 부존재 뿐 아니라 원고 자신이 피고에게 배당된 금원을 배당받을 권리가 있다는 점까지 주장·증명하여야 → 이는 채무자가 체결한 근저당권설정계약에 관해 채권자가 사해행위취소 소 제기함과 아울러 원상회복으로 배당이의 소 제기할 경우도 마찬가지 [2016다269698]

  正辯 : 2005다39617 판결까지 고려하면, 피고가 채권 발생원인사실 증명한 경우 다시 원고가 그 장애·소멸사유 증명해야 하므로, 본 판결이 '피고 채권의 부존재'를 증명해야 한다는 것은 장애·소멸사유를 의미하는 것으로 봐야 하고(私見), 그것이 또한 여기서는 통상적으로 '근저당권설정계약의 사해행위취소 사실'이 될 것임

  [判例] 청구이의소송도 일반 민사소송 증명책임 분배 원칙 따라야 → 원고가 피고의 채권 성립하지 않았음 주장하면 피고가 채권 발생원인사실 증명책임 → 원고가 허위표시나 변제 주장하면 원고가 그 장애·소멸사유 증명책임 [2010다12852]

– **주장공통**의 원칙 **[통판]** : 주요사실은 반드시 주장책임을 지는 당사자가 진술해야만 하는 것은 아니고, 어느 당사자든 변론에서 주장하면 주장한 것 O

  → 이는 변론주의에서는 원고/피고 사이 문제

  cf. 통상 공동소송인 사이에서는 통공 중 1인이 주장하여도 주장공통 ×

– 주장 의제(=**간접적 주장**) : 제출된 '증거'를 통해 '주장'한 것으로 추단하는 것

  → 소송자료와 증거자료 준별의 '완화' 측면 (후술)

- **주장 포함**(=묵시적 주장) : 일정한 '주장' 속에 다른 '주장'이 포함되어 있다는 것

  [判例] 피고가 채권양도 사실을 본안전 항변인 당사자적격 흠결로 주장하는 경우 청구가 이유 없다는 본안에 관한 항변 포함 ○ [92다18597]

  [判例] 약정이자 지급 구하면 법정이자 지급 구하는 취지 포함 [2006다73072]

  [判例] 고의 불법행위 손해배상 주장에 과실 불법행위 주장 포함 [94다21078]

  [判例] 유권대리 주장 속에 무권대리에 속하는 표현대리 주장 포함 × ∵ 표현대리 성립된다고 무권대리 성질 유권대리로 전환 ×, 양자 주요사실 다름 [83다카1489]

  [判例] 불공정 법률행위(民 104조) 주장 → 반사회적 법률행위(民 103조) 주장 포함 ×, 착오 취소(民 109조) 주장 포함 × [96다47951, 93다19962]

  [判例] 강박에 의해 무효라는 주장 속에 취소 주장 포함 × [95다40038]

  [判例] 차임연체액 2기 해지 임차목적물반환 청구 주장 속에 기간 약정 없는 임대차 해지통고 임차목적물반환 주장 포함 × ∵ 양자는 양립가능하고 별개 독립한 공격방어방법 [93다1688]

- **소송자료(사실자료)와 증거자료의 준별 :**

  법원이 '증거'자료를 통해 주요사실을 알았다 하더라도 당사자가 주요사실을 변론에서 '주장'하지 않으면 주장하지 않은 것 → 증거제출행위로 주장을 대신할 수 ×

- **간접적 주장 이론**(= 준별의 완화) [**통판**] : ① **변**론을 전체적으로 관찰하여, ② 감정서나 서증을 이익으로 **원**용한 경우, ③ **증**거신청(서증제출·증인신청)과 함께 증명취지 진술한 경우에는 간접적 주장 인정 ○ → 다만 소송행위에 비추어 주요사실의 주장이 당연히 **예**상될 것, 상대방의 **방**어권 행사에 지장 초래 없을 것, 변론 **전**체 취지를 고려할 것 등의 제한이 필요함

  正辯 : 이상의 내용은 다수 판례 내용을 전체적으로 정리한 것

  [判例] 변제공탁서 증거로 제출했을 뿐 변제 주장을 명시적으로 하지 않았더라도 변제되었음을 주장하는 취지임이 명백 → 법원으로서는 주장 있는 것으로 보고 당부 판단하거나 그런 주장 취지인지 석명 구하여 판단해야 [2001다42080]

- **'대리인' 의한 행위**는 본인 의한 행위와 별개 주요사실, 그러나 구별 완화 ○

  ⓐ 주장 포함 : **[判例]** 상속인 A·B·C로부터 매수했다고 주장하다가 A로부터 매수했다고 주장 → B·C에 관해 A가 그들을 대리한 것이라는 주장 ○ [95다27998]

  ⓑ 간접적 주장 : **[判例]** 원고가 피고와의 계약이 제3자 丙을 통해 체결되었다며 丙을 증인신청하고 증명 → 대리 사실의 간접적 주장 ○ [87다카982, 94다24626]

  ⓒ 주장공통 : **[判例]** 피고가 소외인에게 계약체결 권한 수여한 적 없다고 주장 → 원고가 대리 주장한 것 ○ ∵ 피고는 '원고가 소외인 대리행위를 주장한 것'을 전제로 무권대리를 주장한 것이므로 [89다카15359]

3. 자백의 구속력

- 자백, 다툼 없는 사실은 증거조사 불필요하고 법원의 사실인정권 배제
  [判例] 다만, 현저한 사실에 반하는 자백은 구속력 ✕ [4291민상551]

4. 변론주의의 한계, 보완·수정

- 변론주의의 한계 : **경**험법칙, **간**접사실, **보**조사실, **증**거 가치평가는 당사자의 주장이 법원을 구속 ✕, 직권발동 촉구에 불과
- 변론주의의 폐단과 보완·수정 : 소송수행능력 부족한 자에게는 실질적 평등 문제 → 보충적 **직**권증거조사(292조), **진**실의무, **석**명권(136조)으로 보완

5. 변론주의의 예외 – 직권탐지주의, 직권조사사항

- **직권탐지주의** (*v.* 변론주의)
  당사자가 아닌 법원이 원칙적으로 사실·증거의 수집·제출 책임 부담하는 것
  재판권·**재**심사유[判]·**전**속관할·**당**사자능력·**소**송능력·**경**험법칙·**외**국법규[判]·**관**습법
  가류·**나**류 가사소송사건
  → **사**실 주장책임, **자**백의 구속력, **증**거 제출책임 모두 적용 ✕
- **직권조사사항** (*v.* 항변사항)
  당사자 주장에 관계없이 법원이 반드시 직권으로 판단해야 할 사항
  직권조사사항은 이의권 포기·상실 ✕, 자백·자백간주 ✕ (구속력 ✕)
  [判例] 소송요건, 부제소특약, 과실상계, 손익상계, 위자료 액수, 신의칙 위반 여부, 중복소송 [88다카25274], 제척·제소기간 도과 [99다18725, 96다25371, 2009다41199, 87다카1322, 2004다71201], 확정판결의 존재 [2004두10227], 당사자능력, 소송대리인의 대리권, 대위소송의 피보전채권(=당사자적격, 소송요건)
  → 모두 **직권조사사항**
  [判例] "종중이 당사자인 경우 대표자의 적법한 대표권은 소송요건, 직권조사사항 → 자백 대상 ✕, 법원이 직권으로 탐지할 의무까지는 없더라도 적법성에 의심 갈 만한 사정 있으면 심리·조사할 의무 ○" [2010다97044 , 2009다22846]

« 석명권 »

1. 의의

– 석명권 : 소송관계 분명하게 하기 위해 당사자에게 질문하고, 설명하게 하고, 증명 촉구하고, 간과한 법률상 사항 지적하여 의견진술 기회 주는 법원의 권능(**제136조**)

2. 석명의 범위

– ㉠ **소극적 석명** : 불분명·불완전·모순 제거
㉡ **적극적 석명** : 새로운 신청·주장·공방제출 권유 → 원칙적 불허 ∵ 변론주의
[判例] 석명권 행사는 당사자 주장에 모순·불완전·불명료 있을 때 지적하여 정정·보충 기회 주고, 계쟁사실의 증거제출 촉구하는 것 → 당사자가 주장하지도 않은 주요사실, 독립된 공격방어방법의 시사·제출권유 행위는 변론주의 위배, 석명권 행사의 한계 일탈 [2001다15576]
[判例] 그러나 임차인이 지상물매수청구를 한 경우 법원으로서는 임대인이 종전의 청구를 계속 유지할 것인지 아니면 (예비적으로라도) 대금지급과 상환으로 지상물인도를 구할 의사가 있는지 석명하여야 → 임대인이 석명에 응하여 청구취지를 변경한 때 지상물인도 판결(상환이행) ∵ 분쟁의 1회적 해결, 당사자 진정한 의사에 부합 → 법원이 석명하지 않은 것은 위법 [94다34265]

– **[判例]** 차용증에 '보증인'으로 기재되어 있는데 원고가 피고에 대해 보증채무 아닌 주채무 이행 구하면 석명권 행사해야 ∵ 주장과 증거 사이 모순 [94다16700]
[判例] 예비적 병합에서 주위적 청구의 청구취지·원인만 일부 변경 → 법원으로서는 예비적 청구 취하 여부 석명할 의무 O [2003다21834]
[判例] 원고가 본소 준비서면에서 변제공탁사실 주장하고 공탁서를 증거로 제출 → 그 후 반소 제기되면 법원으로서는 석명권행사 통하여 본소에서 한 변제공탁주장을 반소에 관한 항변으로 원용하는지 여부 심리해야 [92다38065]

– 증명촉구 : 사실자료보다는 적극적으로 가능
[判例] 채무불이행·부당이득·불법행위·비용상환청구에서 해당 책임은 인정되지만 배상액 등의 증명이 없거나 불충분한 경우 증명촉구 없이 바로 기각 × [2005다25755 등] → 2016년 신설된 **제202조의2**는 '손해발생 사실은 인정되나 구체적 손해액 증명이 사안의 성질상 매우 어려운 경우 법원이 변론 전체의 취지, 증거조사 결과로 상당한 금액 손해배상 액수로 정할 수 있다'고 규정

[判例] 불법행위 손해 발생 사실 인정될 경우 법원은 당사자의 손해액 주장·증명 미흡하더라도 적극적 석명권 행사하여 증명 촉구해야, 경우에 따라서는 직권으로라도 손해액 심리 판단해야 → 증명촉구에도 불구하고 원고가 응하지 않으면서 손해액에 관한 나름의 주장만 증명하고 있다면 법원은 굳이 적정하다고 생각하는 손해액 산정 기준·방법을 적극적으로 제시할 필요까지는 ✕ [2009다88617]

– **법적관점지적의무**(**제136조 제4항**) → 석명권은 법원의 권한과 동시에 의무

요건 : 당사자 간과 분명, 법률상 사항, 판결결과에 영향

방식 : 의견진술 기회 줄 것

위반의 효과 : 일반적 상고이유 ○ (**제423조**, 판결 결과 영향 있어야), 재심 ✕

[判例] : "당사자 부주의·오해로 명백히 간과한 법률상 사항 있거나(4항), 당사자 주장이 법률상 관점에서 불명료·불완전·모순 있는 경우(1항) → 법원은 적극적으로 석명권 행사하여 당사자에 의견진술 기회 부여해야 → 게을리 한 채 당사자가 전혀 예상 못한 법률적 관점에 기한 재판으로 당사자 일방에 불의의 타격을 가하면 석명·지적의무 위반, 심리 제대로 않은 위법" [2005다64033]

[判例2021] 136조 1항, 4항에 의해 법원으로서는 다툼 있는 사실 증명 위해 제출한 증거가 당사자 부주의·오해로 불완전·불명료하다면 당사자에게 증거를 명확·명료하게 할 것 촉구하거나 보충할 기회 주어야 → 게을리 한 채 제출된 증거 불완전·불명료하다는 이유로 주장 배척하면 ✕, 석명의무 다하지 ✕ [2020다273045]

[判例] 법적관점지적의무 인정 → 의견진술 기회를 주지 않고 판결한 경우 위법 → 일반적 상고이유(판결 결과에 영향을 미쳐야 상고)

㉠ 부제소합의 : **[判例]** 부제소합의의 효력·범위에 관하여 당사자가 쟁점으로 삼아 적법 여부를 다투지 않는데도 법원이 직권으로 부적법 각하하려면 당사자에 의견진술 기회를 주고 여러 사정 충분히 심리해야 ∵ 헌법상 재판청구권 포기라는 중대한 소송법상 효과 발생 [2011다80449] **正辯** : 직권조사사항이기는 하나 직권 각하의 제한

㉡ 사해행위 취소 제척기간 도과 : **[判例]** 제척기간 도과가 쟁점 된 바 없음에도 당사자에 의견진술 기회 주지 않고 각하하면 지적의무 위반 [2005다37185]

㉢ 청구취지 특정 : **[判例]** 손해배상청구에서 채무불이행인지 불법행위인지 불분명한데 의견진술 기회 없이 하나로 단정하면 위법 [2009다42765]

㉣ 피고적격, 소의 이익 : **[判例]** 가등기이전의 부기등기가 된 경우에 가등기말소의 피고를 양도인으로 하거나 부기등기의 말소를 구한 경우, 법원은 피고적격(양수인을 피고로 삼아야)이나 부기등기의 말소방법(주등기의 말소를 구해야)에 관한 석명도 없이 각하판결을 하면 위법 [94다17109]

正辯 : 말소대상은 청구취지 변경으로, 피고는 피고경정으로 바로잡게 될 것임(私見)

ⓜ 특별수권 : **[判例2022]** 종중이 제기한 소에서 당사자 사이에 사원총회 결의 여부가 쟁점 된 적 없고 법원도 의견진술 기회 부여나 석명권 행사 없었음에도 법원이 직권으로 총유재산 관리·처분에 적법한 사원총회 결의 없었고 단시일 내 보정 불가하다며 부적법 각하 → 당사자 전혀 예상 못한 법률적 관점으로 뜻밖의 재판, 석명의무 위반하여 필요한 심리 않아 판결에 영향 [2018다261605]

ⓑ 지상물매수청구 : 전술

ⓢ 재소금지 : **[判例]** 소유권보존등기 말소 제1심 승소 원고가 항소심에서 자기 앞 소유권등기 사실이나 법률상 소유권취득 사실은 없었다는 종전 주장 유지하면서 새로운 진정명의회복 위한 소유권이전등기 구하는 경우, 법원이 소변경신청에 법률적 모순 있음을 지적하고 의견진술 기회 부여하여 정정할 기회 주지 않으면 위법 [2002다41435]

正辯 : 명의신탁자인 원고 종중이 수탁자를 대위하여 등기말소 구하여 1심에서 승소한 후 항소심에서 진명 소이등으로 소 변경한 사안(민법 채권자대위 법리) → 항소심에서 교환적 변경 하면 '재소금지'라는 중대한 법적 효과 따르므로 원고의 부주의나 법률적 지식 부족에서 비롯될 수 있어 원심으로서는 바로 교환적 변경으로 단정하지 말고 적극적 석명을 했어야 한다고 판시함

ⓞ **[判例]** 당사자가 문서 위조 취지로 다투다가 서증 인부 절차에서 갑자기 진정성립 인정함은 이례 → 법원은 서증 인부 절차에서 진정성립 인정하지 않았다고 보거나 모순된 진술 하는 취지를 석명하여야 [2001다29254]

ⓩ **[判例2021]** 토지소유자 甲이 지상건물 소유자 乙을 상대로 건물철거·부지인도 청구 → 원심은 乙이 戊의 유증으로 인한 소이등청구권을 대위할 수 있다는 이유로 甲의 청구를 신의칙상 불허된다고 판단 → 乙이 대위청구 가능성 주장한 적 없어 甲도 유증 소이등청구권 존재 제대로 다툴 수 없었는데도 인증서 기재 따른 유증 효력이나 소이등청구권 존부 등에 관해 의견진술 기회 부여나 석명권 행사 않았으므로 원심은 석명의무 위반 [2021다200914]

正辯 : 원심은, 甲과 丙(乙의 祖父)이 당시 丁(甲의 父) 명의 위 토지를 아들들에게 유증하는 인증서에 따라 戊(丙의 子로서 乙의 父)가 부지를 유증받고, 다시 戊로부터 건물·부지를 증여받은 乙이 戊를 대위하여 甲(丁의 상속인)에 대해 부지 소이등 구할 수 있다는 이유로 甲의 청구를 신의칙상 불허된다고 판시하였음

« 적시제출주의 »

1. 의의

– 적시제출주의(**제146조**) : 집중심리를 위해 당사자가 적절한 시기에 공방 제출할 것

– 현행 민소법 규정 :
재정기간제도(**제147조**), 실기한 공방의 각하(**제149조 제1항**),
석명불응 공방의 각하(**제149조 제2항**), 답변서제출의무(**제256조 제1항**),
변론준비기일 종결 효과(**제285조**), 상고이유서제출기간 도과 효과(**제427·431조**)

2. **실**기한 공격방어방법의 각하(**제149조 제1항, 제286조**)

– 실기각하 요건
① **적**시제출기간 어기어 공방을 뒤늦게 제출 : **[判例]** 시기에 늦었는지 여부 판단은 제1·2심을 통틀어서 판단 ∵ 항소심은 속심 [4294민상1122]
② 고의나 **중**과실로 : **[判例]** 제출을 기대할 수 있는 객관적 사정 있었는지, 상대방과 법원에 새로운 공방 제출하지 않을 것이라는 신뢰 부여했는지 여부로 판단
상계항변·건물매수청구권·취소권은 예비적·출혈적 항변으로 조기제출 기대하기는 어려움 → **[判例]** 다만 환송 전 원심에서 상계항변 제출 기회가 있었으나 의도적으로 또는 승소를 속단하여 제출하지 않다가 환송 후 원심에서 비로소 주장했고 자동채권 존재 자체도 의심스럽다면 실기각하 **O** [2003다44387]
③ 심리하면 각하보다 소송완결 **지**연될 것 : **[判例]** 실기한 공방이라 해도 다른 심리·조사할 사항 남아 어차피 기일 속행 필요하고 그 기일 내 심리 마칠 수 있거나 이미 심리 마친 소송자료 범위 내에 있다면 지연 **✕**, 실기각하 **✕** [2003두988]

– 절차 : 직권·신청으로 각하
실기각하 신청에 대한 인용·배척에 대하여 독립된 불복방법 **✕**

– **[判例2017]** 149조 시기에 늦었는지 판단은 새로운 공격·방어방법이 구체적 소송 진행 정도 비추어 과거에 제출을 기대할 객관적 사정 있었는데도 하지 않은 것인지, 상대방과 법원에 제출하지 않을 것이라는 신뢰 부여했는지 여부 등을 고려해야 → 항소심에서 새로운 공격·방어방법 제출된 경우는 제1심까지 통틀어 늦었는지 판단해야 → 고의·중과실 판단함에는 당사자 법률지식, 새로운 공방의 종류, 법률구성 난이도, 기존 공방과 관계, 소송 진행경과 등 종합적 고려해야 [2017다1097]

≪ 직권진행주의 · 소송지휘권, 이의권 ≫

1. 직권진행주의, 소송지휘권

- 소송의 진행에 대해서는 법원에 주도권을 주어 직권진행주의 채택 → 소송지휘권
- 소송물특정이나 소송자료제출에 관하여는 '당사자주의'로 처분권주의·변론주의를 채택했으나 소송 진행만큼은 소송의 신속·원활을 위하여 '직권주의'

2. 이의권(**제151조**)

- 이의권(책문권) : 소송절차에 관한 규정(임의규정, 효력규정) 위반의 경우 효력을 다툴 수 있는 소송상 권능 → 이의권 포기·상실(**제151조**)이 핵심
  이의권 개념은 강행규정 ✕, 훈시규정 ✕
  ① 강행규정 위반은 하자 치유 불가하여 '이의권 상실'이 적용될 수 없다는 의미
  ② 훈시규정 위반은 무효가 아니어서 '이의권'이 적용될 수 없다는 의미
- 소송절차에 관한 임의규정 : 증거조사방식 위배, 기일통지 누락, 판결정본 이외 서류의 송달, 소송절차 중단 중의 행위, 변호사법 31조 위반 소송행위
  [判例] 당사자신문 방식 의할 종친회 대표자를 증인신문 했으나 지체 없이 이의 진술 없었다면 증언 채택해도 위법 아님 [77다1316]
  [判例] 청구취지 변경은 서면으로 신청해야 → 서면에 의하지 않은 청구취지 변경에 피고가 이의하지 않았다면 이의권 상실 O, 위법 치유 O [82다카262]
  [判例] 청구기초 변경되었으나 피고가 지체 없이 이의 진술하지 않고 변경된 청구에 관해 본안의 변론을 하면 이의권 상실 O, 다시 이의 제기 ✕ [81다546]
- **이의권 포기** : 법원에 대하여 명시·묵시적 의사로 이의하지 않겠다는 표시
  이의권 상실 : 위반 사실 알았거나 알 수 있었을 때 지체 없이 이의 않는 경우
  이의권 포기·상실의 효과 → 위법한 소송행위가 완전히 유효로
  [判例] 이의권 포기·상실은 소송절차 관련된 임의규정 위배만 인정 → 항소기간은 불변기간이고 관련된 규정은 강행규정 → 그 기산점인 판결정본 송달의 하자에 관하여는 이의권 상실 ✕ = 하자 치유 ✕ [72다379]
  [判例] 종국판결 선고기간(**제199조, 제207조** : 소제기일 5개월, 변론종결일 2주) 등은 훈시규정이므로 도과하더라도 151조 이의권 ✕, 무효 주장 ✕ [2007다9009]

≪ 주장과 항변(공격방어방법) ≫

1. 의의

– 공격방어방법 : 본안의 신청을 뒷받침하기 위해 제출하는 소송자료 → 주장, 항변

2. 주장

– 주장 : 법률상 주장, 사실상 주장

– 주장에 대한 상대방의 태도 : 부인, 부지, 자백, 침묵
부지 : 부인으로 추정(150조 2항) / 침묵 : 자백간주로 됨이 원칙(150조 1항)

– 부인의 분류
ⓐ 직접부인 : 단순부인 *ex.* '대여사실 없다'
ⓑ 간접부인 : 이유부부인 *ex.* '대여가 아니라 증여다'

– 주위적 공방, 예비적 공방에 대하여 법원은 순서에 구속받지 않고 자유로이 선택 (≠ 주위적·예비적 '청구') → 다만, 상계항변만큼은 최후로 판단해야 ∵ 출혈적
[判例] 제1심에서 상계항변 먼저 이뤄지고 그 후 항소심에서 소멸시효항변 있는 경우, 상계항변 당시 소멸시효이익 포기 효과의사 있었다고 단정할 수 ✕ ∵ 상계항변은 예비적 항변, 항소심은 속심 [2011다21556]
正辯 : 상계항변을 한 후 소멸시효 항변을 해도 신의칙(금반언) 위반이 아니라는 취지

3. 항변

– 항변 : 피고가 원고의 청구를 배척하기 위해 소송상·실체상 이유를 들어 적극적인 방어를 하는 것

– ㉠ 소송상 항변 : ⓐ 본안전 항변, ⓑ 증거항변
㉡ 본안의 항변 (= 진정한 의미의 항변)

– 본안전 항변 : 소송요건에 흠이 있어 소가 부적법하다는 항변
소송요건이 대부분 직권조사사항이므로 본안전 항변은 직권발동 촉구 의미밖에 없어 진정한 의미의 항변 ✕

→ 다만 본안전 항변 중 임의관할위반·소송비용담보제공·중재합의에 관한 항변은 피고의 이의가 있어서 심사가 되므로 예외적으로 진정한 의미의 항변(방소항변)

– 본안의 항변 : 원고의 주장사실이 진실임을 전제로 양립가능한 별개 사항에 대해 피고가 하는 사실상 진술

– 주장형태에 따른 항변의 분류

ⓐ 제한부 자백 : 원고 주장사실 인정하면서 양립할 수 있는 별개의 진술

ⓑ 가정항변 : 원고 주장 사실은 다투지만 예비적으로 하는 진술

– 반대규정의 성질에 따른 항변의 종류

㉠ 권리**장**애사실 : 무효사유

㉡ 권리소**멸**사실 : 변제·상계·시효 등 채권소멸사유, 취소, 해제

㉢ 권리**저**지사실 : 조건부·기한부, 동이항, 유치권

正辯 : 권리소멸사실 사유에는 소급효가 있는 취소·해제 뿐 아니라 소급효가 없는 변제 등이 모두 존재하므로, 결국 권리소멸사유는 '소급효' 불문하고 '사후적 사유'로 소멸되는 모든 경우를 포함

4. 부인과 항변

– 부인 : No

항변 : Yes, But

– 부인과 항변의 구별실익

㉠ 증명책임 : 부인을 하면 부인을 당한 원고가 여전히 증명책임 / 항변을 하면 제출한 피고가 항변사실의 증명책임

㉡ 판결이유 설시(판단누락 여부) : 부인은 배척하더라도 설시 불요 / 항변을 배척할 때는 반드시 설시 필요 → 누락하면 판단누락(재심 **제9호**)

5. 재항변

– 재항변 : 원고가 피고의 항변사실에 기한 효과의 발생에 대하여 다시 그것의 장애·소멸·저지 사실 주장하는 것

[判例] 피고의 상계항변에 대한 원고의 상계재항변은 불허 ∵ 피고 상계항변이 배척된다면 재항변 판단할 필요 **×**, 인정된다면 대등액 소멸하여 상계재항변 대상 無, 청구 추가적 변경이나 별소 제기 가능하므로 [2013다95964]

[判例2015] 위 법리는 원고가 애초 채권 2개를 청구하고, 피고가 1개에 상계항변하자 원고가 나머지 1개로 상계재항변 하는 것도 불허 [2012다107662]

≪ 소송상 형성권의 행사 ≫

1. 문제점

– 소송상 공격방어방법으로 형성권(해제권, 해지권, 취소권, 상계권)을 행사하였다가 **실**기각하, 소의 **취**하 혹은 **각**하, **조**정 성립 등으로 형성권 행사가 소송에서 판단을 받지 못한 경우, 그 사법상 효과의 발생(존속) 여부에 관한 논의

2. 학설 및 판례

– 소송상 **형**성권 행사 쟁점에 관한 학설

1) **신**병존설[**통판**] : 병존설을 원칙으로 하되(가령 해제권), 다만 '상계권'만큼은 소송에서 실질적 판단 없었다면 사법상 효과 無

2) **병**존설 : [**사법행위 | 소송행위**] 병존(= 별개), 서로 영향 無, 사법상 효과 有

3) **소**송행위설 : 사법상 효과 애초 無

4) **양**성설 : [**사법행위+소송행위**] 성질, 영향 有, 사법상 효과 無

– **[判例]** 소제기로 '해제권' 행사했다가 소취하했어도 해제권은 형성권이므로 행사의 효력 有, 영향 無 [80다916]

[判例] '상계'항변 했으나 '조정 성립'되어 수동채권 존부에 관한 법원 실질적 판단 이뤄지지 않은 경우는 상계항변의 사법상 효과도 발생 **×** ∵ 상계는 예비적 항변 [2011다3329], **[判例]** "소송상 상계는 확정적 효과 발생하지 않고 수동채권 존재 등 실질적 판단 이뤄진 경우에 비로소 실체법상 상계 효과 발생" [2013다95964]

∝ 소송상 합의 ∝

1. 의의

– 소송상 합의 : 현재 계속 중 또는 장래 계속될 소송에 대하여 직접·간접적으로 영향 미치는 법적 효과 발생을 목적으로 하는 당사자간의 합의

– 명문규정 有 : 관할합의(**제29조**), 불항소합의(**제390조 제1항 단서**) → 소송행위

– 명문규정 無
무효 → 전속관할합의, 증거력계약, 소송절차변경합의
유효 → 부제소합의, (상)소취하합의, 상소권포기합의, 불상소합의, 부집행합의, 증거계약 (※ 불상소합의는 명문 있는 불항소합의에 준하므로 성질은 소송행위)

2. 명문 규정 없는 소송상 **합**의의 법적 성질

– 부제소특약, 소취하계약의 법적 성질 및 구제수단
1) 사법계약설 中 **의**무이행소구설 : 의무이행 소구하여 승소판결 및 강제집행
2) 사법계약설 中 **항**변권발생설 [**통판**] : 사법상 의무 발생, 의무 불이행시 상대방에게 항변권 발생 → 항변하면 각하 ∵ 권리보호이익 ✕
3) **소**송계약설 : 법원이 직권 고려하여 소송종료선언

– **[判例]** 부제소합의 위반하여 제기된 소는 소의 이익 ✕ → 각하 [2011다80449]
[判例] 소취하합의 있다면 계속 소 유지할 법률상 이익 ✕ → 각하 [96후1743]
그러나 **[判例]** 조건부 소취하합의에서 조건 성취사실 없다면 소송을 계속 유지할 법률상 이익 O, 각하할 수 ✕ [2013다19571]
[判例2018] 항소취하합의 있었다면 항소이익 없으므로 항소취하서 제출되지 않았더라도 상대방이 이를 항변하면 항소각하 O → 그러나 항소심에서 교환적 변경 이뤄지면 더 이상 항소각하 ✕ ∵ 항소심 심판대상(제1심판결) 실효 [2017다21411]
[判例] 소취하합의에 기한 소취하청구의 소제기는 공법상 권리 처분 구하는 것이어서 부적법 [66다564] → 의무이행소구설 배척
[判例] 부제소합의 위배로 제기된 소는 권리보호이익 없고 신의칙에도 어긋나므로 부제소합의 위배는 직권조사사항 → 당사자가 부제소합의 쟁점으로 적법 여부 다투지 않는데도 법원이 직권 부적법 각하하려면 당사자 의견진술 기회 주고 충분히 심리해야 ∵ 재판청구권 포기라는 중대한 소송법상 효과 발생 [2011다80449]

正辯 : '직권조사사항', '소송법상 효과' 표현은 항변권발생설 일관성 해친다고 평가됨.
부제소특약 관련 쟁점 정리(판례) : ① 요건(처특예불), ② 명문 규정 없는 소송상 합의로서 법적 성질은 항변권발생설, ③ 직권조사사항, ④ 적극적 석명의무

3. 소송상 합의에 민법규정의 적용 가부

– 명문 규정 없는 부제소특약, 소취하계약에 대하여는 민법규정의 적용·유추적용을 긍정 O [통판] ∵ *私法*계약설

[判例2020] 소취하합의 의사표시도 민법 109조 법률행위 내용 중요부분 착오 있다면 착오 취소 O → 취소하려는 자가 법률행위 내용에 착오 있고 착오가 없었더라면 의사표시 않았을 것이라는 점을 증명해야 [2020다227523]

正辯 : 위 판결은 사안의 약정을 민법상 화해계약인 경우와 아닌 경우로 나눈 뒤, ① 민법상 화해계약인 경우, 민법상 화해계약은 창설적 효력 있으며 착오로 취소할 수 없으나(민법 733조) 목적 분쟁 이외의 사항(나툼 없는 사실)에 착오 있으면 취소할 수 있는데, 원심이 '근저당채무 대위변제로 인한 손해'는 다툼 없는 사항으로 착오로 취소할 수 있다고 판단한 것에 대하여, 이는 다툼인 분쟁의 대상 사항이므로 민법 733조에 의해 착오 이유로 취소할 수는 없다고 판시하였고, ② 민법상 화해계약이 아닌 경우, 민법 109조에 따라 착오로 취소하려면 착오 및 중요부분인 사실을 모두 취소하는 자가 주장·증명해야 하는데, 사안의 경우 이러한 주장·증명이 없었고 동기의 착오를 의사표시 내용으로 삼았다고 보기도 어렵다는 이유로, 결국 착오 취소를 부정한 사안임 → 그러나 소취하합의도 민법 109조 착오로 취소할 수 있다는 법리가 처음으로 설시되었음 → 사례에서 소취하합의가 나올 경우, ① 민법상 화해계약, ② 소취하계약, ③ 부제소특약의 쟁점에 모두 해당할 수 있음에 유의해야

[判例] 소취하 합의를 묵시적 합의해제 O → (소취하)계약 성립 후 당사자 쌍방의 계약실현의사의 결여·포기로 쌍방 모두 이행제공·최고 없이 장기간 방치한 경우 [93다28836, 2005후1202]

正辯 : 각각 소취하계약 이후 서로 이행·최고 없이 그대로 소송 유지하면서 항소심까지 이르는 등 1년 6개월이 지나서 주장한 사안, 환송 전 항소심에서 소취하합의 하고는 파기·환송 후에도 계속 응소하다가 재상고심에 이르러서야 거의 1년 만에 주장한 사안

[判例] 民 104조 위반 불공정한 법률행위와 함께 이뤄진 부제소특약 역시 무효

– 명문 규정 있는 소송상 합의는 소송행위이므로 하자불고려설[통판] (후술)

« 소송행위 »

1. 의의

- 소송행위 : 소송주체(법원, 당사자)의 소송에 관한 행위
  ⓐ 취효적 소송행위(소제기, 증거신청) : 재판을 통해 비로소 소송법상 효과 발생
  ⓑ 여효적 소송행위(자취포인화) : 재판 통하지 않고 직접적 소송법상 효과 발생
  正辯 : 소송상 합의도 소송행위에서 논하나, 살펴본바 명문의 규정이 없는 경우는 '私法행위'라는 것으로 판례가 확립되어 별도로 논하였음.

2. 소송행위의 철회

- ㉠ 비구속적 소송행위 : 철회 자유
  ex. 응소 전의 소제기, 증거조사개시 전의 증거신청, 자백 성립 전 단계의 주장
  → 구속력 없는 취효적 소송행위
  ㉡ 구속적 소송행위 : 철회 불가 (단, 상대방 동의 있으면 O)
  ex. 응소 후의 소제기, 증거조사개시 후의 증거신청, 재판상 자백
  → 구속력 있는 취효적 소송행위, 여효적 소송행위

3. 소송행위와 민법규정 유추적용 여부

- 구속적 소송행위에서만 논의 (철회 불가능하므로 민법규정 취소 실익)
  자백은 288조 단서(반진실착오) 명문규정 있으므로 따로 논의 ✕
  正辯 : 특히 자백은 절차종료적 행위가 아니어서 민법규정 유추하자는 견해 없음
- 소송행위(취하, 포기·인낙, 화해)에 민법규정 유추적용 가부
  1) 하자고려설(유추적용긍정설) : 소송절차 종료시키는 소송행위는 명확성·안정성과는 무관하므로 취소 허용하자는 견해
  2) 하자불고려설(유추적용부정설)[**통판**] : 소송행위에는 명확성·안정성이 요구되고 표시주의·외관주의 관철 필요
  [判例] 소송위임행위는 소송 전 소송행위라 해도 강박 이유로 취소 ✕ [96다35484]
- 포기·인낙 → 소송행위이므로 준재심 의해서만 효력 다툴 수 있고 민법 유추 ✕

– 화해 → 소송행위설(무제한기판력설, 후술)이므로 준재심만 가능, 민법 유추 ✕

– 취하 → 소송행위이므로 민법 유추 ✕, 다만 재심사유에 준하는 사유가 존재한다면 (사기, 강박) 취하의 효력 부인 ○

[判例] 원고가 착오로 소취하 했더라도 무효 ✕ ∵ 소송행위는 내심의 의사보다는 표시를 기준으로 효력 판단 [80다3251]

[判例] 다만 소송행위에 사기·강박 같은 형사상 처벌 받을 타인 행위라는 재심사유 있다면 취하에 451조 1항 5호를 유추 ○, 취하의 효력 부인 ○ → 그러나 사기·강박으로 이뤄졌더라도 "타인 행위에 대하여 유죄판결 확정되고 소송행위가 부합되는 의사 없이 외형적으로만 존재할 때에 한하여 유추 ○" [82다카963]

[判例] 원고들 일부의 소 취하를 해야 하는데 소송대리인의 사무원이 착오로 원고들 전원의 소를 취하 → 취하 무효 아님, 철회 불가 ∵ 소송행위는 표시주의, 사무원은 소송대리인의 표시기관 [97다6124]

제3절 변론의 준비

제5절 변론의 실시

« 변론의 준비, 변론의 실시 »

1. 변론준비절차

- 재판장은 특별한 사정이 있다면 변론기일 연 뒤에도 변론준비절차에 부칠 수 O (**제279조 제2항**)
- 합의사건의 경우 재판장은 합의부원을 수명법관으로 지정하여 변론준비절차를 담당하게 할 수 O (**제280조 제3항**)
- 변론준비절차를 진행하는 재판장 등은 필요한 경우 증거결정 O (**제281조 제1항**)
- 변론준비기일 종결의 효과(**제285조**, 실권효) : 변론준비기일에 제출하지 않은 공방은 변론에서 제출 불가 → 예외 : 소송 현저히 지연시키지 않는 경우, 중대한 과실 없는 경우, 직권조사사항인 경우(**제1항**) / 소장이나 변론준비절차 전 제출 준비서면에 적힌 사항은 변론준비기일에 제출하지 않았더라도 변론에서 주장 O (**제3항**)
- 제1심의 변론준비절차는 항소심에서도 효력 O (**제410조**)

2. 준비서면 제출 또는 不제출의 효과

- **준비서면 不제출의 효과** : ① **무**변론 패소판결 위험(**제257조 제1항**), ② **예**고 없는 사실의 주장금지(**제276조**, 상대방 불출석인 경우, 변론준비기일에 준용되지 × → 변론준비기일에서는 예고 없이 주장 可), ③ 소송**비**용 부담(**제100조**), ④ 변론준비절차 **종**결(**제284조 제1항 제2호**)
- **준비서면 제출의 효과** : ① **자**백간주(**제150조 제3항 및 제1항**, 상대방에게 생기는 효과), ② **진**술간주(**제148조 제1항**, 제출자에게 생기는 효과), ③ **실**권효 배제(**제285조 제3항**), ④ 소취하·피고경정에 **동**의가 필요(**제266조 제2항, 제260조 제1항**), ⑤ **예**고하였으므로 상대방 불출석해도 주장 가능(**제276조**)

3. 변론의 정리(**제141조**), 재개(**제142조**)

– 변론의 제한 / 분리 / 병합

[判例] 통상의 민사사건과 가처분 이의사건은 변론병합 ✕ ∵ 다른 종류 소송절차 [2001다23225]

– 변론의 재개

[判例2018] 변론종결 후 당사자가 주장·증명 제출 위하여 변론재개신청 한 경우 받아들일지 여부는 법원 재량 → 그러나 당사자가 변론종결 전에 책임 없는 사유로 주장·증명 제출 기회를 제대로 갖지 못했고 그 주장·증명 대상이 판결 결과 좌우할 주요한 요증사실인 예외적인 경우에는 법원은 변론을 재개하고 심리 속행할 의무 ○ ∵ 민사소송법 절차적 정의 [2012후436, 2017후2819]

4. 변론소서

– 형식적 기재사항(**제153조**) : 재판장·법원사무관등 기명날인·서명

– 실질적 기재사항(**제154조**) : 변론 요지 기재, 특히 '화해, 포기·인낙, 취하, 자백, 증인·감정인의 선서·진술, 검증결과, 선고'는 분명히 하여야

– 조서기재의 생략(**제155조**) : 조서에 적을 사항은 대법원규칙이 정하는 바에 따라 생략 가능 → 단, 당사자 이의 있는 경우, 변론방식 규정 준수, 화해, 포기·인낙, 취하, 자백에 관해서는 조서기재 생략 불가능

– 증명력(**제158조**) : 변론 '방식'이 규정 준수된 것은 조서로만 증명 ○, 다만 조서가 없어지면 다른 증거로 증명 가능

제6절 기일·기간 및 송달

불출석(= 결석, 기일의 해태)

1. 의의

- 불출석 : '적법한' 기일통지 받고 필수적 변론기일에 불출석 *or* 출석·무변론
  [判例] 양쪽 불출석 취하간주의 불출석은 '적법한' 절차 송달 받고도 출석 않는 것 → 송달장소 알 수 없는 경우 아님 명백함에도 재판장이 공시송달 명한 경우라면 공시송달 유효하나 적법 ✕ → 양쪽 불출석 효과 발생 ✕ [96므1380]
  [判例] 지정된 변론기일에 당사자 호명하였다면 변론조서에 '연기'라는 기재 있어도 불출석 ○ [81다791]
  [判例] 268조 불출석 불이익 주려면 당사자 본인 및 소송대리인 모두 불출석해야 → 변론조서에 '소송대리인 불출석'만 기재된 것은 불출석 증명 ✕ [78다153]
  [判例] 법원이 증인신문 위해 속행 변론기일 지정·고지하면, 법정 외 증인조사가 아닌 이상, 고지된 기일은 변론기일로서 2회 불출석 등의 경우 쌍불취하간주 ○ [65다2296]
  正辯 : 법정 외 증거조사기일은 쌍불취하간주에서의 '기일'이 아님
- 한쪽 불출석 → 진술간주, 자백간주 / 양쪽 불출석 → 취하간주

2. 양쪽 불출석(제268조, 제286조)

- 요건
  ① 2회 불출석
  총 2회의 불출석은 연속은 불요
  1회 불출석시 재판장은 반드시 기일지정 해야
  2회 불출석시 통상 변론종결·기일지정 없이 사실상 휴지 상태로
  (그러나 재판장이 기일지정 해도 무방함)
  [判例] 2회 쌍불의 경우 법원이 변론종결 및 신기일 지정 없이 기일 종료한 경우 소취하 요건 갖추게 되나, 법원이 두 번째 불출석 기일에 직권으로 신기일 지정한 때는 당사자 기일지정신청 의한 기일지정 있는 경우와 동일해짐 [93다56442]

② 1월 내 기일지정신청 없거나 / 다시 1회 불출석(= 총 3회 불출석)

[判例] 1월은 불변기간 ✕ → 추후보완 ✕ [92마175]

2회나 3회 불출석은 같은 심급 및 같은 종류 기일일 것 → 환송 전 ≠ 환송 후, 변론준비기일 ≠ 변론기일 → 즉, 승계 ✕, 합산 ✕

[判例] 양쪽이 변론준비기일에 1회, 변론기일에 2회 불출석인 경우 소취하간주 ✕ ∵ 변론준비기일은 직접주의·공개주의 후퇴하여 변론기일과 일체성 ✕, 취하간주는 당사자에게 불리한 제도 → 변론준비기일 불출석의 효과는 변론기일에 승계 ✕ [2004다69581] → 총 2회 불출석이므로 법원은 기일지정신청 기다렸어야

– 효과 : 소 취하간주

상소심에서의 양쪽 불출석의 효과 : 상소취하 간주(**제268조 제4항**) → 판결이 확정되는 효과 있으므로 소취하 간주보다 더욱 불리함

– **[判例2019]** 항소취하 간주(268조 4항)의 효력을 다투려면 '기일지정신청'을 하여야(규칙 67조, 68조), 상고는 ✕ ∵ 항소취하간주는 법률 의해 당연히 발생하는 효과일 뿐 법원의 재판 ✕, 상고의 대상인 종국판결 ✕ [2018다259541]

3. 한쪽 불출석(**제148조, 제150조 제3항, 제286조**)

– ① **진술간주**(**제148조, 제286조**) : 제출 + 불출석 → 제출한 서면에 적힌 사항 진술로 간주(**제1항**) → 적힌 내용에 따라 재판상자백/ 자백간주/ 다툼

서면에 의한 포기·인낙간주(**제2항**), 화해간주제도(**제3항**) : 공증을 요함

단, 변론관할은 출석하여 현실적 변론할 것 요하므로 진술간주로는 ✕

[判例] 변론기일에 한쪽 불출석한 경우 변론 진행이나 기일 연기냐는 법원 재량 ○ → 출석 당사자로 변론 진행한다면 반드시 불출석 당사자 제출 서면에 적힌 사항을 진술간주 해야 [2008다2890]

[判例] 서증은 법원 외 조사(269조) 이외에는 당사자가 변론기일·준비절차기일에 출석하여 현실적으로 제출해야 → 서증이 첨부된 준비서면 등이 진술되어도 서증 제출한 것은 ✕, 판단의 기초 ✕ [91다15775]

正辯 : 진술간주는 '주장'에 관한 것이지 '증거'에 관한 것이 아님

– ② **자백간주**(**제150조 제3항, 제286조**) : 부제출 + 불출석

다만, 공시송달에 의한 기일통지였다면 ✕ (**제3항 단서**)

ex. A는 준비서면 제출 및 출석, B는 준비서면 不제출 및 不출석 → 출석한 A는 예고했으므로 B가 불출석했음에도 준비서면에 적힌 사실 주장 가능 ○(276조), B는 자백간주(150조 3항)

« 기일, 기간 »

1. 기일

- **기일의 지정(제165조 제1항)**
  기일 지정은 직권으로(원칙) 또는 신청에 의해 재판장이 지정, 수명법관·수탁판사가 신문·심문할 경우는 그들이 지정(**제1항**)
  첫 변론(준비)기일의 변경은 현저한 사유 없어도 당사자들이 합의하면 허가(**제2항**)

- **기일지정신청**(예외적)
  ① 소송종료효를 다투는 방법으로(**규칙 제67조, 제68조, 제128조, 제135조**)
  → 가령 취하가 무효라고 주장할 경우, 구제수단은 기일지정신청
  규칙 제67조 : 소의 취하 부존재·무효 주장하는 당사자는 기일지정신청(**제1항**) → 변론 열어 심리해야(**제2항**) → 이유 없으면 소송종료선언 판결, 이유 있으면 필요한 절차 속행하고 중간·종국판결에 판단 표시해야(**제3항**)
  ② 2회 양쪽 불출석 후 취하간주 저지 방법으로

2. 기간

- 법정기간 : 법률이 정한 기간 → 통상기간 / 불변기간
  재정기간 : 재판기관이 재판으로 정한 기간

- **불변기간** : 통상기간이 아닌 기간으로서 법에서 '불변기간'으로 규정한 경우
  늘이거나 줄일 수 ✕(**제172조 제1항 단서**), 다만 주소 멀다면 부가기간 ○(**제2항**)
  부가기간은 개념상 불변기간이 경과하기 전에 정하여야 [통]
  불변기간의 준수 여부는 직권조사사항
  불변기간의 예시 → 상소기간(2주), 항고기간(1주), 재심기간(30일), 제소전 화해에 소제기신청기간(2주), 이의신청기간(2주, 화해권고결정·이행권고결정·지급명령·조정갈음결정)
  불변기간 아닌 것 : 상고이유서제출기간 ✕, 기일지정신청기간 ✕, 추후보완기간 ✕, 재심기간(5년) ✕

3. 소송행위의 추후보완(제173조)

– 요건

① 당사자가 **책**임질 수 없는 사유로

② **불**변기간을 지킬 수 없었던 경우

③ 사유가 없어진 날로부터 **2**주 안에(외국에 있는 당사자 30일)

– **당사자가 책임질 수 없는 사유**

[判例] '책임질 수 없는 사유'란 일반적 주의의무를 의미함 [2009다44679]

[判例] '당사자'에는 소송대리인, 대리인의 보조인 포함 [99다9622]

[判例] 소송대리인(사무보조원 포함)이 판결정본 송달받고도 당사자에게 알려 주지 않아 상고제기기간 경과한 경우는 '책임질 수 없는 사유' ✕ [84다카744]

[判例] 주소이전신고 안했다면 ✕ [90다카21206]

[判例] 배달지연 ✕ [91다34509]

[判例] 이사하며 송달장소변경신고를 했는데 법원이 이전 주소지로 보내거나 우편집배원의 잘못이라면 책임질 수 없는 사유 O [2002다67628]

[判例] 무권대리인이 송달받은 경우 O [94다55774]

[判例] 처음 소장부본부터 공시송달이면 O [2005다27195]

[判例] 소송진행 도중에 공시송달로 된 경우에는 ✕ ∵ 당사자로서 소송진행상황을 조사할 의무 有 [2012다44730]

[判例] 항소장부본 및 변론기일소환장이 공시송달된 경우 O ∵ 항소제기 사실을 몰랐으므로 → 추완상고 O, 425조 1항 4호 대리권 흠결 유추 [95다21365]

[判例2015] 조정신청사건에서 조정 불성립으로 사건 종결되고 민사조정법에 의해 조정이 소송으로 이행된 경우에는 주소변경신고 하지 않았더라도 O ∵ 소송 진행 상황 조사의무 없음 [2015다213322]

[判例2022] 소송계속 중 수감된 당사자에 대해 법원이 판결정본을 182조에 따라 교도소장 등에게 송달하지 않고 당사자 주소 등에 '공시송달' → 공시송달 요건 하자 O, 그러나 재판장 명령에 따른 공시송달이므로 송달 유효 → 수감된 당사자는 185조 송달장소 변경 신고의무 ✕ → 요건 갖추지 못한 공시송달로 상소기간 못 지킨 경우로서 추완항소 O [2019다220618]

[判例2021] 소장부본·판결정본 공시송달되면 특별한 사정 없는 한 피고 과실 없이 알지 못한 것 O → '특별한 사정'이란 피고가 "소송 회피 혹은 곤란하게 할 목적으로 의도적으로 송달받지 않거나 소 제기 사실 알고 주소신고 하고는 송달 서류가 송달불능 되도록 장기간 방치"하는 등의 사정 → 제1심법원이 이미 소장부본·

변론기일통지서를 공시송달 한 후 피고에게 전화하여 '소장부본을 피고 주소지로 송달하겠다.' 고지하며 변론기일·장소 알려줌 → 피고 불출석 상태에서 소송절차 진행, 원고 승소판결 선고, 판결정본 피고에게 공시송달 → 피고는 판결정본 발급받은 날에야 비로소 판결 공시송달 사실 안 것, 소송 회피나 곤란케 할 목적으로 의도적 송달받지 않은 특별한 사정 ×, 전화 연락했다고 하여 피고에게 책임있는 것은 ×, 추완항소 적법 ○ [2021다228745]

- 사유가 없어진 날로부터 2주 안에(외국에 있는 당사자 30일)
  '사유가 없어진 날' : 천재지변 등이 종료한 날
  [判例] 공시송달로 진행된 경우 '사유가 없어진 날'은 당사자나 소송대리인이 단순히 판결이 있었던 사실을 안 때 × → "그 판결이 공시송달 방법으로 송달된 사실을 안 때" ○ [94다24299]
  [判例2021] '사유 없어진 날'로서 판결이 공시송달 된 사실 안 때는 통상 당사자·소송대리인이 사건기록 열람하거나 새로이 판결정본 영수한 때 ○ → 다만 피고가 판결 사실 알았고 사회통념상 '판결 경위 당연히 알아볼 만한 특별한 사정' 있었다면 그 경위 알아보는 통상적 소요 시간 경과한 때 ○
  특별한 사정 ○ : 다른 소송 재판절차에서 송달받은 준비서면 등에 당해 사건 1심 판결문과 확정증명원 등이 첨부된 경우 ○, 1심판결 알게 된 후 대처방안에 관해 변호사 상담하거나 추완항소에 필요한 해외거주증명서 등 발급받은 경우 ○
  그러나 유체동산 압류집행 당한 사정만으로는 ×, 채권추심회사와 통화 과정에서 사건번호 특정 않고 단지 '판결문에 기해 채권추심 할 것'이라는 말 들은 경우 ×, 제3채무자로부터 '법원 요청으로 계좌 압류되었다'는 내용과 압류·추심명령의 사건번호·채권자 기재된 문자 받은 것만으로는 × [2020다46601]
  [判例] 사건기록이나 경매기록 열람할 때는 통상 공시송달 방법으로 판결 송달된 사실을 안 날 ○ → 그러나 피고 주소가 아닌 곳 송달로 자백간주판결 선고되고 '판결정본'만 공시송달된 경우는 판결정본 영수하거나 기록열람 하여도 × ∵ 판결문에 공시송달 진행 사실 기재 無 [2007다41560]

- 효과 : 추후보완신청에 집행정지효력 × → 별도 집행정지결정 필요
  불변기간의 도과로 이미 판결에 기판력·집행력은 형식적으로 발생한 상태
  [判例] 확정판결에 대한 추완항소 제기 있더라도 추완항소로 판결 취소될 때까지는 확정판결 효력 배제되지 않으므로 위 확정판결에 기해 경료된 소유권이전등기가 미확정 판결로 원인무효로 되지는 × [76다2400]

- **재판** : **[判例]** 추후보완항소도 일반 항소심과 같으므로 원고·피고는 형식적으로 확정된 제1심판결에도 불구하고 실기공방이 아닌 이상 자유로이 공방 O, 피고도 상대방 심급 이익 해할 우려 없거나 동의 있으면 반소 제기 O [2010다75044]

  正辯 : 추완항소의 대상인 판결은 "형식적 확정"된 판결 → '확정'되어 기판력 발생하고 재심으로 불복하는데, 추완'항소'를 하면 항소심 진행되므로 '형식적'인 확정이라 표현

  [判例] 제1, 2심에서 모든 서류가 공시송달이고 1심 일부인용, 2심 추가 일부인용 → 피고는 1심판결 중 패소 부분에 추후보완 항소 O, 2심판결 중 패소 부분에 상고나 추후보완 상고 O → 추후보완 항소의 2심은 1심판결 중 피고 패소 부분 심리한 후 추가판결 → 2심이 추후보완 항소 부분 심리 않는 동안 피고의 상고로 파기환송 된 경우, 환송 후 원심으로서는 위 추후보완 항소 부분 및 파기환송 된 부분을 함께 심리하여 하나의 판결 선고 [2010다98948]

  正辯 : 사안은 피고가 2심 판결 공시송달 사정을 상고기간 만료 전에 알게 되어 1심판결에는 추후보완항소를, 2심판결에는 일반 상고를 제기한 사안임

- **재심과의 관계**

  ㉠ 단순한 공시송달 → **제3호** 유추 *or* 추후보완상소

  ㉡ 편취판결에 의한 공시송달 → **제11호** *or* 추후보완상소

  → 여기서 재심기간(안 날 30일, 확정판결 5년), 추후보완상소기간(사유 없어진 날 2주)은 전혀 별개 개념

  [判例] 소장 부본부터 공시송달 되어 피고가 귀책사유 없이 소제기 사실조차 모르는 상태에서 피고 출석 없이 제1, 2심 진행 → 4호 유추적용 절대적 상고이유 O ∵ 주장·증거 제출 기회 상실로 당사자 절차적 권리 침해, 적법하게 대리되지 않은 경우와 마찬가지 [2010다98948]

  正辯 : 앞서 본 사안으로서 통상의 상고로 4호 유추적용 됨(재심이었다면 3호 유추적용)

  [判例] 상대방 주소를 알면서 소재불명·거짓주소로 소를 제기 한 탓에 공시송달로 판결정본 송달된 경우, 451조 1항 11호 재심 또는 173조 추완상소 제기 O → 추완상소기간이 도과했더라도 재심기간 내라면 재심의 소 제기 O ∵ 추완상소와 재심은 독립된 별개 제도, 각 선택한 제도의 기간 내 제기하면 충분, 451조 1항 단서의 재심 보충성 규정은 '상소 제기할 수 있는 시기'에 재심사유 존재 안 경우 상소로 주장하게 하려는 취지일 뿐 [2011다73540]

∝ 송달 ∝

1. 송달기관

– 송달담당기관 : 법원사무관 등(**제175조**)
송달실시기관 : 집행관·우편집배원(**제176조**)

2. 송달 받을 사람

– 송달받을 사람 : 소송서류 명의인, 법정대리인·대표자(**제179조, 제64조**), 소송대리인
[判例] 소송대리인이 있는 경우 당사자 본인에 송달해도 유효 ○ [70마325]
공동대리인에게 할 송달은 그 중 1인에게 ○(**제180조**) / 그러나 여러 명의 대리인이 '개별대리'라면('소송대리인'의 경우는 개별대리가 원칙 **제93조 제1항**) 모두에게 송달하여야(180조 ×, 다만 항소기간은 최초 소송대리인 1인 송달시부터 진행)

3. 송달실시의 방법

① **교부송달(제178조)** – 등본·부본을 교부(원본 ×)

㉠ **송달할 장소(제183조)**

ⓐ **주소 등(제1항)** : 주소·거소, 영업소·사무소에서 / 다만 법정대리인·법인대표에게 할 경우는 본인의 영업소·사무소에서도 ○(**단서**)
[判例] 183조 1항의 '영업소·사무소'는 송달받을 사람 자신이 경영하는 곳이어야, 송달받을 사람의 근무장소는 ×(2항 참조), 송달받을 사람이 경영해도 그와 별도의 법인격 가지는 회사의 사무실은 근무장소일 뿐 위 영업소·사무소 × [2004마535]
[判例] 법인에 대한 송달은 대표자에게 송달해야 → 대표자의 주소·거소에 송달 원칙, 법인의 영업소·사무소에도 가능 → 소장 기재된 법인 주소지로 발송했으나 이사불명으로 송달불능 된 경우는 법인등기부등본의 대표자 주소지로 송달 시도하고 안 될 때 주소 보정명령 내려야 → 대표자 주소지 시도 없이 바로 보정명령 내리고 불응을 이유로 한 소장각하명령은 위법 [97마600]
[判例] 법인에 대한 송달은 본점 소재지에서 대표이사가 수령하는 방식으로 ○ → 불능이면 법인등기부 등 조사하여 이전 여부뿐 아니라 대표이사의 주소지 등을 확인하여 송달 실시해보고 그것도 불가능한 때에 비로소 공시송달 [91누12813]

ⓑ **근무장소(제2항)** : 주소 등을 알지 못하거나 송달 불가일 때 송달수령자가 고용·위임 등 취업하고 있는 다른 사람[=사용자]의 주소 등에서

[判例] 근무장소 송달은 주소 등을 알지 못하는 경우에 가능하므로 주소 등에 대한 송달 시도 없이 근무장소 송달은 위법 [2004마535]

[判例2015] 근무장소는 현실적·지속적 근무장소일 것 → 다른 주된 직업을 가진 회사의 비상근이사·감사, 사외이사의 경우 회사는 근무장소 ✕ [2012다16063]

ⓛ **보충송달(제186조 제1, 2항)** → 송달장소에서 받을 사람 못 만났을 때 대리송달

ⓐ **근무장소 외 송달장소(제1항)** : **사**무원·**피**용자·**동**거인 + 사리분별능력

ⓑ **근무장소(제2항)** : **사**용자, (**사**'s) **법**정대리인·**피**용자 + 사리분별능력 + 거부하지 않을 것(즉, 거부권 있음)

[判例2018] 보충송달은 송달장소에서만 허용 → 송달장소가 아닌 곳에서는 사무원·피용자·동거인 만났고 그가 거부하지 않더라도 보충송달 부적법 [2018무513]

[判例] 사리분별능력은 송달 취지 이해하고 영수한 서류를 송달받을 자에게 교부할 것을 기대할 정도의 능력 [2005마1039]

正辯 : 판례는 만 8세(초등학교 2학년)의 경우 인정한 사례와 부정한 사례가 있음

[判例] 동거인은 동일 세대에 속하여 생계를 같이 해야, 법률상 친족관계는 불요 → 이혼한 처 ○, 임대인·임차인 ✕ [83모53]

[判例2016] 본인과 수령대리인 사이 당해 소송에 관하여 이해가 대립·상반된다면 보충송달 ✕ ∵ 본인에게 전달 합리적 기대 ✕, 쌍방대리금지 위반 [2014다54366]

正辯 : 임금채권에 대한 압류·추심명령, 추심금청구 소장부본, 판결정본을 모두 제3채무자인 회사 대신 채무자가 회사의 '사무원'으로서 송달받고 대표이사에게 전달하지 않은 사안

① 대표이사가 기록 열람하여 알게 된 후 2주 내 추완항소장 제출 → 통상의 항소 적법 ∵ 판결정본의 보충송달이 부적법·무효로서 항소기간 진행 않으므로 피고 책임질 수 없는 사유 여부나 열람 후 2주 경과 여부 상관없이 항소 적법 ○

② 항소심 판단 : 채권 압류·추심명령의 제3채무자 송달도 보충송달 부적법하여 압류·추심명령은 무효 → 원고는 추심금청고 소 제기할 권능 ×, 당사자적격 × → 추심금청구 '각하'되어야 (실제 사안의 항소심은 본안의 문제로 보고 기각 판결 하였다가 상고심에서 파기됨)

[判例2021] 보충송달은 수령대행인의 지능·지위·관계 등에 비추어 사회통념상 본인에게 소송서류 전달할 것이란 합리적 기대 전제로 → 소송당사자 허락 등 특별한 사정 없는 한, 동일한 수령대행인이 소송당사자 쌍방 소송서류 송달받는 보충송달은 무효 ∵ 원고·피고 중 1명과도 이해관계 상충 없이 중립적 지위 있기 어려워 쌍방 모두에게 소송서류가 제대로 전달될 것 합리적 기대 ✕, 민법 124조 쌍방대리금지 원칙 [2020므11658]

[判例] 아파트 경비원이 관례적으로 등기우편물 수령하여 거주자에게 전달해왔다면 수령권한 묵시적 위임 O [2000두1164]

[判例] 사무원 신분 없는 자가 받았으나 전전하여 사무원에게 전달되었으면 O [78다2269]

[大判全合2021] 186조 1항·2항 보충송달도 교부송달처럼 외국법원 확정재판 국내 승인·집행 요건인 217조 1항 2호 '적법한 송달'에 해당 O ∵ 보충송달은 공시송달(217조 1항 2호가 제외함)과 다름, 외국재판 보충송달도 방어 필요한 시간적 여유 두고 적법하게 이뤄졌다면 적법한 송달 O → 판례변경 [2017다257746]

正辯 : 기존 판례(92다2585, 2008다65815 판결)는 '특정사건의 쟁점에 대한 법령 해석·적용 관한 대법원의 판단'이 아니어서 '판례'가 아니므로 판례 변경은 불필요하다는 의견이 있었음

ⓒ **유치송달(제186조 제3항)**

송달받을 사람이 정당한 사유 없이 받기를 거부하는 때 송달 장소에 서류를 놓아두는 방식 → 본인뿐 아니라 사·피·동의 거부시에도 유치송달 O

그러나 근무장소 + 보충송달 → 유치송달 × ∵ 사·법·피는 거부할 권한 有

② **우편송달**(=발송송달) → '발송시'에 송달 간주, 당사자 고의적 지연 방지

㉠ 보충송달·유치송달도 불가능한 경우(**제187조**), ㉡ 당사자 등이 송달장소변경신고 의무 불이행하여 송달장소 알 수 없는 경우(**제185조 제2항**)

→ 위 2가지 경우에 한하여, 대법원 규칙이 정하는 '등기우편' 방식에 의해 발송하고(**규칙 제51조**), 이때는 발송한 때 송달된 것으로 간주(**제189조**, 발신주의)

전체 가족 부재상황, 장기 폐문 부재 O

[判例] 단순한 장기 출타라도 동거자 있다면 우편송달 × ∵ 보충·유치송달 가능

[判例2018] 185조 2항 '달리 송달할 장소를 알 수 없는 경우'는 주소보정 명하거나 직권으로 주민등록표 조사할 필요까지는 없지만, 적어도 기록에 현출된 자료로 송달할 장소 알 수 없는 경우에 한하여 등기우편 의한 발송송달 O ∵ 185조 1항(송달장소 변경시 신고의무), 민소규칙 51조 [2017다53623]

[判例] 우편송달 중 187조는 '송달하여야 할 장소'는 밝혀져 있으나 교부·보충·유치송달이 모두 불능할 경우에 실시 → 여기서 '송달하여야 할 장소'는 생활근거지로서 소송서류 받아 볼 가능성 있는 적법한 송달장소를 의미 → 생활근거지가 아닌 곳에 이뤄진 우편송달은 무효

우편송달 중 185조 2항은 송달장소를 변경했음에도 송달장소변경신고를 하지 않은 당사자에 대해 달리 송달할 장소 알 수 없는 때 한하여 종전에 송달받던 장소에 실시하는 것 → 당사자가 변경신고를 했으나 그 변경된 송달장소에서 송달 불능이 되는 경우에도 실시 가능 [2001다30025]

[判例2022] 185조 2항은 1항의 신고를 하지 않은 경우 혹은 신고했는데 그곳에 송달불능인 경우에 종전 송달받던 장소로 발송송달 ○ → 당사자 신고한 적 있더라도 그 장소에 송달된 적이 없다면 '종전 송달받던 장소' ×, '송달장소 알 수 없는 경우'란 적어도 기록에 현출된 자료로 알 수 없어야

187조는 적법하게 송달을 할 장소는 밝혀져 있으나 186조 보충송달·유치송달 불가한 경우에 각 발송송달 ○ → '송달해야 할 장소'란 실제 송달받을 자의 생활근거지인 주소 등 그가 소송서류 받아볼 가능성 있는 적법한 송달장소 [2020다216462]

正辯 : 소장에 주소를 A로 기재했으나 소 제기 단계부터 선임된 소송대리인에게만 송달해옴 → 원고 1심 전부패소 후 원고 소송대리인이 항소장에 주소를 A로 기재, 원고는 항소심 소송대리인 선임 × → 항소심은 원고에 대한 1·2차 변론기일통지서 등 소송서류를 주소지 A로 송달했으나 모두 수취인불명으로 송달불능되자 모두 발송송달(당시 1심 원고 제출 증거인 합의서·주민등록등본 등에는 원고 주소가 각 B, C로 기재되어 있었음) → 원고가 1·2차 변론기일 모두 불출석, 피고는 출석·무변론 → 원고는 2차 변론기일로부터 1개월이 경과하여 기일지정신청서 제출 → 변론기일통지서 발송송달 적법함을 전제로 항소취하 간주하며 소송종료선언하면 위법 ∵ 원고에게 송달된 적 없는 장소인데다가 송달장소 알 수 없는 경우도 아니어서 185조 2항 ×, 소송서류 받아볼 가능성 있는 생활근거지 아니므로 187조 ×

[判例2021] 교도소·구치소·유치장에 체포·구속·유치된 사람에게 할 송달은 교도소 등의 장에게 해야(**제182조**) → 설령 법원이 수감 사실을 몰랐거나 수감된 당사자가 송달 대상 서류 내용을 알았더라도, 수감된 당사자의 종전 주소·거소에 송달한 것은 부적법·무효 → 수감된 당사자에 대해 185조·187조에 따라 종전에 송달받던 장소로 발송송달 × [2021다53]

正辯 : 항소심 계속 중 원고 甲이 구속되어 구치소 수감되었으나 법원에 알리거나 수감된 장소 신고 × → 법원이 甲에 대해 종전 송달장소에 등기우편 발송송달로 변론재개기일통지서 송달 → 甲의 수감사실·수감장소 신고 여부나 지정된 변론기일 인식 여부 무관하게 송달 부적법

[判例] 우편송달은 당해 서류에 한하며 그에 이은 별개 서류는 따로 요건 구비해야 우편송달 가능 [89마939] → 우편송달의 일회성

③ **송달함송달(제188조)** : 법원 안 mail box → 3일 지나면 송달 간주

④ **전자송달**(민사소송 등에서의 전자문서 이용 등에 관한 법률)

송달할 전자문서를 전산정보처리시스템에 등재하고 송달받을 사람에게 전자적으로 통지하는 방법

등재된 전자문서를 확인하는 때에 송달된 것 → 등재사실을 통지한 날로부터 1주 이내에 확인하지 않으면 1주가 지난 날에 송달된 것 간주

ex. 제1심 판결정본 2019. 5. 4. 등재 → 2019. 5. 11. 24시에 송달된 것 → 항소기간은 5. 12. 0시부터 진행하므로 5. 25. 24시에 만료

⑤ 공시송달

- 당사자 주소 등이나 근무장소 알 수 없는 경우 등(외국에서 할 송달에서 촉탁송달이 어려운 경우 : 외국 주재 대사 등에 191조의 촉탁이 어렵거나 효력이 없는 경우 등) 통상의 송달방법이 불가능할 때 하는 송달(**제194조**)
  조정갈음결정·화해권고결정 정본은 공시송달 ✕, 발송송달 ✕ → 다른 방법 송달이 불가하면 조정갈음결정·화해권고결정 자체 취소함(민사조정규칙·민사소송규칙)
- 절차(**제194조**) : '법원사무관 등'이 직권·신청에 따라 실시(**제1항**)
  신청은 송달받을 사람의 행방을 알 수 없다는 사유 소명하여야(**제2항**)
  '재판장'은 공시송달사유 있음에도 법원사무관 등이 하지 않는 경우 소송 지연을 피하기 위해 공시송달명령(**제3항**), 직권·신청으로 공시송달처분 취소(**제5항**)
  소권·항소권 남용하여 이유 없음 명백한 소제기 반복 → 법원이 무변론 소각하판결하면서 '재판장' 직권으로 피고에 공시송달명령 ○(**제4항** 신설, 2023. 10. 19. 시행)
- 효력(**제196조**) : 첫 공시송달은 실시일로부터 2주(외국거주자는 2월), 그 뒤는 실시 다음날 0시부터 효력 ○ → 불변기간은 ✕, 늘릴 수 ○, 다만 줄일 수는 ✕(**제3항**)
- '공시송달 요건'에 하자 있더라도 '재판장 명령'인 이상 '송달' 자체는 유효 [**통판**] → 다만 법 개정으로 공시송달은 법원사무관 처분(원칙)이어서 위 법리 유지 여부 알 수 없음 → 그러나 개정 이후에도 재판장 명령(예외)으로 했다면 법리 유지
  [判例2022] 소송계속 중 수감된 당사자에 대해 법원이 판결정본을 182조에 따라 교도소장 등에게 송달하지 않고 당사자 주소 등에 '공시송달' → 공시송달 요건 하자 ○, 그러나 재판장 명령에 따른 공시송달이므로 송달 유효 → 수감된 당사자는 185조 송달장소 변경 신고의무 ✕ → 요건 갖추지 못한 공시송달로 상소기간 못 지킨 경우로서 추완항소 ○ [2019다220618]
- 이와 달리 공시송달에서 '송달' 일반적 무효사유 있다면 송달 무효
  [判例] 피고가 변론종결 후 사망한 상태에서 판결 선고(247조 1항) → 사망자에 대한 판결정본의 공시송달은 무효 → 상속인이 소송절차 수계하여 판결정본 송달받기 전까지는 항소제기기간 진행 ✕ [2007다52997]
  [判例] 법인에 대한 송달은 대표자에게 하여야(**제64조, 제179조**) → 법인의 대표자가 사망하고 대표자 정해지지 않은 상태에서는 법인에 대하여 송달할 수 없으므로 공시송달도 무효 [91다9985]

4. 송달의 하자와 치유

– **송달 부적법 · 무효 사유**

ⓐ 송달받을 사람 이미 사망하였음에도 사망한 사람이 수령한 것으로

ⓑ 수령권자 아닌 사람에게 송달

ⓒ 송달장소 아닌 곳에서 송달 (*ex.* 동거인이 대문 안내스티커를 보고 우체국에 찾아가 수령한 경우 보충송달 ✕, 송달 무효 ∵ 우체국은 송달장소 아니므로)

ⓓ 보충·유치송달 해보지 않고 곧바로 우편송달

→ 그러나 위 경우도 송달받을 자가 추인, 이의권 상실·포기(강행규정인 판결정본 송달만 제외)되면 하자 치유로 송달 유효하게 됨

[判例] 송달은 183조 1항 송달받을 자의 주소 등 '송달장소'에서 → 송달받을 자 못 만난 경우 사무원 등에게 보충송달 O → 그러나 보충송달은 규정상 '송달장소'에서 해야 허용 O, 송달장소 아닌 곳에서 사무원 등을 만났고 그가 거부하지 않는다고 하여 그 곳에서 교부하면 보충송달 부적법 [2001마3790]

正辯 : 주소보정명령 등본을 송달받을 자의 동거인이 송달장소 아닌 우체국 창구에서 교부받았다면 부적법한 보충송달 → 기간 내 주소보정 하지 않았다며 항소장 각하명령 내리면 위법

[判例] 사망자에 대한 송달은 위법·무효, 다만 상속인이 현실 수령했다면 하자 치유 → 압류·전부명령 정본이 이미 사망한 제3채무자에 송달되어 그 상속인이 현실적 수령했다면 상속인에 대한 송달로 유효 O, 즉시항고기간 진행 O [95다15667]

正辯 : 압류·전부명령 등을 이미 사망한 자를 '채무자'로 하여 신청한 경우에는 그 자체로 무효임

– **[判例]** 판결정본이 **공**시송달로 송달되었다면 주소가 허위이거나 요건에 미비 있다할지라도 송달은 유효 → 항소기간 도과로 판결 형식적 확정 [94다27922]

[判例] 제3자가 피고를 (성명) **모**용하여 소송 진행 끝에 판결 선고되면 피모용자는 적법한 대리권 없는 타인으로 진행된 경우로서 상소 O, 재심 O [64다328]

正辯 : 판례는 성명 모용자가 송달 받은 경우 송달이 유효함을 전제로 함

[判例] 법원이 **참**칭대표자에게 적법한 대표권 있는 것으로 알고 그를 송달받을 자로 지정하여 판결정본을 송달하여 그가 받았다면 송달은 유효 → 항소기간 진행하여 판결 확정 [92다47632] → 추후보완상소, 재심

[判例] 원고가 피고 주소 거짓으로 기재하여 판결정본을 원고 측 자신이 **수**령하는 경우 송달 무효, 항소기간 진행 ✕ → 추후보완항소 ✕, 통상의 항소 O [97다10345]

正辯 : 위 판결은 소송행위추완의 문제는 나올 수 없다고 하면서도, 그 이유에서 당사자가 추완항소를 제기하였음을 이유로 각하한 원심을 파기하고 항소로서 적법하다고 판시함

[判例2018] 소장 부본 및 제1심 판결정본이 피고 회사의 종전 본점 소재지에서 수령권한 없는 사람들에게 송달 → 피고 회사가 기록 열람·복사 신청 후 무변론판결 알았고, 그로부터 2주 경과한 항소제기 적법 O ∵ 제1심 판결정본 부적법 송달로서 이는 판결 송달 전 항소 O [2018다239899]

正辯 : 기록 '열람' 자체가 '송달'은 아니므로 항소기간 진행되지 않는다는 취지이며, 원심은 '추완항소'로 보아 기간경과로 각하했다가 파기됨

- 송달의 '부적법'과 '무효'는 통상 '송달의 요건을 갖추지 못한 경우'에 특별한 구별 없이 쓰이는데, 다만 재판장의 '공시송달 명령'만은 공시송달 요건을 구비하지 못하여 '부적법'하더라도 예외적으로 송달을 무효가 아닌 '유효'로 보고 있음

  한편 법원이 의도한 당사자에게 송달된 이상 송달 자체는 적법·유효하나(위 유형 중 **모**, **참**) 추완항소·재심 사유가 될 뿐이고, 법원이 의도하지 않은 자에게 송달된 경우는 송달 자체가 부적법·무효로서(위 유형 중 **수**)가 통상의 항소 사유가 됨

- 송달의 하자 치유

  송달규정은 절차에 관한 임의규정 → 이의권 포기·상실에 따른 하자 치유 O

  그러나 판결정본처럼 불변기간·강행규정과 관련된 송달의 무효는 치유 ✕ → 판결정본 송달의 하자는 이의권 포기·상실 ✕

제7절 소송절차의 정지

《 중단, 수계 》

1. 의의

– 정지 : ㉠ 중단, ㉡ 중지(**제245, 246조**)

– **[大判全合]** 이유 中 "이미 사망한 당사자 상대로 소 제기하면 당초부터 대립당사자구조 무시되어 판결 당연무효 / 그러나 일응 대립당사자 구조 갖추고 소가 제기되었다가 소송 도중 한쪽 사망하면 대립당사자구조 없어지는 것 아니고 그때부터 그 소송은 그 지위 당연히 이어받는 상속인들과의 관계에서 대립당사자구조 형성하여 존재 → 다만 외형상 절차인 소송수계절차 밟을 때까지는 실제상 소송 진행 못하는 장애 발생하여 중단되도록 규정할 뿐" [94다28444] → 당연승계긍정설[**통판**]

2. 중단사유 ※ 소능·법대멸망·선·수·담·합·망

– 당사자의 사**망**(**제233조**) / 당사자의 **합**병(**제234조**)
소송**능**력 상실, **법**정**대**리인·대표자 사**망**, 법정대리권·대표권 소**멸**(**제235조, 제64조**)
수탁자의 임무종료(**제236조**)
소송**담**당자의 자격상실·사망, **선**정당사자 모두의 자격상실·사망(**제237조**)

– 법정대리권·대표권 소멸은 통지를 해야 효력 생기고 중단 발생(**제63조, 제64조**)
소송대리인의 사망, 소송대리권 소멸은 중단사유 ✕

– 일신전속적 권리의 경우는 소송계속 중 당사자 사망하면 소송종료선언
[判例] 이혼소송에서 한쪽 당사자의 사망으로 소송종료선언(재산분할청구 병합된 경우에는 동시 종료) [92므143]
[判例] 학교법인 이사 및 이사장 자격에서 이사회결의무효확인소송 했다가 사망한 경우 이사 등 지위는 일신전속적 ○ → 중단 없이 소송종료선언 [62다524]
[判例2019] 이사가 주총결의취소 소 제기했다가 소송계속 중 혹은 사실심 변론종결 후 사망 → 소송종료선언 ○, 중단 ✕ ∵ 주식회사 의사결정기관인 이사회 구성원으로서의 이사의 지위는 일신전속적이어서 상속 ✕ [2015다255258]

3. 중단의 예외(**제238조**)

- **[判例]** 소송계속 중 당사자 사망해도 소송대리인 있으면 중단 ×(**제238조**, 수계는 가능) → 다만 심급대리 원칙상 판결정본이 소송대리인에게 송달되면 중단 O → 그런데 소송대리인에게 상소제기 특별수권 있다면 판결정본 송달로 중단 ×, 상소기간 진행 O → 상소기간 도과하면 판결 확정 O, 망인의 소송대리인·상속인이나 상대방이 적법하게 상소 제기하면 판결 확정 × [94다23500, 2007다22859]
- 소송대리인 있더라도 파산선고 받으면 중단(**제239조**) → 238조에 239조 없음
- **소송계속 중 당사자 사망, 소송대리인(특별수권) 및 상속인 존재** 사안 :
  [判例] 소송대리인은 상속인들로부터 새로 수권받을 필요 없이 사망한 甲으로부터 법률상 당연히 당연승계 긍정된 상속인들(A, B, C)의 소송대리인으로 되어 상속인들 모두를 위해 소송수행 O, 그 판결은 상속인들 모두에게 효력 O
  → 이때 상속인들 일부·전부가 수계절차 밟지 아니하여 판결문에 신당사자가 잘못 표시된 경우(가령 사망자 "甲" 혹은 일부인 "A, B"로 표시)에도 판결은 정당한 상속인 모두(A, B, C)에게 효력 O
  → 잘못된 당사자표시를 신뢰한 **사망자의 소송대리인**(특별수권 有) *or* **상대방**이 판결서상 잘못 기재된 당사자 '모두'를 '상소인 *or* 피상소인'으로 표시("甲" 혹은 "A, B")하여 상소제기하면 상속인들 모두(A, B, C)에 대해 상소제기가 된 효력 O
  → 다만 표시 누락된 C에 대하여는 상소제기 이후 소송대리권 소멸하여(심급대리) 중단 상태이므로 C는 상소심에서 수계절차 O [2007다22859]
- 소송대리인(특별수권) 있는 피고 乙이 제1심 계속 중 사망 → 원고 측에서 사망한 피고 乙의 상속인 A·B를 상속인으로 수계신청 → 제1심에서 원고 승소 → 수계한 상속인 A·B가 스스로 항소제기(항소인 표시 "A, B") → 항소심 계속 중에 원고는 A·B 뿐 아니라 C·D도 상속한 사실 알게 되어 항소법원에 C·D를 수계신청 했어도 수계신청 × ∵ 제1심판결 효력은 당사자표시에 불구 A·B·C·D 모두에 효력 O → 소송대리인이 상소제기 특별수권 있으므로 판결정본 송달로 중단 없이 항소기간 진행하고 C·D 상속지분 부분은 항소기간 도과로 판결 확정 [91마342]

  正辯 : 이 경우 원고는 C·D에 대한 수계신청이 불허되었지만 그들에 대한 승소판결 확정된 것이므로 곧바로 집행할 수 있음(구제수단 불필요)

  正辯 : 91마342 판결과 2007다22859 판결은 원심에서 수계와 표시가 누락된 상속인에 대해 '상소가 제기된 것인지' 여부에서 결론이 차이남. 그 차이는 승패나 수계신청을 어느 쪽에서 했는지 여부와 무관하고, '상소제기' 행위자가 ① 사망자 측의 '소송대리인' 혹은 사망자의 상대방 측이었는지, ② 사망자 측 상속인들 각자 스스로였는지 여부에 따라 달라진 것임

- **[判例]** 법인 대표자가 직무집행이 정지된 경우 소송대리인 있다면 중단 × (**제64조, 제235조, 제238조**) → 종국판결이 소송대리인에게 송달되면 중단 [80다623]

4. 중단의 해소

- 중단 해소 방법 : ① 당사자의 수계신청, ② 법원의 직권 속행명령(**제244조**)
- 수계신청권자 : 중단사유 있는 당사자 뿐 아니라 상대방도 ○(**제241조**)
- 상속인은 상속포기 할 수 있는 기간 동안 수계 금지(**제233조 제2항**)
- 수계신청을 할 법원 : 중단 당시 소송계속 된 법원
  재판 송달 뒤 중단된 경우 수계는 그 재판을 한 법원이 결정해야(**제243조 제2항**)
  이 경우 수계허가결정 송달시부터 상소기간 진행 ∵ 중단은 기간 진행도 정지
- 종국판결 송달 이후에 중단된 경우, 소송계속 중 사망했는데 간과한 채 판결 선고되어 송달된 경우 → 1) 원심법원설, 2) 선택설 [**통판**]
  [大判全合] 소송계속 중 일방 사망에 의한 중단을 간과하고 변론 종결, 판결 선고 → 상속인이 수계신청 하여 판결 송달받아 상고 *or* 사실상 송달받아 상고장 제출하고 '상고심'에서 수계절차 밟으면 → 수계와 상고 적법 ○ ∵ 중단 간과 판결은 위법하나 당연무효 ×, 대리권흠결 상소·재심 추인 규정 유추 [94다28444]
  [判例] 소송절차 중단 중 제기된 상소는 부적법하지만 상소법원에 수계신청하여 하자 치유되면 상소·수계 적법 ○ [94다61649]
  [判例2016] 소송계속 중 당사자 사망으로 중단된 상태에서 상속인들로부터 항소심 위임받은 소송대리인이 소송수계절차 없이 사망자 명의로 항소장·항소이유서를 제출한 경우, 상속인들이 항소심에서 수계신청을 하고 소송대리인의 소송행위를 명시적·묵시적으로 추인하면 하자 치유 ○ ∵ 중단 중 제기된 상소는 부적법하지만 상소법원에 수계신청 하여 하자 치유 ○ [2014다210449]
  正辯 : 당사자가 소송위임 후 소제기 전 사망했으나 소송대리인이 그를 원고로 표시하여 소 제기하면 적법(95조 1호 참조), 상속인들 233조 유추 수계신청 ○ → 사망자 명의 판결 선고되고 상속인들로부터 항소심 위임받은 소송대리인이 사망자 명의로 항소 제기한 후에 상속인들이 항소심에서 수계신청 ○, 하자치유 ○
- **[判例2022]** 234조에 의하면 소송계속 중 당사자 법인이 합병으로 소멸되면 중단, 합병으로 설립된 법인 또는 합병한 뒤 존속법인이 소송절차 수계해야 → 법인의 권리의무가 법률 규정으로 새로 설립된 법인에 승계된다면 소송에서 법인의 법률상 지위도 새 법인에 승계 ○ → 그러나 법률에 지위·권리의무 포괄적 승계 명문 규정 없다면 새 법인 수계 × → 비법인사단도 마찬가지 법리 [2020다39719]

– **[判例]** 소제기 후 실종선고 확정으로 소급하여 소제기 전 사망간주 되더라도 실종선고 확정 시 사망으로 중단된 것 [77다81] → 중단·수계 문제

[判例] 실종선고 확정 전에는 실종기간 만료된 실종자 상대로 제기된 소도 적법 O, 선고된 판결도 유효 O, 판결 확정되면 기판력도 발생 O → 재심·추완항소로 취소되지 않는 한 기판력에 반하는 주장 × → 판결확정 후 실종선고 확정되어 그 사망간주 시점이 소 제기 전으로 소급하더라도 판결 자체가 소급하여 당사자능력 없는 사망자 상대로 한 판결로서 무효로 되지는 ×

→ 공시송달로 진행되어 판결 확정되었다면 실종자의 상속인은 실종선고 확정 후 실종자의 소송수계인으로서 위 확정판결에 추완상소 O [92다2455]

5. 중단의 효과

– 중단 중 소송행위는 무효 → 그러나 이의권 상실, 추인 O

중단 중 판결선고는 가능 O (**제247조 제1항**)

중단은 기간의 진행도 정지시킴(**제247조 제2항**) *ex.* 상소기간

– 중단 간과판결

[大判全合] 중단 간과한 판결은 절차상 위법하나 당연무효는 × → 대리권의 흠결 유추적용하여 상소(**제4호** 유추), 재심(**제3호** 유추) → 만일 당사자가 추인하면 상소·재심사유 소멸(**제2항, 제3호 단서**) [94다28444]

→ 중단간과 하자를 상고이유에 기재 않았어도 상고법원은 직권으로 판단 O

– **[判例]** 소송계속 중 사망한 자(합병 소멸한 회사)가 당사자로 표시된 판결에 기하여 사망자(소멸 회사)의 승계인을 위한 혹은 승계인에 대한 강제집행을 실시하려면 → ⓐ 소송대리인 있었다면 판결경정(**제211조**) / ⓑ 소송대리인 없었다면(= 이미 중단) 승계집행문 부여(**민집법 제31조**) [2000다49374, 98그7]

正辯 : 위 ⓑ의 경우는 중단 간과로 상소·재심 O → 상소·재심으로 취소되지 않는 한 승계집행문

제3장 증거

제1절 총설

제2절 불요증사실

증거, 재판상 자백

1. 증거 총설

- 증거방법 : 조사의 대상인 유형물 → 인증, 물증
  증거자료 : 증거조사결과
  증거원인 : 법관의 심증형성의 원인 → 증거자료, 변론 전체의 취지
- 본증 : 자신의 증명책임 있는 사실 증명 위해 제출하는 증거 → 법관에게 확신
  반증 : 상대방 증명책임 있는 사실 부정 위해 제출하는 증거 → 법관 의심 품게
  반대사실의 증명 : 법률상 추정이 이뤄졌을 때 이를 깨뜨리기 위해 제출하는 증거
  → 반대사실의 증명도 확신을 주어야 하는 본증
- 증명 : 고도의 개연성
  소명 : 저도의 개연성 → 즉시 조사할 수 있는 증거에 한정됨(**제299조 제1항**)
- 엄격한 증명 : 법률에 정한 증거방법과 증거조사절차에 따라야 하는 증명
  자유로운 증명 : 비송사건, 직권조사사항
  → 확신의 정도에는 차이가 없음(고도의 개연성)
- **경험법칙** : 인간 경험에서 귀납적 얻어지는 사물에 대한 지식·법칙
  경험법칙에는 변론주의 ×, 자백 구속력 ×, 직권조사사항 ○, 직권탐지형
  [判例] 경험법칙은 일종의 법칙으로서 법관은 경험법칙의 유무를 판단함에 있어서 당사자의 주장·증명에 구애됨 없이 스스로 직권에 의하여 판단 ○
  [大判全合2019] 우리나라 급속 발전에 따라 1989년 당시 경험칙의 기초가 되었던 제반 사정들이 현저히 변경 → 특별한 사정이 없는 한 육체노동의 가동연한은 만 65세까지 ○ ∵ 경험칙 합당 [2018다248909]
  경험법칙 위반과 상고이유 : **[判例]** 농촌일용노동 종사자의 월 가동일수 관련 법리오해 위법이 판결에 영향을 미쳐 상고이유 ○ → 상고이유 긍정설(법률문제설)
- **불요증사실**(**제288조**) : 법률상 **추**정, 재판상 **자**백, **현**저한 사실

2. 재판상 자백의 요건

– **구**체적 사실, **주**요사실, 자기에게 **불**리한 사실, **상**대방 주장과 일치하는 사실, **변**론기일·준비기일에서의 진술·진술간주

① **구**체적 사실을 대상으로

– 법률상 진술·의견 ✕, **권리자백 ✕**

[判例] 변제의 법정충당순서, 이행불능의 성부, 해제의 성부, 재심사유, 과실·정당한 사유와 같이 사실에 대한 평가적 판단, 소송물의 전제인 선결적 법률관계·효과 → 모두 구체적 사실 아니므로 자백·자백간주 ✕ [90다카7262, 90다7104]

[判例] 법정변제충당 순서 정함에 있어 기준인 이행기나 변제이익에 관한 사항 등은 구체적 사실로서 자백의 대상 ○ → 그러나 법정변제충당의 '순서' 자체는 법률규정 적용과 법률상 효과여서 자백 ✕ [98다6763]

[判例] 재심법원은 직권으로 당사자 주장하는 재심사유 해당사실 존부 관한 자료탐지·판단 → 재심사유 존부에 당사자 처분권 ✕, 자백·자백간주 ✕ [91다45691]

[判例] 그러나 법률용어가 동시에 구체적인 사실관계의 표현으로서의 사실상 진술도 포함한 경우는 자백 ○ [84다122] *ex.* 매매, 임대차

[判例] 소유권에 기한 말소청구소송에서 원고의 '소유권' 인정은 자백 ○ ∵ 선결적 법률관계도 그 "내용을 이루는 사실"에 대해서는 자백 ○ [87다카749]

② **주**요사실을 대상으로

– 간접사실 ✕, 보조사실 ✕

다만 문서의 진정성립은 보조사실이지만 자백 ○ → 문서 진정, 날인 진정, 인영 진정 모두 자백 ○ → 자백의 취소 제한

[判例] 문서의 성립에 관한 자백은 보조사실에 관한 자백이지만 그 취소는 다른 간접사실에 관한 자백의 취소와 달리 주요사실의 자백취소와 동일하게 처리해야 → 문서의 진정성립 인정(자백)한 당사자는 자유롭게 철회 ✕ [88다카3083]

– 직권조사사항 ✕

[判例] 종중이 당사자인 사건에서 종중 대표자의 대표권 존부는 소송요건에 관한 것으로서 법원의 직권조사사항이므로 자백 ✕ [2000다42908]

– **[判例2018]** 인신사고에서 손해배상액 산정 기초가 되는 피해자의 기대여명도 주요사실이므로 재판상 자백 ○ [2016다41869]

[判例] 불법행위 상해·사망 사건의 소극적 손해인 일실수입은 피해자의 사고 당시 수입을 기초로 산정 → 피해자의 사고 당시 수입 자백 대상 ○ [96다24668]

③ 자기에게 **불**리한 사실상 진술

– 1) 증명책임설 : 상대방이 증명책임 지는 사실일 것

2) 패소가능성설 [**통판**] : 자기에게 증명책임 있는 사실도 불리하기만 하면 포함

[判例] 소유권확인 사건에서 원고 스스로 소유권이전등기 마치지 않았다고 자인하여 피고가 원용한 이상 자백 O [92다24899]

④ **상**대방 주장사실과 일치하는 사실상 진술

– **[判例]** 재판상 자백의 일종인 **선행자백**은 일방이 자기에게 불리한 사실상 진술을 자진하여 한 후 상대방이 원용함으로써 주장 일치해야 → 원용 전에는 '자인진술'로서 선행자백 × → 상대방 원용 전에 자인진술 철회 자유 O (모순된 진술을 함으로써 앞의 자인진술은 소송자료에서 제거됨) / 상대방이 명시적 원용하거나 일치되는 진술 하게 되면 재판상 자백 성립하여 모순 진술 × [85다카944, 92다5546]

正辯 : 판례에 따르면 자인진술을 상대방이 원용하면 선행자백 O → 재판상 자백이므로 당사자·법원에 구속력 O

– **[判例2018]** 잘못된 계산·기재 등 표현상 잘못이 분명한 경우 상대방이 원용한다고 하여 선행자백 성립할 수는 × ∵ 쌍방 주장 일치 × [2018다229564]

⑤ **변**론기일·변론준비기일에서의 진술 또는 진술간주

– **[判例2015]** 법원에 제출하여 상대방에게 송달된 답변서·준비서면에 자백 해당하는 내용 기재되어 있어도 변론기일·준비기일에서 진술·진술간주 되어야 재판상 자백 성립 O [2014다229870]

正辯 : 피고가 자백 내용 기재된 답변서 제출 → 다시 답변서 내용 정정하는 준비서면 제출 → 제1회 변론기일 출석한 피고가 두 서면 모두 진술 → 자백 성립 ×

3. 재판상 자백의 효력 : 불요증(**제288조**)

– 법원에 대한 구속력(= 사실인정권 배제)

다만, 경험칙이나 현저한 사실에 반하는 자백은 법원에 구속력 ×

[判例] 자백으로 당사자 사이 다툼 없는 사실에 관하여 법원은 배치되는 사실을 증거에 의해 인정할 수 × ∵ 자백의 창설적 효력으로 법원이 기속 [87다카804]

[判例] 자백한 사실이라도 그것이 법원에 현저한 사실에 배치된다면 자백 효력 × [4291민상551]

– 당사자에 대한 구속력(= 자백 철회·취소 불가)

다만, **예외적인 자백 취소사유 – 형·동·착·경**

ⓐ **형**사상 처벌받을 다른 사람 행위 : 재심 **제5호** 유추적용

ⓑ 상대방 **동**의 : 이의제기 없었다는 것만으로는 동의 ✕

[判例] 자백 당사자가 이미 성립된 종전 자백과 배치되는 주장을 하고 상대방이 이의제기 없이 주장내용 인정 → 종전 자백 취소 및 새로운 자백 성립 ○ [90다카20548]

正辯 : 원고 '4억 변제 받음' → 피고 '원용' → 원고 '3억 변제 받은 것임' → 피고 '인정' → 종전 4억 변제수령 자백은 상대방 동의받아 취소하고 3억 변제수령 자백이 새로 성립

ⓒ 反진실 **착**오(**제288조 단서**)

[判例] "반진실 증명만으로 착오 추정 ✕" [94다22897]

[判例] "반진실 사실 증명되면 변론 전체 취지로 착오 인정 가능 ○" [2004다13533]

[判例] 반진실은 추인할 수 있는 간접사실의 증명에 의해서도 가능 [2000다23013]

ⓓ **경**정권(**제94조**)

ⓔ 교환적 변경에 의한 실효

[判例] 소유권이전등기말소청구 사건에서 원인무효 사실에 대한 피고의 자백 성립한 후, 원고가 청구취지·청구원인을 '원인무효' 말소등기청구에서 '명의신탁해지' 소유권이전등기청구로 교환적 변경 → 피고 자백 소멸 ∵ "자백의 대상 없어짐"→ 나아가 그 후 피고가 자백 내용과 배치되는 주장 (= 묵시적 철회) → 원고가 원인무효 주장을 예비적 청구원인으로 추가해도 자백 효력 부활 ✕ [95다10204]

4. 자백간주(**제150조 제1항, 제3항, 제257조 제1항**)

– 유형

㉠ **제150조 제1항** : 명백히 **다**투지 않음 / 변론 전체 취지로 다툰 경우 ✕

㉡ **제150조 제3항** : 한쪽 **불**출석 / 공시송달 ✕

㉢ **제257조 제1항** : **답**변서 부제출 무변론원고승소판결 / 공시송달 ✕, 직권조사사항 존재하면 ✕, 선고 전 다투는 서면 제출하면 ✕

– **[判例]** 자백간주 성립된 후에 공시송달로 진행되어도 자백간주 효력 ○ [87다카961]

[判例2018] 제1심은 피고 공시송달로 진행되어 원고 청구기각, 원고 항소 → 항소심은 피고가 공시송달 아닌 송달받고도 다투지 않아 자백간주 ○ ∵ 제1심에서 피고가 청구원인을 다툰 것도 아님 [2015다36167]

– 제150조는 변론준비절차에 준용(**제286조**)

가류·나류 가사소송 같은 직탐주의 혹은 직권조사사항에 대해서는 자백·자백간주 ✕

[判例] 임의경매 개시결정 이의 재판절차에 민소법상 재판상 자백 ✕, 자백간주 ✕ ∵ 민집법 23조 1항은 민사집행절차에 민사집행법 특별 규정 없으면 '성질 반하지

않는 범위' 내 민소법 규정 준용 취지, 즉시항고 재판에 변론주의 제한하는 민집법 15조 7항 단서의 직권주의 강화, 민집법 16조 집행 이의 성질 가지는 강제경매개시 결정 이의재판절차, 민집법 268조 담보권실행 경매절차 준용 [2015마813]

– **효력** : 법원에 대한 구속력 **O**, 당사자에 대한 구속력 **×**(=취소 가능) *cf.* 자백
[判例] 제1심에서 자백간주 된 사항을 항소심에서 다투어도 실기 각하 아닌 한 효과 번복 가능 **O** [2004다21305]

5. 현저한 사실

– 현저한 사실 : 불요증 사실, 다만 변론주의 적용되므로 주요사실이면 주장필요설
[判例2019] 다른 확정판결 이유 구성하는 사실관계(유력한 증거)는 현저한 사실 **×**
→ 당사자 주장 없이 현저한 사실 인정은 위법 [2019다222140, 2009다69531]

– ㉠ 공지의 사실, ㉡ 법원에 현저한 사실
[大判全合] 288조 '법원에 현저한 사실'이란 법관이 직무상 경험으로 알고 있는 사실, 명확한 기억 혹은 조사로 곧바로 알 수 있는 사실 [94다20051]
正辯 : 당시 〈반대의견〉은 법관이 명확히 기억하고 있는 사실만 포함된다는 견해

[大判全合] 일실수입 산정할 때 직종별임금실태조사보고서, 한국직업사전의 각 존재 및 기재 내용은 현저한 사실 **O** [94다20051]
[判例] 생명표에 의한 연령별 기대여명 **O** [99다41886]

« 증거조사 »

1. 증거조사의 절차

- 증거신청 → 채택결정/각하결정 → 소송지휘 재판, 독립한 불복 ✕
- 모색적 증명 : 증명책임 지는 자가 사실경과과정 상세히 모르는 경우 증명할 사실을 정확히 특정하지 않은 채 먼저 증거신청부터 한 후 증거조사를 통하여 자신의 구체적 주장 기초자료를 얻어내려 하는 것 → 원칙적 불허, 그러나 증거가 구조적 편재된 현대형 소송에서는 제한적 인정 → 현행법 **제346조** 문서목록제출

2. 유일한 증거

- 유일한 증거 : 신청한 증거의 채택 여부는 법원의 직권 및 재량사항이지만, 예외적으로 주요사실에 대한 유일한 증거는 반드시 조사해야(**제290조 단서**)
- '유일성' 판단기준 : **전**체 심급을 통틀어 유일할 것, **쟁**점 단위별로 유일하면 충분, **주**요사실에 대한 증거만 적용, **본**증에 한할 것
  [判例] 변제의 서증이 유일한데 그 진정성립을 위하여 신청한 증인이 단 1번 출석하지 아니하였다고 증거신청 취소하는 것은 위법 [4294민상1510]
  [判例] 유일한 증거라 함은 당사자가 입증책임 있는 사항에 관한 것 → 반증에 불과한 경우 유일한 증거 ✕ [80다2631]
- 예외 : 유일함에도 증거조사 하지 않는 경우 → 증거신청 **부**적법, 고의·중과실로 재정기간 경과나 **시**기에 늦은 신청, 병환·송달불능 등 증거조사에 **장**애, **직**권탐지주의, 쟁점판단에 불**필**요하거나 부**적**절, 증거신청서 부**제**출 혹은 **비**용 미납
- 효과 : 반드시 증거조사 하여야 → **[判例]** 위반하면 채증법칙 위반으로 상고이유 → 다만 증거조사만 하면 족하고, 그 내용의 채택은 여전히 재량

3. 직권증거조사(**제292조**)

– 보충적 직권증거조사

– **[判例]** 손해배상의무 존재는 인정되나 손해액 불명인 경우 적극적으로 석명권 행사 및 입증촉구 않고 기각하면 위법 [85다카2453] → 개정법 **제202조의2**

4. 증인신문

– 증인능력 : 당사자·법정대리인을 제외하고 누구나 → 소송무능력자, 친족, 선정자, 보조참가인, 소송탈퇴자 ○

– 증인의무

㉠ 출석의무 : 출석할 수 없다면 사유 밝혀 신고해야(**규 제83조**) → 신고 불이행 하면 정당한 사유 없는 불출석이 될 수 있음

정당한 사유 없이 불출석한 증인(**제311조, 제312조**) → 소송비용 부담 명령 / 500만원 이하의 과태료 / 구인명령(형소법) / 과태료 재판 받고 다시 정당 사유 없이 불출석시 7일 이내 감치결정 → 과태료·감치에 즉시항고 ○

㉡ 선서의무(**제319조**) : 신문에 앞서 선서 / 특별한 사유라면 신문 뒤에 선서

선서무능력자(**제322조**) : 16세 미만, 선서 취지 이해 못하는 사람

㉢ 진술의무 → 증언거부권(**제314조, 제315조**) : 자기·친족·후견인·피후견인이 공소제기·**유**죄판결 염려 있거나 **치**욕이 될 사항 / **변**호사·종교인 등 법령·직무·기술상 **비**밀의무 있는 사항(단, 비밀의무 면제된 경우 증언거부 ✕) → 증언거부의 이유는 소명하여야(**제316조**) → 증언거부에 정당한 이유 없다고 재판한 경우(증인은 즉시항고 가능)의 제재(**제318조**) : 소송비용부담 명령 / 500만원 이하 과태료

[判例] 민사소송에서 증인에게 증언거부권을 고지하지 않았더라도 위법하지 않음 → 증언거부권 고지 없었어도 선서하고 허위 증언하면 위증죄 [2009도14928]

– 증인신문의 방식

당사자는 증인을 지정하여 '신청'해야(**제308조**) → 직권 ✕ (≠감정)

증인신문사항 제출(**규 제80조**) : 증인진술서 제출 + 법원 불필요 인정 = 제출 ✕

증인진술서 제출(**규 제79조**) : 효율적 증인 신문 위하여 증인 신청한 '당사자'에게 증인진술서 제출하게 ○ → 증인 서명날인 해야

서면증언제도(**제310조**) : 법원은 출석·증언에 갈음하여 증언할 사항을 적은 서면을 제출하게 ○ → 상대방 이의나 법원 인정시 다시 출석·증언하게 ○

비교 : '증인진술서'는 당사자에게 명령, 제출되면 서증, 출석·증언을 전제로
그러나 '서면증언'은 증인에게 명령, 제출되면 증언, 출석·증언에 갈음할 의도

- 증인신문의 원칙 : 교호신문, 격리신문, 구술신문
  교호신문(**제327조, 규 제89조, 제92조**) : 주신문 – 반대신문 – 재주신문 → 재판장의 신문 순서 / 상대방의 재반대신문은 재판장 허가 필요 / 반대신문에서는 유도신문 허용, 단 재판장이 제한 ○ / 주신문에 없는 새로운 사항에 대한 반대신문은 재판장 허가 → 주신문으로 봄
  주신문은 유도신문 불허 → 예외적 허용 : 준비적 사항(학력·교우관계), 증인 적의, 증인이 종전 진술과 상반된 진술을 하는 경우에는 주신문에서도 유도신문 ○
  격리신문 : 증인 따로따로, 필요할 경우 예외 혹은 증인끼리 서로 대질도 가능

5. 감정

- 감정 : 특별한 학식과 경험 가진 제3자로 하여금 그 전문적 지식이나 지식 적용한 판단을 보고 시켜 법관의 판단능력을 보충하기 위한 증거조사
  인증이므로 감정인이 작성한 감정서도 인증
  감정은 당사자 '신청'이 원칙이나 법원이 '직권'으로 감정 명할 수 ○ (**제341조**)
  [判例] 감정결과는 당사자가 증거로 원용하지 않아도 법원은 증거로 ○ [94누2718]
  [判例] 당사자가 소송 외에서 직접 (私的으로) 의뢰하여 작성된 私감정서가 법원에 제출되면 합리성 인정될 경우 사실인정 자료인 서증으로 삼을 수 ○ [97다57979]
  [判例] 선서 하지 않은 감정인의 감정결과는 증거능력 ×, 사실인정의 자료 × → 그러나 그 감정결과 기재한 서면을 당사자가 서증으로 제출하고 법원이 합리적으로 인정하면 사실인정 자료 될 수 ○ [2005다77848]
  감정의 절차는 증인신문 규정 준용(**제333조**) : 신청·직권 → 그러나 감정인이 출석명령 불응하면 과태료는 ○, 감치는 × (≠증인, 311조의 '2항'은 배제함)
  [判例] 동일한 사실에 관한 상반되는 여러 개의 감정결과 중 법원은 하나를 채용할 수 있고 나머지를 배척하는 이유는 설시하지 않아도 무방 [98두6531]
- 감정증인(**제340조**) : 사실을 알게 되는 과정에 특별한 학식과 경험을 사용한 자 → 감정인 ×, 증인 ○ → 감정인신문이 아닌 증인신문 규정 적용

6. 당사자신문(**제367조**)

– 당사자본인신문 : 당사자 본인을 증거방법으로 그가 경험한 사실을 진술하게 하는 증거조사

– 독립한 증거방법 (구법의 당사자신문의 보충성 폐지)

– 직권·신청으로(**제367조**, ≠증인신문은 신청으로만), 출석·선서·진술의무 ○(**제369조**, 상대방 주장, 진실로 인정 가능, 과태료·구인·감치 ×), 허위로 진술하여도 위증죄 ×

[判例] 당사자본인신문절차에서 출석·선서·진술 의무 불이행하여 369조 의해 법원이 진실로 인정할 수 있는 것은 '신문사항'에 관한 상대방의 주장 → 법원으로서는 먼저 '당사자 본인신문사항 중 어느 항'을 진실로 인정하고 이에 의해 상대방의 요건사실에 관한 주장사실을 인정할 수 있다고 판시해야, 단순히 '상대방의 요건사실에 관한 주장사실을 진실로 인정한다'고 설시 × [89다카1084]

[判例] 당사자본인신문에서 나온 당사자의 진술은 '증거자료'에 불과할 뿐 당사자의 '주장'과 같이 취급할 수는 ×, 상대방 주장과 일치하는 부분 나왔더라도 재판상 자백 × [78다879, 81다262]

– 법인의 대표는 당사자신문으로 하여야 → 당사자신문으로 할 사항을 증인신문으로 했어도 이의권 포기·상실 ○, 하자치유 ○

[判例] 당사자신문 방식 의할 종친회 대표자를 증인신문 했으나 지체 없이 이의 진술 없었다면 증언 채택해도 위법 아님 [77다1316]

7. 조사·송부의 촉탁(**제294조**)

– 공공기관·학교 기타 단체, 개인, 외국 공공기관에 대하여 그 업무에 속하는 사항에 관하여 필요한 조사, 보관중인 문서의 등본·사본의 송부를 촉탁(실무상 '사실조회')

8. 증거보전(**제375조** 이하)

– 요건 : 미리 증거조사 않으면 장래 불가능·곤란한 사정이 현저하다는 증거보전의 필요성을 소명하여야

– 절차 : 원칙적 서면 신청, 예외적 직권(소송계속 중인 경우)

– 관할 : 소제기 후에는 증거 사용할 심급 법원에 / 소제기 전에는 신문 받을 사람이나 문서 소지자의 거소, 검증하려는 목적물 있는 곳을 관할하는 지방법원에

– 효과 : 본안에서의 증거조사 결과와 같은 효력

∝ 서증 ∝

1. 문서의 종류

- 처분문서 : 증명하고자 하는 법률적 행위(처분)가 문서 자체로 이루어진 경우
  ex. 계약서, 약정서, 해지통지서, 어음·수표
  보고문서 : 듣고 보고 느끼고 판단한 바를 기재한 문서
  ex. 영수증, 가족관계증명서, 진단서
- **[大判全合]** 판결서 → 판결의 존재 및 어떠한 내용의 판결이 있었는지에 관하여 증명하기 위해서는 처분문서, 그러나 판결서 중에서 한 사실판단의 사실을 증명하기 위해서는 보고문서 [79다1281]
- 증거능력 : 증거조사 대상이 될 수 있는 능력(민사소송법상 별다른 제한 없음)
  증거력 : 요증사실의 증명에 기여하는 힘(형식적/실질적 증거력)
  [判例] 서증은 문서에 표현된 작성자 의사를 증거자료로 요증사실을 증명하려는 증거방법 → ① 문서가 신청자에 의해 작성자로 주장되는 자의 의사에 의해 작성된 것임이 밝혀져야(형식적 증거력) → 그 다음 ② 작성자 의사가 요증사실 증거로 얼마나 유용한지에 관한 실질적 증명력 판단해야 [96다50520]

2. 문서의 형식적 증거력 (=진정성립)

- 진정성립 : 문서가 신청자가 주장하는 문서작성자의 의사에 기하여 작성된 것
  → 상대방의 답변 : 성립인정/ 침묵/ 부인(구체적 이유 소명)/ 부지
  당사자·대리인이 고의·중과실로 진실에 어긋나게 문서의 진정을 다툰 때에는 법원은 200만원 이하 과태료 결정(**제363조**)
  [判例] 문서 진정성립은 필적·인영·무인의 대조에 의해서도 증명 O, 자유심증 O
  → 법원은 필적·인영의 동일성을 감정이 아닌 육안에 의한 대조를 통해서 판단 O [95다38240]
  [判例] 증거서류의 제출 취지가 그 위조 사실 입증 위한 것일 뿐 기재된 내용을 증거로 하는 것 아니고 서증으로 제출한 것 아닌 경우, 상대방이 진정성립 인정했다는 이유로 다툼 없다며 상대방 주장사실 인정하면 위법 [92다12919]

– 공문서의 진정성립은 추정(**제356조 제1항**) → 전면적 추정력, 증거법칙적 추정

[判例] 공문서는 진정성립이 추정되므로 위조·변조 등 특별한 사정 있다고 볼 만한 증거가 있어야 추정 깨어짐 [84누786]

正辯 : 판례 중에는 '반증'이 있어야 깨어진다고 표현한 것이 있으나 '반대사실의 증명', 즉 '본증'으로 보아야 하므로 이는 부적절한 표현으로 보임(私見)

[判例2016] 356조 1항 공문서의 진정성립 추정 규정은 외국 공공기관 작성 문서에도 준용(**제3항**) → 난민신청자 제출한 외국 공문서는 현실적으로 반드시 엄격한 방법으로 진정성립 증명되어야 하는 것은 아니지만, 문서의 방식이나 취지가 객관적으로 외국의 공공기관이 직무상 작성한 것으로 인정되어야 [2013두14269]

– 사문서의 진정성립은 제출자가 증명하여야(**제357조**) / 다만 사문서는 본인·대리인의 서명·날인·무인 있다면 진정성립 추정(**제358조**) → 제한적 추정력

[判例] 문서의 성립에 관한 자백은 보조사실에 관한 자백이지만 그 취소는 다른 간접사실에 관한 자백의 취소와 달리 주요사실의 자백취소와 동일하게 처리해야 → 문서의 진정성립 자백(인정)한 당사자는 자유롭게 철회 ✕ [88다카3083]

[判例] 당사자가 '부지'로서 다툰 서증에 관해 신청자가 성립 증명하지 않은 경우라도 법원은 다른 증거에 의하지 않고 변론 전체의 취지를 참작하여 자유심증으로써 문서의 진정성립 인정할 수 O [80다1857]

– **사문서의 형식적 증거력**

인영의 진정 [=인영의 동일성]	⇨	날인의 진정 [=인영의 (진정)성립]	⇨	문서의 진정
	1단계 추정 (사실상 추정) *v.* **도**용·**강**박·**자**격모용(반증)		2단계 추정 (증거법칙적 추정, 제358조) *v.* **백**지보충·**변**조(반대사실 증명)	

[判例] 사문서에 날인된 작성명의인의 인영이 그의 인장에 의해 현출된 것이라면 특단의 사정 없는 한 그 인영의 진정성립(=날인행위가 작성명의인의 의사에 기한 것임) 추정 O → 그렇다면 358조에 의해 문서 전체 진정성립 추정 O

① 날인행위가 작성명의인 이외의 자에 의해 이뤄진 것 혹은 작성명의인 의사에 반하여 혹은 의사에 기하지 않고 이뤄진 것 밝혀지면 위 추정 깨지는데, 인영의 진정성립 추정은 '사실상의 추정'이므로 인영의 진정성립 다투는 자가 '반증'으로 그에 관해 법원으로 하여금 의심 품게 할 사정 증명하면 깨짐 [2009다38049]

② 당시 문서의 전부·일부가 미완성된 상태에서 서명·날인만 먼저 했다는 등 사정은 이례 → 완성문서로서 진정성립 추정력 뒤집으려면 그럴만한 합리적인 이유와 뒷받침할 간접반증 등 증거가 필요 [2011다62977]

[判例] 서증을 부지라 하며 인장 도용 위조 항변하는 당사자가 도용된 것이라는 점을 증명해야 → 증명 없다면 진정성립 추정 ∵ 특별한 사정 없는 한 날인행위도 명의인이 한 것으로 추정되므로 [76다1394] → 도용의 항변

[判例] 백지에 서명만 하여 교부함은 이례에 속하므로 문서 진정성립 추정력 뒤집으려면 합리적 이유와 뒷받침할 증거 필요 [85다카1397] → 백지보충의 항변

- **[判例]** 날인행위가 작성명의인 이외 '제3자'에 의한 것임이 밝혀져서 사실상 추정이 깨지면 문서제출자가 날인행위가 작성명의인으로부터 위임받은 정당한 권한에 의한 것임에 대해 증명책임 O [93다4151]

  正辯 : 용어는 '도용'의 항변이지만 실제 '도용'까지 입증할 필요는 없고 '타인'에 의한 날인만 입증(반증)하면 1단계 추정을 깰 수 있고 제출자가 다시 대리권 입증해야 하는 점을 주의

  [判例] 백지문서인 공란 부분이 사후적으로 '보충'된 사실 밝혀지면 문서제출자가 백지 부분이 정당한 권한에 기해 보충된 것임에 대해 증명책임 O [2011다100923]

- **[判例2018]** 매도증서에 등기소의 '등기제(登記濟)' 기재가 첨가됨으로써 사문서와 공문서로 구성된 문서는 공문서 부분 성립 인정된다고 바로 사문서 부분인 매도증서 자체의 진정성립 추정 × ∵ 공증에 관한 문서와는 다름 [2017다292244]

3. 문서의 실질적 증거력

- 공문서는 함부로 배척할 수 ×
- **[判例]** 처분문서 진정성립 인정되는 이상 법원은 반증 없는 한 문서 기재 내용에 따른 의사표시 존재·내용 인정해야 → 합리적 이유설시 없이 배척 × → 처분문서라 할지라도 기재 내용과 다른 명시적·묵시적 약정 있는 사실 인정되면 기재 내용과 다른 사실 인정 O [2005다34643]
- **[判例]** 채권자 '甲', 채무자 '乙', 연대보증인 '丙'으로 각 기재된 처분문서인 차용금증서에서 丁이 戊에게 대여하는 소비대차약정 체결로 볼 수 있더라도 이에 대해 丙이 연대보증한 것으로 보려면 丙이 차용금증서의 실제 채무자·채권자가 乙·丁이 아닌 戊·甲이라는 사실을 알고 있었던 점이 전제되어야(알고 있었다고 단정하기 어려운데 위 채무 연대보증했다고 단정하면 처분문서 증명력 및 계약당사자 확정 법리 오해) ∵ 주채무계약과 연대보증계약은 별개 법률행위 [2010다81957]

4. 서증신청 방법

ⓐ 직접 제출(**제343조 전단**) → 원본, 정본, 인증 있는 등본으로(**제355조 제1항**)

ⓑ 문서제출명령 신청(**제343조 후단, 제345조**)

ⓒ 문서송부촉탁 신청(**제352조**)

ⓓ 서증조사 신청(**제297조**) → 법원 밖에서의 서증조사 *ex.* 기소중지된 수사기록

– **[判例]** 문서의 제출은 원본으로 해야, 사본은 원칙적 부적법 → 원본 존재 및 성립의 진정에 다툼 있고, 사본을 원본의 '대용'으로 하는 것에 관하여 상대방의 이의 있다면 사본으로써 원본을 대신할 수 ✕ 正辯 : 절차 위법 → 변론 전체 취지로도 ✕
반면 사본을 '원본으로서' 제출하면 사본이 독립한 서증, '원본이 제출된 것'은 ✕
→ 다만, 서증사본 신청당사자가 문서 원본 분실, 선의 훼손, 제출의무 없는 제3자가 원본 소지, 원본의 양이 방대하여 문서 제출이 불가능 또는 비실제적인 경우 등에는 원본의 제출이 요구되지 ✕ → 이것은 서증 신청당사자가 정당성 사유 주장·입증해야 [2000다66133, 2009다96403]

– 문서의 일부를 증거로 하는 때에도 전부를 제출하여야(**규칙 제105조 제4항**)

– **문서제출명령**(**제344조 이하**)
의의 : 신청자의 상대방·제3자 소지 문서가 서증으로 필요한 경우 제출의무 부담하는 자에 대하여 문서 제출 명하는 것
개정법이 일반문서를 포함시킴으로써 미국 증거개시제도와 거의 같은 효과
㉠ **인용문서**(**제1호**) : 당사자가 소송에서 자기 위한 증거로 사용하거나 주장 명백히 하고자 끌어 쓴 문서를 당사자가 소지하고 있을 때 / 제출거부사유 ✕
[判例] 1항 1호 인용문서는 제출 거부 못한다고 정하고, 2항 일반문서는 '공무원 등이 직무 관련 보관·소지한 문서'를 제외 → 1호 인용문서 해당하면 '공무원이 그 직무 관련 보관·소지한 문서'도 제출의무 ○, 나아가 공공기관의 정보공개에 관한 법률 9조의 '비공개대상정보'여도 제출의무 ○ [2015무423]
㉡ **인도 · 열람문서**(**제2호**) : 문서소지자에 대해 인도·열람을 요구할 사법상 청구권을 가지는 문서 / 공공기관문서는 공공기관정보공개법에서 / 제출거부사유 ✕
㉢ **이익문서 · 법률관계문서**(**제3호**) : 신청자의 이익 위하여 작성된 문서(**본문 전단**), 신청자·문서소지자 사이 법률관계에 관하여 작성된 문서(**본문 후단**)
제출거부사유 : ⓐ **공**무원 직무상 **비**밀 적혀 있고 동의 없는 문서(**가목**), ⓑ 문서소지자·친족·후견인 등의 공소제기·**유**죄판결 염려나 **치**욕이 될 사항이 적힌 문서(**나목**), ⓒ **변**호사·의료인·종교인 등 직무상 **비**밀이 적힌 문서(**다목**)

㉣ **일반문서(제344조 제2항)** → 일반적 의무 확장(공문서는 애초 개념에서 제외)
제출거부사유 : ⓐ 유치, ⓑ 변비, ⓒ 일기·편지 등 '자기이용문서'
[判例2015] '자기이용문서'란 어느 문서가 "오로지 문서소지자가 이용할 목적으로 작성, 외부자에게 개시하는 것 예정되어 있지 않고, 개시하면 문서소지자에게 심각한 불이익 발생 염려 있는 경우" [2015마4174])

– **문서목록제출제도(제346조**, 문서정보공개제도) : 상대방이 어떤 문서를 소지하는지 몰라서 특정이 어려운 경우 신청대상 문서의 취지나 증명할 사실을 개괄적 표시하여 신청 → 상대방에게 신청내용과 관련하여 가지고 있는 문서나 서증 제출할 문서에 관하여 표시와 취지 등 적어내도록 명할 수 있음

– 문서제출명령의 심판방법 :
제시명령과 비밀심리절차(in camera proceeding)(**제347조 제4항**)
제3자가 소지하는 문서는 필수적 심문 거쳐야(**제347조 제3항**)
결정(**제347조 제1, 2항**) : 문서제출명령, 문서일부제출명령, 문서제출신청기각결정 → 즉시항고(**제348조**)
[判例] 법원이 별다른 판단 없이 변론종결 판결선고 → 묵시적으로 기각한 취지
[判例] 제3자에 대한 문서제출명령에서 제3자에 대한 심문절차 누락을 이유로 한 즉시항고는 제3자만 O (본안소송 당사자는 ×) [2007마672]

– 문서 부제출·훼손 등에 대한 제재(**제349조, 제350조**) : 명문 규정 有 증명방해 → 문서의 기재에 대한 상대방 주장을 진실한 것으로 인정할 수 있음
[判例] 문서제출명령을 따르지 않을 경우 법원은 상대방이 그 문서에 관한 주장, 즉 문서의 **성**질·**내**용·성립**진**정을 진실한 것으로 인정 → 문서로 증명하려는 상대방의 주장사실(= 요증사실 자체)까지 반드시 증명되었다고 인정해야 하는 것은 × [93다15991] → 자유심증설
문서의 '변조' : 부제출·훼손 아니므로 '명문 규정 없는 증명방해' 논의 (후술)

– 제3자의 문서제출명령 불응 → 과태료 O, 그러나 상대방 주장을 진실한 것으로 ×
∵ **제351조**는 318조(과태료)만 준용할 뿐 349조는 준용하지 ×

– 문서송부촉탁(**제352조**) : 문서소지자에게 문서 보낼 것을 촉탁하는 것
문서제출의무 없는 경우, 임의제출이 기대되는 경우
그러나 사건 당사자라면 문서제출명령에 의해야 하므로 부적절(법원실무제요)
상대방은 정당한 사유가 없는 한 협력의무(**제352조의2**)

« 자유심증주의 »

1. 자유심증주의

– 자유심증주의 : 법관이 사실 주장의 진위 여부를 판단에 있어 증거법칙의 제약 없이 ⓐ 변론의 전체 취지와 ⓑ 증거자료를 참작하여 자유로운 심증으로 행할 수 있다는 원칙 *v.* 법정증거주의

2. 증거원인

– **변론 전체의 취지** : 증거조사 결과를 제외한 일체의 소송자료
1) 독립적 증거원인설, 2) 보충적 증거원인설 [**통판**]
[判例] 변론의 취지는 변론 과정에 현출된 모든 상황과 자료를 말하며, 증거원인이 되는 것이나 그것만으로 사실인정 자료는 ✕ [83다카971] → 보충적 증거원인설
그러나 예외 : **[判例]**는 '문서의 진정성립'과 자백의 취소요건인 '착오'에 관하여는 오로지 변론 전체의 취지만으로 인정할 수 있다는 입장

– 증거조사의 결과 : 증거능력은 무제한(증거방법에 제한이 없음)
증거력은 자유평가(자유심증주의) → 사실 인정될 고도의 개연성 있어야 = 확신
(≠ 형사판결의 유죄 인정은 무죄라는 '합리적 의심 없을 것')
그러나 증거력 평가 제한 : 처분문서의 진정성립 인정될 때 '실질적 증거력 인정', 관련민사사건 '확정판결에서 인정'된 사실 인정, 공문서의 진정성립 등에 대하여는, 특별한 사정이나 합리적인 설시도 없이 배척할 수 없다는 것이 판례의 태도 → 강력한 증거력, 심증형성의 경로를 명시할 의무
[判例] 관련된 다른 민·형사사건 확정판결에서 인정된 사실은 특별한 사정 없는 한 민사재판의 유력한 증거자료 O → 그러나 제출된 다른 증거내용에 비추어 그 확정판결의 사실판단을 그대로 채용하기 어렵다고 인정될 경우 배척 O, 이 경우 배척하는 구체적 이유를 '일일이' 설시할 필요는 ✕ [92다51372]
[判例2021] 민사재판이 형사재판의 사실인정에 구속받지는 ✕ → 동일한 사실관계에 관해 이미 확정된 형사판결이 유죄 인정한 사실은 유력한 증거자료 O → 민사

재판에 제출된 다른 증거들에 비춰 형사재판 사실판단 채용 어렵다고 인정되는 특별한 사정이 없는 한 이와 반대되는 사실 인정할 수 ✕ [2021다243430]

正辯 : 동의 없이 위임장 등 필요한 서류 위조하여 근저당권설정 및 부기등기 말소한 것이 밝혀져 사문서위조죄 약식명령 확정된 경우, 대여금액에 비해 담보부동산 규모가 과다한 점, 근저당권설정계약체결 위임한 점(설정계약체결 대리권 수여했어도 해제할 권한 가지는 것은 ✕) 등을 이유로 특별한 사정도 없이 확정된 약식명령의 사실인정 배척하면 위법하다는 사안임

[判例2022] 민사재판에 제출된 다른 증거에 비추어 형사판결의 사실판단을 그대로 채용하기 어려우면 배척 ○ → 형사재판 '유죄판결'은 공소사실에 증거능력 있는 엄격한 증거로 합리적 의심 배제할 확신 드는 증명 있다는 것, '무죄판결'은 그러한 증명 없다는 의미일 뿐 공소사실의 부존재 증명된 것은 ✕ [2019다202146]

正辯 : 대표이사가 분식회계 지시 및 허위 재무제표 공시로 기소되어 무죄판결 선고되었어도 민사재판에서 그의 감시의무 및 주의의무 위반 인정할 수 ○ ∵ 무죄판결이 대표이사가 감시의무 등을 다했다고 판단한 것은 아니므로

- 개정법 **제202조의2** : 손해 발생 사실 인정되나 구체적 액수 증명이 사안의 성질상 매우 어려운 경우, 법원은 변론 전체 취지와 증거조사 결과에 의해 상당한 손해금액 인정 가능 → 증명도 경감에 관한 판례의 태도 입법화

  [判例2020] 202조의2는 채무불이행·불법행위 손해배상뿐 아니라 특별법 따른 손해배상에도 적용 ○ → 간접사실 종합하여 손해액 인정 ○ ∵ 202조의2는 일반적 성격 [2018다301336]

3. 증거공통의 원칙

- 증거공통의 원칙 : 증거조사결과가 증거제출자에게 유리하게도 불리하게도 평가될 수 있다는 원칙

  [判例] 증거공통의 원칙상 법원은 쌍방의 증거를 자유로이 판단 ○, 일방으로부터 제출된 증거를 상대방 원용 여부 관계없이 상대방 이익되는 자료로 채증 ○ → 그렇다고 당사자가 원용하지 않은 증거를 당사자가 제출한 증거와 마찬기지로 채부판단 할 필요는 ✕ [73다1879]

- 변론주의는 증거 제출책임이 당사자에 있다는 것이고, 일단 제출된 증거의 증거력에 대한 평가는 자유심증주의이므로, 증거공통 원칙은 변론주의 위반 아님
- 대립되는 원고와 피고 사이에서 증거공통 원칙이 적용됨은 견해 일치하나,
  통공끼리 증거공통 ✕ (**제66조**, 독립의 원칙) – 판례도 부정, 견해대립 있음
  필공끼리 증거공통 ○ (**제67조 제1항**)

4. 사실인정 위법과 상고 여부

– 사실인정은 사실심의 전권사항 → 증거취사·사실인정이 잘못 있더라도 상고법원에서 문제 삼을 수 없음이 원칙
그러나 위법한 변론이나 증거조사, 적법한 변론·증거조사 간과, 논리·경험칙 위반한 사실인정 → 일반적 상고이유(**제423조**)
[判例] 사실인정은 적법한 증거조사절차 거친 증거에 의하여 정의와 형평의 이념에 입각하여 논리와 경험법칙에 따라 해야 → 사실인정이 사실심의 재량에 속한다고 하더라도 그 한도 벗어나서는 안 됨

5. 증명방해

– 증명방해 : 증명책인 부담하지 않는 당사자가 고의·과실로 증명책임을 부담하는 당사자의 증명을 불가능 혹은 곤란하게 하는 것
– 명문규정 있는 증명방해 : 문서 부제출(**제349조**), 문서 훼손(**제350조**, 사용방해)
– **명문규정 없는 증명방해**의 효과 :
① **자**유심증설 [**통판**] / ② 증명책임**전**환설
③ 법정증**거**설 / ④ **절**충설(현대형 소송에서는 증명된 것으로)
[判例] 의사가 진료기록을 변조한 행위는 공평·신의칙에 어긋나는 입증방해행위 → 법원은 이를 "자료로 삼아 자유로운 심증에 따라 방해자에게 불리한 평가를 할 수 있을 뿐, 입증책임이 전환되거나 곧바로 주장 사실 증명된 것으로 보아야 하는 것은 ✕" [98다9915]
[判例] 일방이 일부 훼손된 문서를 증거로 제출, 상대방이 훼손 부분에 잔존 부분 기재와 상반된 내용 기재 있다고 주장 → ① 문서제출자가 사용 방해 목적으로 훼손했다면 법원은 훼손 부분 기재에 대한 상대방 주장을 진실 인정 가능(350조), ② 그런 목적 없이 훼손되었더라도 훼손 부분에 잔존 부분과 상반된 내용 기재 가능성 인정되어 문서 전체 취지가 제출자 주장에 부합한다는 확신 없다면 이로 인한 불이익은 훼손 문서 제출한 당사자에게 [2014다81542]
[判例] 증거자료 접근 훨씬 용이한 일방이 상대방 증명활동에 협력하지 않는다고 하여 증명방해로 단정할 수 ✕, 1조의 신의칙 위반도 ✕ ∵ 대등한 사인간 민사소송에서 일방에게 상대방 증명활동 협력의무 ✕ [95다23835]

제5절 증명책임

증명책임

1. 의의

- 증명책임 : 소송상 증명 요하는 주요사실의 존부가 확정되지 않을 때 해당 사실을 요건으로 하는 법 적용이 부정되는 한쪽 당사자의 불이익(= 객관적 증명책임)
  불이익 판단을 면하기 위해 증거 제출해야 할 책임(= 주관적 증명책임)

2. 증명책임의 분배

- 법률요건분류설 [**통판**] : 법규의 구조·형식을 기준으로
  권리**근**거규정 요건사실은 원고가 증명책임
  권리**장**애·소**멸**·**저**지규정의 요건사실은 피고가 증명책임
  소송요건의 존부는 원고가 입증책임 (다만 제소기간 도과는 피고 입증책임)
- 법률요건분류설의 한계·보완 : 공해소송·의료소송·제조물책임소송 등 현대형 소송(증거의 구조적 편재)에서는 다양한 보완이론

3. 법률상 추정 – 증명책임의 완화

- 법률상 추정 : 법규화된 경험법칙인 법률상 추정규정을 적용하여 하는 추정
  법률상 '사실' 추정 : **民 제198조** 점유계속 추정, **民 제844조** 친생자 추정
  법률상 '권리' 추정 : **民 제200조** 점유자 권리추정, **民 제830조** 부부 공유추정
- 법률상 추정의 효과
  당사자는 '전제사실'의 증명만으로 '요증사실' 증명이 가능
  상대방은 ⓐ 전제사실에 대한 '반증' 혹은 ⓑ 법률상 추정된 사실에 대한 반대사실의 증명('본증')으로 깨뜨릴 수 있음
- 등기의 추정력 : 명문 없으나 판례는 법률상 추정 인정 → 진실한 권리관계, 등기의 절차·원인 적법성 추정 ※ 민법 관련 판례 참조

4. 유사적 추정

- 유사적 추정 : 법률상 추정 ✕, 사실상 추정 ✕
  다만 유사적 추정도 본증으로 깨뜨려야
- ① **잠**정적 진실 : 무전제 추정, **民 제197조 제1항** 점유의 자주·선의·평온·공연 추정
  ② **의**사추정 : 법률행위 해석규정, **民 제153조 제1항** 기한은 채무자 이익 위한 것으로 추정, **民 제398조 제4항** 위약금 약정은 손해배상액 예정으로 추정
  ③ **증거**법칙적 추정 : 보조사실 추정, **제356조** 공문서진정, **제358조** 사문서진정

5. 일응의 추정

- 일응의 추정 : 간접사실로부터 고도의 개연성 있는 경험법칙 이용하여 주요사실을 추정하는 것
  간접증명 : 주요사실 존재·부존재 추인시키는 간접사실로 주요사실 증명하는 방법
  → 주로 불법행위 영역에서 정형적 사상경과가 문제된 경우
- 증명책임 있는 당사자가 일응의 추정의 전제사실인 간접사실(*ex.*인도돌진)을 증명하여 주요사실(*ex.*과실)에 일응의 추정 성립하면[= **간접증명**],
  상대방이 그 전제사실에 대한 예외사실(*ex.*뒤차충격, 전제사실과 양립되는 별개의 사실), 즉 특별한 사정(=비정형적 사상경과)을 증명하여야만[= **간접반증**] 그 추정을 깰 수 있음
  → 이 경우 '간접반증'은 주요사실(과실)에 대하여는 반증의 성질을 가지고, 전제사실(인도돌진)에는 본증
- **[判例]** 공해소송에서 피해자에게 사실적 인과관계에 대해 과학적으로 엄밀한 증명 요구하는 것은 사법적 구제 사실상 거부, 가해기업은 조사 용이하고 은폐할 우려
  → 피해자가 가해기업이 유해물질 **배**출하고, 그것이 피해물건에 **도**달하여, **피**해가 발생한 사실을 입증하면 → 가해자 측에서 원인물질 들어있지 않거나 들어있더라도 피해 일으킬 농도 아니라는 점, 혹은 그 피해에 다른 원인이 전적으로 작용한 점을 입증하지 못하는 한 인과관계 ○, 책임 ○ [2003다2123, 2000다65666]
  [判例] 의료상 주의의무위반과 손해발생 사이에 인과관계 존재해야 함은 물론이나, 의료행위가 고도의 전문적 지식 필요한 분야이고 보통인으로서는 의료상 과실을 밝혀내어 인과관계 완벽히 입증하는 것은 극히 어려우므로, 의료소송의 피해자 측이 의료행위 과정에 저질러진 일반인 상식에 바탕을 둔 의료상 과실 있는 행위를 증명

하고, 그 결과와 사이에 의료행위 외에 다른 원인이 개재될 수 없다는 점, 이를테면 환자가 의료행위 이전에 그러한 결과의 원인이 될 만한 건강상의 결함이 없었다는 사정을 증명한 경우, 의료행위 한 측이 전혀 다른 원인에 의한 것이라는 증명을 하지 않는 이상 인과관계 추정하여 입증책임 완화함이 타당 [2004다52576]

[判例] … 전문가인 제조업자만 알 수 있고 … 소비자가 결함을 밝혀내어 완벽히 입증하는 것은 지극히 어려우므로, TV를 정상적으로 수신하다가 발화·폭발한 경우 소비자 측이 그 사고가 제조업자 배타적 지배하 영역에서 발생한 것을 입증하고, 어떤 자의 과실 없이 통상 발생하지 않는 사고라는 점 증명하면, 제조업자 측에서 그 사고가 제품 결함이 아닌 다른 원인으로 발생한 것임을 입증하지 못하는 이상, 위 제품은 사회통념상 당연히 구비하리라 기대되는 합리적 안전성을 갖추지 못한 결함 있었고, 이 결함으로 말미암아 사고가 발생하였음을 추정하여 손해배상책임 지울 수 있도록 입증책임 완화함이 손해의 공평·타당한 부담 [98다15934]

Part 3
소송의 종료

03

제4편 소송의 종료

제1장 소송종료사유

≪ 소송종료선언 ≫

1. 소송의 종료 유형

- ㉠ 당사자의 행위에 의한 종료 : 취하, 포기·인낙, 화해
  ㉡ 종국판결에 의한 종료 → 기판력 문제
  ㉢ 소송종료선언

2. 소송종료선언

- **소송종료선언** : 계속 중인 소송이 유효하게 종료되었음을 확인하는 종국판결
  확인판결, 소송판결, 종국판결 → 불복 상소 O
- 사유
  ① 당사자가 소·상소 취하의 효력이 없다거나 소송상화해조서에 확정판결 당연무효 사유 있다면서 소송종료 된 점을 다투고자 '기일지정신청'을 한 경우(**규칙 제67조** 등 참조), 그 주장이 이유 없을 때
  ② 소송종료 효과 발생했는데도 법원이 간과하고 소송심리 진행해오던 것이 발견되었을 때 *ex.* 이혼소송(일신전속적) 계속 중에 일방 당사자의 사망을 발견한 경우
  [判例2019] 이사가 주총결의취소 소 제기했다가 소송계속 중 혹은 사실심 변론종결 후 사망 → 소송종료선언 O, 중단 ✕ ∵ 주식회사 의사결정기관인 이사회 구성원으로서의 이사의 지위는 일신전속적이어서 상속 ✕ [2015다255258]
- 간과판결 : 소송종료 간과한 본안판결 나오면 상소법원은 원심판결 취소 및 스스로 소송종료선언 판결을 함

취하

1. 의의

– 취하 : 원고가 소의 일부·전부를 철회하는 법원에 대한 단독적 소송행위

[判例] 원고들 소송대리인으로부터 원고 1인 소 취하 지시받은 사무원이 착오로 전원의 소 취하했어도 소 취하 무효 ✕ ∵ 사무원은 소송대리인의 표시기관, 그의 착오는 소송대리인의 착오 ○, 소 취하는 소송행위로서 의사 아닌 표시 기준으로 → 적법한 소 취하 서면이 제출된 이상 상대방에게 송달되기 전·후를 묻지 않고 원고는 임의로 철회할 수 ✕ ∵ 소 취하는 법원에 대한 소송행위 [97다6124]

구별개념 : 청구의 포기/ 상소취하/ 소취하계약/ 공방의 일부 철회

[判例] 청구감축은 일부 취하 ○, 일부 포기 ✕ [93누9460]

2. 요건·방식(제266조)

– ① 모든 **소**송물에 대해 : 직권탐지주의 사건에서도 ○ ≠포·인·화는 불가

② **시**기는 판결확정시까지(**제1항**) : 상소심에서도 ○

③ **소**송행위 유효요건 : 소송능력 필요, 소송대리인은 특별수권 필요

④ 피고 **동**의(**제2항**)

피고가 '본안에 관하여' 준비서면 제출, 준비기일 진술, 변론 한 뒤에 동의 필요

소취하서 송달일 2주 내에 상대방 이의 제기 않는 경우 소취하 동의 간주 (**제6항**)

취하의 동의는 소송대리인 특별수권 불필요(**제266조 제2항**)

그러나 동의도 소송행위 → 소송능력 필요

고필공 : 모두의 동의 필요

독당 : 본소취하는 피고·참가인 동의/ 독당참가신청취하는 원고·피고 동의 필요

[判例] 피고가 본안전 항변으로 각하를, 본안에 관해 기각을 각 구한 경우, 본안에 관한 것은 '예비적'으로 구한 것이므로 원고는 피고 동의 없이 취하 ○ [68다217]

[判例] 소 취하에 피고가 이의하여 동의 거절하면 소 취하 효력 ✕ → 추후 동의하더라도 취하는 여전히 효력 ✕ [69다130]

– 방식(**제3, 4항**) : 서면으로 하여야, 다만 변론·변론준비기일에서 말로 ○
소장 부본 송달한 뒤에는 취하 서면을 상대방에게 송달하여야

3. 효과

– 소송계속 소급적 소멸(**제267조 제1항**) → 처음부터 소송 계속이 없었던 것과 같은 상태로 종료 → 시효중단·기간준수 효력도 소급 소멸(**民 제170조 제1항**)

– 독당참가, 반소, 중간확인의소는 본소의 취하로 영향 받지 ×

– 재소금지(후술)

4. 취하간주

– ① 양쪽 불출석(**제268조, 제286조**)
② 피고경정은 종전 피고에 대한 취하(**제261조 제4항**)
③ 교환적 변경은 구 청구의 취하(통설·판례인 결합설)
④ 배당이의 소에서 첫 기일 원고 불출석(**민집법 제158조**)

5. 소취하 효력 다투는 절차

– 소취하의 취소 가부 → 민법 유추적용 부정하는 하자불고려설 [통·판] (전술)

– 기일지정신청(**규칙 제67조, 제68조**), 상소·재심 ×
소의 취하가 부존재·무효라고 주장하면 기일지정신청(**제1항**) → 법원은 변론을 열어 심리하여야(**제2항**) → ㉠ 이유 없으면 소송종료선언 / ㉡ 이유 있으면 절차 속행하고 중간판결·종국판결에 판단 표시해야(**제3항**)
종국판결 선고 후 상소기록 송부 전의 소 취하에 기일지정신청 → ㉠ 상소이익 있는 당사자 모두 상소했다면, 판결법원의 법원사무관등은 소송기록을 상소법원에 보내고 상소법원이 위 절차 진행 / ㉡ 그렇지 않다면, 판결법원이 위 절차 진행하여 ⓐ 이유 없으면 소송종료선언, ⓑ 이유 있으면 소취하무효선언 판결(**제4항**)
268조(286조 포함) 따른 '취하간주' 효력 다툴 경우도 67조 1항~3항 준용(**제68조**)

– 상소심에서 취하가 소취하(→재소금지)인지 상소취하(→기판력)인지 불명한 경우에는 불이익 비교적 적은 소취하로 [통]

재소금지(제267조 제2항)

1. 취지

– 법원 노력·비용 **무용**화, 법원의 종국판결의 당사자에 의한 **농락**의 방지

[判例2021] 267조 2항은 재소금지는 소취하로 그동안 판결에 들인 법원의 노력이 무용화되고 다시 동일한 분쟁을 문제 삼아 소송제도를 남용하는 부당한 사태를 방지할 목적에서 나온 제재적 취지의 규정 [2018다259213]

正辯 : 최근에는 '농락'이라는 단어가 '남용'으로 판례 표현이 바뀜

2. 요건

– ① **당**사자 동일, ② **소**송물 동일, ③ **권**리보호이익 동일,
④ **본**안에 대한 종국판결 선고 뒤의 취하

① **당**사자 동일

– 전소 원고를 의미함

– 법정소송담당과 권리귀속주체 사이 ○

[判例] 채권자대위소송의 본안에 관한 종국판결 후에 취하한 경우, 채무자가 대위소송 계속 사실을 안 이상 채무자도 재소금지 효력 ○ [93다20177]

선정당사자가 본안 선고 후 취하하면 선정자도 재소금지 ○

– 변론종결 후 승계인 ○ (특정승계인은 재소금지 적용 부정된다는 견해 있음)

[判例] 본안 종국판결 선고 후에 소 취하한 경우에 재소할 수 없는 승계인은 변론종결 후의 승계인에 한하고, 변론종결 전 승계인으로서 소송에 당사자로 참가하지 아니한 제3자는 포함되지 × [69다760]

[判例] 재소금지의 '소를 취하한 자'에 변론종결 후 특정승계인 포함 ○, 다만 권리보호이익도 같아야 '동일한 소' → 전소·후소는 토지 소유권 기한 물권적 청구권으로서 소송물 동일하지만 전소 취하 후 토지 양수한 자는 소유권 침해하는 피고에 대해 배제를 구할 새로운 권리보호이익 ○, 재소금지 × [81다64]

正辯 : 판례는 기판력의 주관적 범위인 '변론종결 후 승계인' 법리를 재소금지에도 적용하고 있고, 다만 재소금지는 전소가 '본안판결 선고 후 취하'된 것이므로 과연 '변론종결' 후 승계인지 '취하' 후 승계인지 논의 여지 있음(私見)

한편 위 판결은 물권적 청구권이 소송물인 사건에서 계쟁물인 토지의 특정승계인에게도 재소금

지를 적용했고, 다만 권리보호이익 달라 재소금지 위반 아니라는 결론(다만, 이처럼 특정승계인은 새로운 양수인으로서 자신만의 고유한 권리보호이익이 있다는 취지가 강조되면 사실상 특정승계인에게 재소금지를 적용하는 의미가 줄어들 수 있음, 私見)

② **소**송물 동일

– 구이론 기준으로 판단 → **동**일관계, **선**결관계 ○ (≠ 중복소송, ≠ 기판력)

[大判全合] 명의신탁을 해지한 경우, 소유권에 기한 소이등청구 ⇨ 신탁관계 종료 원인 소이등청구 : 재소금지 ✕ ∵ 별개 소송물 [79다634]

[判例] 면직처분무효확인 ⇨ 급여채권이행청구 : 재소금지 ○ ∵ 국가 노력 헛수고로 만든 자에 대한 제재 및 농락 사태 방지 취지인 재소금지는 기판력·중복소송금지에서 '동일한 소'와 반드시 같이 풀이할 필요 ✕ [88다카18023]

正辯 : 그러나 역으로 '이자 ⇨ 원본', '급여 ⇨ 면직무효' 순서라면 재소금지 ✕

[判例2022] 먼저 제기된 제1심에서 '상계항변' 제출하여 제1심판결로 본안에 관한 판단 받았다가 항소심에서 상계항변 철회한 후 그 자동채권을 별소로 제기하여도 재소금지 위반 아님 ∵ 상계항변은 소송상 방어방법인 예비적 항변, 취하와 달리 상대방 동의 없이 상계항변 철회 가능, 철회하면 법원은 처분권주의 원칙상 심판 불가 [2021다275741]

正辯 : '상계항변'은 비록 기판력이 발생하여 마치 소송물과 같이 취급되는 경우도 있으나, 적어도 '중복소송금지', '재소금지'에서는 '소'가 아닌 '항변'에 불과하여 적용되지 ✕

③ **권**리보호이익 동일

– **[判例]** 267조 2항 '동일한 소'는 권리보호이익도 동일해야 → 새로운 권리보호이익이 있다면 동일한 소 ✕ [81다64]

[判例] 소송물이 서로 동일하다 할지라도 "소제기를 필요로 하는 사정"이 달라서 권리보호이익이 다르다면 재소금지 위배되지 않음 [93다22074]

正辯 : 대법원은 권리보호이익을 '소송물 동일'에 포함시켜 판시를 해오다가 이후에는 독립된 요건으로 판시하였고, 이를 '소제기를 필요로 하는 사정'이라 표현하기도 함

– **권리보호 이익 달라 재소 허용**된 판례들

㉠ **[判例]** 매매 원인 소이등 승소하고 항소심에서 매매 원인 토지거래허가신청절차로 소 변경한 후 토지거래**허**가 받고 다시 소이등 구하는 경우 ∵ 종국판결 선고 후 취하했으나 허가 받았으므로 권리보호이익 다름, 재소금지 ✕ [97다45341]

㉡ **[判例]** 침해행위 중지하여 취하했는데 **재**침해하는 경우 재소금지 ✕

㉢ **[判例]** 피고가 변제 확약하여 취하했는데 **불**이행하는 경우 재소금지 ✕

[判例] 종국판결 후 소 취하했다가 피고가 취하의 전제조건인 약정을 위반하여 약정이 해제·실효되는 사정변경 생겼다면 재소금지 ✕ [93다22074]

㉣ **[判例]** 공유자들 건물인도청구소송 항소심 계속 중 원고 상호간 **공**유지분의 양도·양수에 따라 각각 소취하 및 재소 → 양수인의 추가된 건물인도청구는 양도인의 취하한 전소와는 권리보호이익 달라 재소금지 × ∵ 법원 노력 무용화·농락 ×, 양수인에게 소취하 책임 없고 그로서는 다시 소를 제기할 필요 ○ [95다48599]

正辯 : 공유지분 특정승계인은 '계쟁물 승계인'이고 취하한 소의 소송물이 물권적 청구권이어서 '당사자 동일'이 충족되는 것으로 보임(私見). 다만 논의가 거의 되지 않고 있음

㉤ **[判例2021]** 甲회사의 乙에 대한 정산금채권에 甲회사의 채권자 丙이 압류·추심명령 받아 乙 상대로 추심금청구 소제기 후 항소심에서 취하 → 甲회사의 다른 채권자 丁이 위 정산금채권에 다시 압류·**추**심명령 받아 乙 상대로 추심금청구 소제기하면 재소금지 × ∵ 丁은 선행 추심소송과 별도로 자신의 甲회사에 대한 채권 집행 위해 소 제기할 새로운 권리보호이익 ○, 丙의 취하가 패소 회피 목적이거나 丁이 소제기가 소송남용 의도 있다고 보기 어려운 점 [2018다259213]

正辯 : 위 판결은 "금전채무의 지연손해금채무는 손해배상채무로서 이행기 정함 없는 채무 해당하므로 채무자는 확정된 지연손해금채무에 대하여 채권자로부터 이행청구를 받은 때부터 지체책임 부담 → 압류·추심명령 신청 당시 정산금 채권 원금과 이에 대한 특정기간 발생 지연손해금을 합산하여 압류·추심할 채권으로 특정, 그 채권 전부를 구하는 추심금 원금으로 삼아 소제기 했다면, 압류·추심명령 신청 당시 압류·추심할 채권으로 표시된 정산금채권의 지연손해금 부분은 확정된 지연손해금채무로서 피고는 추심금 이행청구 받은 때부터 지체책임 부담"한다고 판시

㉥ **[判例2021]** 甲회사가 乙 상대 대여금청구 공시송달 승소판결, 그 후 채권양수인 丙회사가 乙 상대 양수금청구 공시송달 승소판결 → 乙이 판결들에 각 추완항소 → 양수금소송 항소심법원이 '丙회사 소 취하, 乙은 동의'하는 화해권고결정(=양수금청구 본안판결 선고 후 취하) → 위 화해권고결정 확정 전 丙회사가 대여금소송 항소심에 **승**계참가신청 → 재소금지 × ∵ 당사자·소송물은 동일하지만 丙회사의 취하는 乙로 야기된 중복상태 해소하고 먼저 제기된 대여금소송의 승계 방법으로 소송관계 정리하려는 동기·경위에 비추어 재소금지 취지에 반하지 않고 승계할 정당한 사정 있는 등 권리보호이익 동일하지 않으므로 [2018다230229]

㉦ **[判例2022]** 정당한 권원 없이 집합건물 공용부분·대지를 점유·사용하여 이익 얻고 구분소유자들이 사용할 수 없는 경우, 관리단이 제기한 부당이득반환소송의 확정판결은 구분소유자에게 효력 ○(후술) → 그러나 구분소유자가 부당이득반환의 소 제기했다가 본안 종국판결 선고 후 취하했더라도 **관**리단이 부당이득반환의 소 제기함은 재소금지 × ∵ 관리단의 소송은 구분소유자 공동이익 위한 것으로 구분소유자가 자신의 공유지분권에 관한 사용수익 실현 목적으로 하는 소송과 목적이 달라 새로운 권리보호이익 ○ [2021다239301]

④ **본**안에 대한 종국판결 선고 뒤의 취하

- '본안'에 대한 종국판결이어야 → 각하판결 ×, 소송종료선언 ×
- **[判例]** 판결 선고 전에 취하 → 법원이 간과하고 종국판결 선고 → 재소금지 ×

  [判例] 항소심에서 교환적 변경 후 다시 구청구로 교환적 변경 × ∵ 재소금지 ○, 교환적 변경은 신청구 추가 및 구청구 취하 결합형태 [86다카2600]

  [判例2022] 채권자취소소송 1심판결 선고 후 항소심에서 회생절차 관리인이 소송수계하여 부인청구로 교환적 변경했는데 파기환송 후 항소심에서 종전 채권자가 청구취지를 다시 채권자취소청구로 교환적 변경해도 재소금지 × ∵ 채무자회생법 113조 2항, 59조 4항에 따른 당연한 조치 [2022다241998]

  正辯 : 채권자취소소송 중 채무자 회생개시결정 있으면 절차 중단 후 관리인이 수계하여 '부인소송'으로 청구취지 변경하는데, 다만 관리인 수계 이뤄지기 전에 회생절차 폐지되면 다시 채권자가 수계하여 '채권자취소소송'으로 다시 청구취지 변경하게 됨 → 상고심에서 상고이유서 제출기간 경과 전에 회생절차 폐지되면 대법원은 부득이 수계 허가하고 청구취지 변경 및 심리를 위해 파기 환송하게 됨

  [判例2021] 본안 종국판결 있은 후 '원고 소 취하, 피고 동의'하는 화해권고결정이 확정되면 소취하 소송상 합의 ○ → 267조 2항 재소금지 ○ [2018다230229]

3. 효과

- 소극적 소송요건, 직권조사사항 → 해당하면 소 각하판결
- 실체법적 권리 소멸은 아니므로 자연채무 → 담보실행·상계 ○

  [判例] 부당이득반환청구 × ∵ 실체법상 권리 소멸 ×, 의무 면제 × [68다1722]

  [判例2023] 재소금지의 효과는 동일한 당사자 사이 같은 소송물에 관하여 다시 소제기 못하게 하는 것일 뿐 실체상의 권리는 소멸하지 × [2022다266874]

  正辯 : 甲은 재소금지 때문에 乙 명의 소이등 말소소송 제기할 수 없지만, 여전히 甲 소유이므로 甲은 乙을 상대로 부동산 시가 상당 손해배상 구할 수 없다는 판결(로민정 참조)

- **[判例]** 본안 종국판결 후 소 취하한 자는 동일한 소 제기할 수 없으므로 중복소송 상태에서 후소의 본안에 대한 판결 후에 후소를 취하한 자는 전소를 계속 유지 × [67다1042]

  正辯 : 甲이 A소 제기하여 계속 중 동일한 B소 제기했는데 B소가 중복소송임을 간과하고 제1심 본안판결 선고된 상태에서 甲이 B소를 취하했다면 전소였던 'A소'가 재소금지 법리로 부적법 각하됨(반드시 뒤에 제기된 소가 금지되는 '재소'가 아닐 수도 있다는 점)
  한편 전술한 2018다230229 판결은 중복소송관계를 정리하고 전소에의 승계참가를 하기 위한 취하였던 점에서 권리보호이익이 달라 재소금지 위반이 아니었던 것과 구별할 것

- **[判例]** 사망자 상대로 한 판결에 그 상속인이 항소 제기하였는데 원고가 항소심에서 소 취하한 경우 → 재소금지 적용 × ∵ 1심 판결 당연무효 [67다2494]

« 포기 · 인낙 »

1. 의의

– 청구의 포기 : 원고가 변론·변론준비절차에서 자기의 소송상 청구가 이유 없음을 자인하는 법원에 대한 일방적 의사표시
청구의 인낙 : 피고가 변론·변론준비절차에서 원고의 소송상 청구가 이유 있음을 자인하는 법원에 대한 일방적 의사표시

– 소송행위, 효과에 있어서는 패소확정판결의 효과

– **[判例]** 예비적 병합에서 피고가 예비적 청구만 인낙 ✕, 조서 기재 무효 [94다62017]

2. 요건

– ① 당사자 : 당사자능력·소송능력, 소송행위 유효요건, 소송대리인은 특별수권

– ② 소송물 : 당사자가 자유로이 처분할 수 있는 소송물일 것 (≠ 취하)
[判例] 인지청구권은 신분법상 권리로서 포기 ✕, 포기해도 효력 ✕ [81므10]

– ③ 공서양속·강행법규 위반 없을 것 : 청구취지 자체로 보아 반사회적일 것
[判例] 청구 자체가 아닌 청구원인이 공서양속·강행법규에 반해도 인낙조서 유효 [68다2024]

– ④ 소송요건 구비

3. 시기·방식

– 항소심·상고심 ○

– 원칙은 기일에 말로, 상대방 출석 불필요
신법은 서면포기·인낙제도(**제148조 제2항, 제286조**) : 불출석하면서 진술간주 되는 서면에 포기·인낙 의사표시 기재하고 공증사무소 인증 받으면 포기·인낙 성립

4. 효과

– 변론조서·변론준비기일조서에 적어야 → 확정판결과 동일 효력(**제220조**) → 별도로 포기·인낙조서도 따로 작성해야 하나, 위 조서에 기재함과 동시에 소송 종료

- 소송종료효 → 만일 간과하고 속행되면 소송종료선언

  [判例2022] 청구 인낙은 피고가 원고 주장 승인하는 관념의 표시에 불과한 소송상 행위로서 조서에 기재하면 확정판결과 동일한 효력 발생되어 소송 종료 효력 → 실체법상 채권·채무 발생·소멸의 원인되는 법률행위 ✕ [2020다271919]

  正辯 : 연대보증인이 주채무자와 함께 채권자 상대로 채무부존재확인소송 제기 → 채권자(피고)가 주채무자의 청구만 인낙, 연대보증인의 청구는 다툼 → 연대보증인은 '인낙으로 주채무 소멸되어 연대보증채무도 함께 소멸했다'는 주장을 할 수 ✕

5. 포기·인낙의 효력을 다투는 방법

- 조서작성 뒤에는 재심사유 있다면 준재심의 소(**제461조**)로만 다투어야 → 실체법상 무효·취소사유로는 ✕ (= 무효확인소송 ✕, 기일지정신청 ✕)

  다만 이미 사망한 자 상대로 한 경우처럼 '확정판결의 당연무효사유' 있으면 예외적 기일지정신청 ○

∝ 재판상 화해 ∝

1. 서설 – 재판상 화해

– ㉠ 제소전 화해 : 소송계속 전에 지방법원 단독판사 앞에서

– ㉡ 소송상 화해 : 소송계속 중 변론기일·변론준비기일에서

2. 소송상 화해의 의의, 법적 성질

– 소송상 화해 : 소송계속 중 양쪽 당사자가 소송물인 권리관계 주장을 서로 양보하여 소송을 종료시키는 기일에서의 합의

– ① **사**법행위설 : 민법상 화해계약과 동일
② **소**송행위설 **[통판]** : 민법상 화해 규정 배제
③ **양**성설 : 법원에 대해서 소송행위, 당사자 사이 사법행위

– **[判例]** 소송상 화해는 판결 내용으로 소송물인 법률관계를 확정하는 효력 있으므로 순연한 소송행위 → 소송상 화해를 민법상 화해처럼 해제할 수 ✕ [4294민상914]
다만, 판례는 후술하는 것처럼 ⓐ **창설**적 효력 인정, ⓑ **해**제**조**건부 화해 인정 → 소송행위설로 일관되지는 않는다는 평가

3. 소송상 화해의 요건

– ① 당사자 : 당사자능력·소송능력, 소송행위 유효요건, 소송대리인은 특별수권
[判例] 소송당사자 아닌 제3자도 재판상 화해 당사자 ○ → 화해 효력은 화해조서 기재 내용에 따라 제3자에게도 효력 ○ [84다카1880]

– ② 소송물 : 당사자가 자유로이 처분할 수 있는 소송물일 것
[判例] '재심대상판결을 취소한다'는 조정·화해는 당연무효 [2010다97846]
[判例2022] 법률관계 변경·형성을 목적으로 하는 형성의 소는 법률에 명문 규정이 있어야 제기할 수 있고 그 판결 확정되면 효력 발생 → 형성판결의 효력을 개인 사이 합의로 창설할 수 ✕ → 형성소송의 판결과 같은 내용으로 재판상 화해를 하더라도 판결과 같은 효력은 ✕

'집행권원에 기한 강제집행을 불허한다'는 화해권고결정은 형성소송인 청구이의의 소의 재판 대상으로 당사자 자유롭게 처분할 수 ×, 화권결정 확정되어도 강제집행 불허 효력 발생 × → 부집행 합의로 해석될 여지 있으므로 매각허가결정 후 제출되었다면 매수인 동의 받아야 비로소 집행취소 효력 발생 [2022그534]

- ③ 공서양속·강행법규 위반 없을 것 : 청구취지 자체로 보아 반사회적일 것

  [判例] 화해의 '내용'이 배임행위 적극가담, 사립학교법위반, 중복소송금지위반 등 강행법규에 위반되더라도 확정판결의 당연무효사유가 없는 한, 준재심은 별론으로, 화해조서 무효라 할 수 × [2009다10496]

  [判例] 재판상 화해조서는 확정판결과 같은 효력 기판력 생기므로 그 내용이 강행법규 위반되어도, 준재심으로 취소되지 않는 한, 당사자 사이 화해 무효 주장 × → 그러나 기판력은 화해 당사자 아닌 제3자에게 미치지는 × [98다38760]

- 화해에서는 소송요건에 흠결 있어도 화해 ○ (≠포기·인낙) ∵ 제소전 화해도 인정

4. 조건부 소송상 화해

- 소송상 화해 자체의 성립·효력발생에 조건을 붙일 수 있는지 여부

  소송행위설에 따르면 조건을 붙일 수 없음 → 그러나 판례는 긍정

  [判例] 제3자 이의 있으면 화해 효력 실효시키는 해제조건부(실효조건부) 화해 ○

  正辯 : 정지조건부 화해라면 허용될 수 없으나, 해제조건부 화해라면 소송행위설에서도 불허할 것은 아니라는 견해 있음

- 소송상 화해의 내용을 이루는 이행의무 발생에 조건을 붙이는 것은 당연히 허용

5. 시기·방식

- 항소심·상고심 ○

- 원칙은 기일에 말로, 상대방 출석 불필요

  신법은 서면화해제도(**제148조 제3항, 제286조**) : 불출석하면서 진술간주 되는 서면에 화해 의사표시 기재하고 공증사무소 인증 받은 경우 '상대방 당사자가 받아들인 때'에 화해 성립

6. 효과

– 변론조서·변론준비기일조서에 적어야 → 확정판결과 동일 효력(**제220조**) → 별도로 화해조서도 따로 작성해야 하나, 위 조서에 기재함과 동시에 소송 종료

– 소송종료효 → 만일 간과하고 속행되면 소송종료선언

– 창설적 효력 여부 :

[判例] 종전 법률관계 바탕으로 한 권리의무관계는 소멸, 새로운 법률관계 유효하게 형성, 다만 서로 양보하여 합의하기로 한 사항에 한정, 다툰 적 없었던 사항은 ✕ [77다235] **正辯** : 소송행위설과 일관되지 않는 판례로 해석됨

[判例2022] 제소전 화해는 확정판결과 동일한 효력 있어 창설적 효력 ○ → 그러나 이는 당사자 간 다퉈졌던 권리관계만 ○, 다툰 사실 없거나 화해 전제로 양해하고 있는 사항에는 ✕, 화해 대상 아니었던 종전의 다른 법률관계까지 소멸하지는 ✕ → 임대차계약 체결한 후 '甲은 2018. 10. 29. 임대차기간 만료일에 乙로부터 보증금 반환과 동시에 乙에게 점포 인도한다'는 제소전 화해 → 甲은 기간만료 전 갱신요구권 행사 ○ ∵ 갱신요구권 배제 내용 없음, 화해조서는 기간만료 종료할 경우 보증금·인도 상환이행만 기재했을 뿐 갱신요구권 기재 없으며 그와 양립불능도 아님, 갱신요구권 포기로 볼 수 없음 [2019다299058]

– **[判例]** 계속 중인 다른 소송을 취하하기로 하는 재판상 화해조서 작성되었다면 계속 중인 그 소송의 원고는 권리보호이익 없어 각하되어야 [2005다14861]

7. 소송상 화해의 기판력

– ① 기판력부정설 (← 사법행위설, 양성설 일부)
② 무제한기판력설 [판] (← 소송행위설) : 준재심절차 이외에는 기일지정신청이나 화해무효확인 등 주장 불가 ∵ 220조, 461조, 법적 안정성
③ 제한적 기판력설 (← 양성설 주류) : 실체법상 흠이 없어야 기판력이 발생 → 실체법상 흠이 있다면 기일지정신청, 화해무효확인 ○

– **[判例]** 소송상 화해는 조서작성 뒤에 기판력 생겨 확정판결 당연무효사유 없는 한 준재심의 소(461조)에 의하여만 효력 다툴 수 있고, 소송행위인 소송상 화해를 사기·착오로 취소할 수 ✕, 효력 다투기 위한 기일지정신청 ✕ [78다1094, 90그3]

- 소송상 화해를 통해 집행력·형성력 발생 O

  [大判全合] 공유물분할 소송·조정절차에서 공유자 사이 현물분할 협의 성립하여 조서 기재하고 조정 성립했더라도 재판상 공유물분할처럼 즉시 공유관계 소멸 ×, 새로운 법률관계 창설 × → 이전등기 마쳐야 소유권 취득 [2011두1917]

8. 소송상 화해의 효력을 다투는 방법

- 판례의 무제한기판력설 입장에서

  ⓐ 당연무효사유(비실재·사망자를 당사자로 한 경우, 화해 자체가 없었던 경우) → 화해무효확인소송, 기일지정신청 → 만일 이유 없으면 소송종료선언

  ⓑ 재심사유 → 준재심의 소(**제461조**)

  ⓒ 실체법상 무효·취소사유 → 화해무효확인 ×, 기일지정신청 × → 다툴 수 ×

  正辯 : 제한적 기판력설에 의하면 실체법상 흠 있는 경우 화해무효확인·기일지정신청 O

  [判例] 재판상 화해를 한 당사자가 화해가 사법상 화해계약임을 전제로 화해 해제의 주장을 하는 것은 화해조서 취지에 반하여 불허 [4294민상914]

  [判例] 제소전 화해 이후에 새로 발생한 사실을 주장하여 제소전 화해에 반하는 청구를 하는 것은 기판력에 저촉되지 × [94다17680]

  正辯 : 제8회 변시 사례형 기출문제에서 당사자의 '소송상 화해'의 해제 주장은 물론 부당하지만, 화해의 청구원인인 '매매계약'의 해제 주장은 해제 요건을 갖춘 한 화해조서의 기판력에 반하지 않으므로 '인용'이 더 정확한 정답이라고 생각하나(私見), 출제된 문제의 표현으로 보아 '기각' 결론이 출제의도로 해석되어 논의의 여지가 남았음.

- 제1화해와 제2화해가 모순되면 제2화해에 준재심사유(**제10호**)

  [判例] 제1화해 성립 후 모순·저촉되는 제2화해 성립 → 제1화해 당연히 실효 ×, 제1화해조서 집행으로 마친 등기가 무효로 되지 × ∵ 기판력 발생 [92다25137]

9. 화해권고결정(제225~232조)

- 의의 : 소송 중에 소송 정도와 상관없이 '계속 중'인 사건에 대하서 직권으로 여러 사정을 참작하여 청구의 취지에 어긋나지 않는 범위 안에서 사건의 공평한 해결을 위하여 특정 내용의 화해를 권고하는 결정

- 이의신청 : 송달받기 전이나 송달받고 2주 내에(불변기간)

  이의하면 → 화해권고결정 이전 상태로 돌아가고 소송절차 속행, 화해권고결정은 실효, 이전 소송행위 효력 그대로

  2주 안에 이의신청 없으면 → 재판상 화해와 동일한 효력(기판력)

– **[判例]** 피고에게 소장부본 송달되지 않은 상태에서의 화해권고결정은 위법 ∵ 소송 계속 발생 ✕ [2005마1014]

[判例] 화해권고결정에 대한 이의신청 적법하면 소송은 화권결정 이전 상태로 회귀(232조 1항) → 당사자는 화해권고결정 송달 후에 생긴 사유에도 이의신청 ○

화권결정 송달 '후' 승계인도 이의신청과 동시에 승계참가신청 ○ → 화해권고결정의 기판력은 확정시 기준으로 발생 ○(소급 ✕)

소유권 기한 물권적 청구권으로 말소나 진명소이등 구하는 소송 중 소송물에 대해 화권결정 확정되면 상대방은 여전히 물권적 방해배제의무 ○, 화권결정에 창설적 효력 있더라도 청구권의 성질이 채권적 청구권으로 바뀌지 ✕ [2010다2558]

[判例2020] 동일한 채권에 대한 복수 채권자들이 압류·추심명령 받은 경우 어느 채권자가 제기한 추심금소송의 확정판결 기판력은 그 화해권고결정 확정일 '전'에 압류·추심명령 받았던 다른 추심채권자에게 미치지 ✕ [2016다35390] (후술)

10. 제소전 화해(**제385~389조**)

– 제소전화해 : 소제기 전에 지방법원 단독판사 앞에서 화해신청을 하여 민사분쟁을 해결하는 절차

– 법적 성질(소송행위설), 효력(확정판결과 동일, 창설적 효력) 모두 소송상 화해 동일

– 경제적 강자의 악용 우려(강행법규 위반, 폭리행위 집행권원 취득) 있어 충분히 심리해야

– 쌍방대리의 금지(385조 2항)

« 기판력 서설, 작용국면 »

1. 서설

- 기판력 : 판결 형식적 확정되면 불가쟁·불가반의 실체적 확정력 생기는 것
- 본질

  1) 모순금지설 [통판] : 법원 사이 판결의 통일

  승소 ⇨ **각하** ∵ 소의 이익 ✕ / **패소** ⇨ **기각** ∵ 모순판단 금지

  → 전소 '승소'확정판결만 '소송요건' 문제

  다만 승패 불문하고 '전소확정판결'의 존부는 직권조사사항

  2) 반복금지설 : 분쟁의 1회적 해결

  승패불문 소송요건 → 후소는 언제나 각하

  [判例2020] "기판력은 확정판결 주문에 포함된 법률적 판단과 동일한 사항이 소송상 문제되었을 때 당사자·법원이 이에 저촉되는 주장·판단 할 수 없는 기속력" → 확정판결 내용대로 실체적 권리관계 변경하는 실체법적 효력 ✕ → 소유권 기한 가등기말소청구 소송물은 가등기말소청구권, 기각판결 기판력은 가등기말소청구권 부존재에만, 소송물 아닌 토지 소유권 존부에 ✕, 확정판결로 소유권 내용이나 물권적 청구권 실체적 내용 변경·소멸 ✕ → 가등기말소청구소송 사실심 변론종결 후 위 패소한 소유자로부터 근저당권 취득한 제3자의 근저당권에 기한 가등기말소청구의 소에 전소 기판력 ✕ ∵ 근저당권의 일반적 효력인 물권적 청구권 O, 전소 소송물인 가등기말소청구권 승계 ✕, 218조 1항 변종 후 승계인도 ✕ [2019다261381]
- 기판력 있는 재판 : 확정된 유효 종국판결

  포기·인낙조서, 화해조서, 확정된 화해권고결정 혹은 조정에 갈음하는 결정 O

  [判例] 소송판결 O → 소송요건 흠결에 기판력 [97다25521] → 각하 ⇨ 각하

  [判例] 다만 소송요건 흠결을 보완하면 기판력 ✕ → 당사자능력 없는 단체가 각하된 후 비법인사단 실체 갖추어 소 제기하면 기판력 ✕, 적법 [2002다70181]
- **[判例2023]** 긴급조치 위반 사건에서, 구 민주화보상법 따른 보상금지급결정에 동의하여 재판상 화해 성립되었다며 국가배상청구 각하 확정 → 헌법재판소가 정신적 손해 부분 위헌결정 선고 → 다시 국가배상청구 O ∵ 재판상 화해 성립으로 볼 근거 사라짐, 소송요건 흠결 보완되어 기판력 저촉 없음 [2020다270633]

– 기판력 ✕ : **집**행증서, 확정된 **이**행권고결정, 확정된 **지**급명령 (집행력만 ○)

– 외국법원의 확정재판이 기판력 생기는 승인요건(**제217조 제1항 1~4호**) :
국제재판**관**할권 인정 + 방어 여유 있게 **송**달(공시송달 제외) 받았거나 응소 +
대한민국 선량한 풍속 기타 **사**회질서에 반하지 않을 것 + **상**호보증 있거나 균형
[大判全合2021] 217조 1항 2호의 송달에 보충송달 포함 ○ [2017다257746] (전술)
[判例2020] 민집법 26조, 27조 집행판결은 외국판결 당부 조사 않고 민소법이 정한 승인·집행 요건 구비 여부만 심사하여 집행력 부여, 그 소송물은 외국판결 근거로 우리나라에서 집행력 부여 구하는 청구권 ○, 외국판결 기초인 실체적 청구권 ✕ [2017다224906]

正辯 : 미국 법원에 제기한 이혼 및 재산분할청구의 소에서 甲·乙의 이혼 및 X부동산을 甲 소유로 하는 판결 선고되어 甲이 외국판결에 대한 집행판결 받아 X부동산 소이등 → 미국 법원이 이혼 부분 효력 유지, 재산분할 부분 취소 판결하자 乙이 甲을 상대로 X부동산 소이등 말소청구 → 집행판결의 기판력에 저촉되지 않음 ∵ 미국 법원 선고한 외국판결에 대한 확정된 집행판결의 기판력은 '외국판결을 국내에서 강제집행할 수 있다'는 판단에만 발생

2. 작용국면

– '전소 ⇨ 후소' 관계가 '**동**일·**선**결·**모**순'관계인 경우에만 기판력이 작용

– **동일**
[判例] 전소가 객체 특정 못하여 패소였다면 그 후 **특**정하여 청구하는 후소에는 전소의 기판력 ✕ ∵ 권리관계 실질적 판단 ✕ [91다28283]
[判例] 소송물이 동일하더라도 판결 내용 **특**정되지 않아 집행할 수 없는 경우에는 다시 소송 제기할 권리보호 이익 ○ [97다57658]
[判例] 승소확정판결 있어도 소멸시효 임박한 경우 소멸**시**효 연장 위하여 동일한 청구하는 것은 기판력 ✕ [87다카1761]

– **선결**
소유권확인 ⇨ 소물청 / 원금 ⇨ 이자 / 배당이의 ⇨ 부당이득
저당권말소 ⇨ 소이등말소(경락인) / 소이등말소 ⇨ 저당권말소(소이등으로부터)
[判例] 확정된 전소의 기판력 있는 법률관계가 후소의 소송물 자체가 되지 않아도 후소의 '선결문제'가 되는 때에는 전소 확정판결의 판단은 후소의 선결문제로서 기판력 작용 ○ → 소유권확인청구 판결 확정된 후 다시 동일 피고 상대로 소유권에 기한 물권적 청구권을 청구원인으로 소송 제기했다면 전소 확정판결의 소유권 존부 판단에 구속 ○, 당사자도 다른 주장 ✕, 법원도 다른 판단 ✕ [98다18155]

正辯 : 모순금지설에 의할 때 동일관계(승소⇨각하, 패소⇨기각)가 아닌 선결관계에서는 개별적인 판단이 필요함. 선결관계에서는 승소⇨승소, 패소⇨패소가 기본적 결론임

선결관계 逆방향(후소가 전소의 선결적 법률관계), 가령 "소물청 ⇨ 소유권확인"은 기판력 × ∵ 기판력은 주문에만 발생하는 객관적 범위 *v.* 쟁점효이론

[判例] 확정판결의 기판력은 "소송물로 주장된 법률관계 존부 판단의 결론 그 자체에만 O, 그 전제인 법률관계 존부에는 미치지 ×" → 소이등말소 인용판결 확정되었어도 패소 당사자가 소유권확인 구할 수 O ∵ 기판력은 소송물이었던 말소등기청구권의 존부에만, 그 전제가 되는 소유권 자체 존부에는 × [95다37988]

正辯 : 위 판결은 당시 진명소이등청구에도 기판력 미치지 않는다고 설시했으나 해당 부분은 추후 전합판결(99다37894 전원합의체)로 폐기되었음

[判例] 배당이의 소에서 패소판결 확정된 당사자가 그 후 상대방에 대해 확정된 배당액이 부당이득이라며 부당이득반환 청구할 경우, 당사자는 확정판결과 다른 주장 ×, 법원도 다른 판단 × ∵ 배당이의 본안판결에서 판단된 배당수령권 존부는 부당이득반환청구권 성부 판단의 선결문제 O, 배당이의 본안 확정되면 이의 있었던 배당액에 관한 실체적 배당수령권 존부 판단에 기판력 O [99다3501]

– **모순**

甲 소유권확인 ⇨ 乙 소유권확인 (※ 이 경우는 전소가 승소확정인 경우만 모순)

甲 매매소이등 ⇨ 乙 등기말소(매매무효)

甲 매매대금 ⇨ 乙 부당이득(매매무효)

[判例] 소유권이전등기절차 명하는 확정판결에 의해 소유권이전등기 마쳐진 경우, 다시 원인무효임을 내세워 말소등기절차 이행 청구함은 확정된 이전등기청구권을 부인하는 것이어서 기판력 저촉 [94다61649]

– 모순관계에 해당하지 않는 경우들

[判例] 甲 부당이득(매매무효·해제) ⇨ 甲 매매소이등 : 모순 아님 [2004다55698]

[判例] 甲 가등기에 기한 본등기 ⇨ 乙 가등기말소 : 모순 아님 [93다52488]

전소 소송물과 동일하지 않더라도 "전소에서 확정된 법률관계와 모순되는 정반대 사항을 소송물로 삼으면 기판력 O" → 그러나 "기판력은 소송물로 주장된 법률관계의 존부 판단의 결론에만" → 전소에서 확정된 법률관계란 확정판결의 기판력이 미치는 법률관계 O, "그 전제가 되는 법률관계 ×"

正辯 : 위 예시들은 전소의 '선결관계'에만 모순될 뿐 소송물끼리는 모순(정반대) 관계가 아님. 즉 '부당이득(금전)과 소이등(등기)', '본등기와 가등기'는 서로 이질적인 청구들일 뿐임

正辯 : 한편 [2004다55698] 판결은 이유 中에서 만일 '이중의 이득'을 얻을 목적이었다면 신의칙 위반이겠지만 사안은 그런 목적 없으므로 결국 청구를 허용하고 있음(후술)

甲 등기말소(1.1.매매 무효) ⇨ 乙 소이등(2.1.매매 유효) : 모순 아님

[判例] 소유권이전등기 원인무효 말소판결 확정되었어도 패소한 당사자가 매매 등 다른 청구원인으로 소이등청구 O ∵ 확정판결 기판력은 소송물로 주장된 법률관계 존부 판단에만, 소송물인 말소등기청구권 존부에만 [93다43491]

正辯 : 청구끼리 '등기말소와 소이등'이어서 전형적인 모순관계이지만, 주장하는 청구원인이 달라 모순이 아닌 것이며, 이는 구이론에 의한 소송물 판단이기도 함
→ 종합하면, 모순관계가 되기 위해서는 청구취지끼리도 정반대, 청구원인끼리도 모순적이어야 함

[判例] A가 B 상대로 소유권확인 및 B의 소보등 말소 승소확정 → B가 A 상대로 위 판결확정 전 취득시효 완성 원인 소이등 구하면 기판력 저촉 ✕ ∵ 전소 소송물(소유권 자체 확인 및 B 명의 소보등의 말소청구권 존부) ≠ 후소 소송물(B의 취득시효 완성 원인 소이등청구권 존부), B가 전소에서 별개의 등기청구권 취득원인 항변 내세울 의무 없음, 등기 말소되어도 취시 소이등청구권 소멸되지 않음 [94다35039]

正辯 : 결국 '말소'와 '소이등'은 대표적인 '모순관계'로 보지만, 실질적으로 '소이등⇨말소'의 경우 대부분 모순관계일 가능성이 큰 것에 비해, '말소⇨소이등'의 경우는 말소되어야 할 사유와 별개로서 소이등을 받을 사유가 존재할 수 있어 모순관계가 아닌 경우가 더 많음(전소에서 매매무효로 말소를 당했는데 후소에서 '그' 매매가 유효라는 주장을 하는 경우에만 모순관계, 이상 私見)

- **[判例]** 당사자가 확정판결 기판력에 저촉되는 주장을 할 수 없는 것은 적극당사자(원고)가 되어 주장하는 경우는 물론 소극당사자(피고)로서 항변하는 경우도 포함 O [86다카2756]

  正辯 : 소유권에 기한 건물 인도청구에 대하여 피고가 건물 전세금을 반환받을 때까지 응할 수 없다고 동시이행항변을 한 경우, 피고가 종래 원고를 상대로 전세금반환청구의 소 제기하여 기각 확정된 바 있다면 위 동시이행항변은 기판력 저촉되는 주장으로 불허됨
  한편 기판력의 객관적 범위는 '전소' 확정판결의 소송물에만 발생한다는 것과, 전소 소송물에 발생한 기판력에 저촉되는 것이라면 '후소'에서 소송물이 아니라 '항변'으로 주장하는 것(이때는 '작용국면'을 동일·선결·모순으로 보기는 어려움)도 불허된다는 점을 구별해야

- **[判例]** 기판력 있는 전소판결과 저촉되는 후소판결이 확정된 경우에도 전소판결의 기판력이 실효되는 것은 ✕, 재심의 소에 의하여 후소판결 취소될 때까지 전소판결과 후소판결은 저촉되는 상태 그대로 기판력 O → 기판력 있는 전소판결의 변론종결 후에 저촉되는 후소판결 확정되었다는 사정은 변론종결 후 발생한 새로운 사유도 ✕ [96다32706]

≪ 기판력의 시적 범위 ≫

1. 의의

– 시적 범위 : 표준시 前에 존재한 사유는 후소의 '소제기'나 '공방'에 차단효 O
기판력은 표준시 이전이나 이후의 권리관계를 확정하지 않으므로

– 표준시 = 사실심 변론종결시 (무변론판결은 판결선고시, 화권결정은 그 확정시)
존재한 사유 = 공격방어방법을 의미

– 시적 범위는 작용국면 및 객관적 범위 미치는 것을 전제로 적용해야
(작용국면·객관적 범위를 벗어나면 시적 범위는 적용 여지 없고 차단효 ×)

2. 소송물(작용국면)과 시적 범위

– ⓐ **[判例]** 소유권확인(패소) ⇨ 다른 취득원인(전소변종前 주장 가능) : 기각
ⓑ 등기말소(패소) ⇨ 다른 원인무효(전소변종前 주장 가능) : 기각
ⓒ **[判例]** 취득시효 소이등(타주점유 패소) ⇨ 점유권원·기산점 달리 : 기각
ⓓ 매매소이등(패소) ⇨ 취득시효(전소변종前 주장 가능)소이등 : 허용 (**기판력 ×**)

正辯 : ⓓ는 설령 취득시효 주장이 전소에서 제출 가능했더라도 이는 전소에서 주장할 수 있었던 '공방'이 아닌 '소송물'의 문제로서 전소와 후소는 소송물 자체가 다른 것이어서 아예 작용국면 및 객관적 범위 안에 있지 않으므로, 시적 범위가 문제되지 않음

[判例] 매매 원인 소이등청구와 취득시효완성 원인 소이등청구는 등기청구권 발생 원인 달리하는 별개 소송물로서 전소 기판력은 후소에 미치지 × [80다204]

3. 차단효와 변론종결 후 새로운 사유

– 1) 판단효력설 [통판] : 변종 전 주장할 수 있었던 공방은 제출하지 않은 악의·과실을 불문하고 차단 O *v.* 2) 제출책임효력설 : 귀책사유 있어야 차단하는 견해

– **표준시 뒤에 발생한 새로운 사유** → 차단되지 않음(소제기·공방 허용 O)
새로운 사유 : 사실자료일 것 (법률·판례 변경 ×, 위헌결정 ×)
[判例] 변종 뒤 조건 성취 O → 양도담보 소유권이전등기·저당권등기 말소청구에서 변종 뒤 피담보채무 변제 *or* 장래 잔존채무 변제 조건으로 O [2013다64793]
正辯 : '변제한 사실'뿐 아니라 '장래 변제할 사실'도 변종 후 새로운 사실이 될 수 있음

[判例] 정지조건 미성취 이유로 기각되고 변론종결 후 조건 성취되면 동일한 청구 다시 소 제기 ○ [2000다50909]

[判例] 소유권확인청구가 상속분 부분만 인용되고 상속분 아닌 부분은 기각 확정된 후 기각된 나머지 상속분 소유권확인청구를 하는 경우, 변종 후 상속재산분할협의는 새로운 사유 ○ (비록 상속재산분할 소급효 있으나) [2011다24340]

[判例] 토지거래허가절차이행 및 소유권이전등기 구했다가 전자 인용, 후자 기각으로 확정 → 후소로 전소 변론종결 전에 허가구역 해제된 사실을 들어 소이등청구하면 기판력 저촉 [2011다79968]

[判例2016] 甲이 소유 토지 지상 아파트 일부 세대를 乙회사에 대물변제 약정 → 아파트 개별 세대 甲이 소유권보존등기 마친 상태에서 乙회사로부터 아파트 분양받아 점유하는 丙을 상대로 소유권 기하여 건물인도 소 제기 했으나 甲 패소확정(분양 처분권한 있는 乙회사로부터 매수한 丙은 점유할 정당한 권원) → 그 후 乙회사가 丙 상대로 매매계약 무효확인 소 제기 하여 乙 승소확정(무권대리) → 그 후 甲이 丙을 상대로 소유권에 기한 건물인도 구하는 소 제기 → 기판력 저촉 불허 ∵ 제1, 2차 인도소송 소송물은 모두 소유권 기한 방해배제인 건물인도청구권 동일, 매매계약이 정당한 권한 있는 사람에 의해 체결되어 丙이 점유할 권원 있는지는 제1차 인도소송의 변론종결 전에 존재하던 사유, 그 '법적 평가' 담긴 무효확인 확정판결은 변론종결 후 발생한 새로운 사유 ✕ [2016다222149]

4. 표준시 뒤의 형성권 등의 행사

- 문제점 : 취소권·상계권 등의 형성권이 변종 前 발생하였으나 행사하지 않았다가, 변종 後에 비로소 행사 → 차단될 것인지 여부
- 취소권·해제권의 경우 → 차단 / 상계권 → 차단 ✕ : 상계권비실권설 [통판]

  [判例] 확정판결 변종 前 이미 발생했던 취소권을 행사하지 않아 불리하게 확정된 후 취소권을 뒤늦게 행사하여 확정의 효력 부인할 수 ✕ [79다1105]

  [判例] 해제사유가 전소 변론종결 전에 존재했다면 변론종결 후에 해제 의사표시 했다고 해도 기판력 저촉 ∵ 기판력은 후소와 동일한 내용의 전소의 변론종결 전에 주장할 수 있었던 모든 공격 방어방법에 미치므로 [80다2751]
- **상**계권 : **[判例]** "확정판결 변론종결 前 상계적상 채권 있었고 그 존재를 알았더라도 변론종결 후에 상계 ○, 청구이의 ○", 민집법 44조 2항 '청구이의 원인이 변론종결 이후 생긴 것' ○ [66다780]

  ∵ 상계는 출혈적 항변, 상계권은 독립된 권리일 뿐 소구채권 하자 주장 아님

- **건**물매수청구권 : **[判例]** 건물 소유 목적 토지임대차에서 임차인이 건물매수청구권 행사할 수 있음에도 행사하지 않아 토지인도·건물철거소송이 임차인 패소로 확정되더라도, 건물철거 집행되지 않은 이상 임차인은 건물매수청구권을 행사하면서 청구이의 O, 별소로 건물 매매대금지급청구 O [95다42195]
  ∵ 사회·경제적 효용, 건매청은 독립된 권리일 뿐 소구채권 하자 주장 아님
  [判例] 토지인도 승소확정 후 이어서 건물철거를 구한 경우 피고가 건매청 행사 O
  ∵ 전소 기판력은 토지인도청구권 존부일 뿐 토지임차권 존부에는 X [93다37267]
  正辯 : 토지인도·건물철거 함께 구할 때 건매청 행사하면 토지인도 역시 기각되는 점과 구별
- **백**지보충권 : **[判例]** 어음소지인이 백지를 보충하지 않아 어음요건 흠결로 패소확정 후 백지보충권 행사하여 다시 어음금청구 X, 몰랐어도 X [2008다59230]
- **한**정승인 : **[判例]** 상속인이 한정승인을 하고도 변론종결시까지 주장하지 아니하여 책임 범위 유보 없는 판결확정 되었어도 그 후 한정승인 사실 내세워 청구이의 O
  ∵ "한정승인의 책임제한은 상속채무 존재·범위 확정과 무관"하고 집행대상만 한정, 전소에서 한정승인 주장 않으면 "책임 범위는 현실적 심판대상 X, 주문은 물론 이유에서도 판단되지 X" → 기판력 X [2006다23138, 2008다79876]
  그러나 한정승인 인정되어 책임 유보의 판결 확정 후, 채권자가 변종 前에 존재하던 법정단순승인사유를 주장하며 무유보 판결 구할 수는 X ∵ 주문에 책임범위 유보 명시되므로 전소 소송물은 직접적으로 채권 존부·범위지만 한정승인 존재·효력도 기판력에 준하는 효력 O [2012다3197]
- 상속**포**기 : **[判例]** 상속인이 상속포기 하고도 변종시까지 주장 아니하여 패소 확정 후 상속포기 사실 내세워 청구이의 X ∵ "상속 포기는 채무 존부 문제, 주문에 판단되어" 기판력 O [2008다79876]

5. 원금 ⇨ 이자, 해고무효 ⇨ 임금채무부존재 사건의 표준시 문제

- **[判例]** 원금청구 패소확정 후 후소로 이자청구 → 전소 변종시 '원금채권 부존재'에 기판력 → 전소 변종 이전 기간은 이자 인용 가능 (∵기판력 X) / 변종 이후는 이자 기각 (∵기판력) [76다1488]
- **[判例]** 근로자 해고무효확인 승소확정 후 패소했던 회사가 변종 전의 정년퇴직 사유 들어 임금채무부존재확인청구 → 전소 변종시 '고용상태(=해고무효)'에 기판력 → 전소 변종 이후 기간은 임금채무부존재 인용 가능 (∵기판력·차단효 X) / 그러나 변종 이전(= 정년퇴직시부터 변종시까지) 기간은 기각 (∵기판력) [98다9908]

6. 정기금판결에 대한 변경의 소(**제252조**)

- 의의 : 정기금지급 명하는 판결 확정 후 액수산정 기초사정 현저하게 바뀐 경우 정기금 액수 바꾸어 기판력 변경시키는 형성의 소(증액은 이행의 소 성질도 포함)
제도 신설 전 종래 판례는 명시적 일부청구 의제론으로 해결해옴

- 요건
㉠ 원고적격
"확정된 정기금판결 당사자나 218조 1항 기판력 미치는 제3자만 원고적격"
[判例2016] 토지소유자가 소유권에 기하여 무단점유자 상대로 차임 상당 부당이득 반환청구 판결 승소확정 → 변종 후 토지소유권을 취득한 자가 정기금판결 변경의 소 제기하면 → 각하 ∵ 전소 소송물이 채권적 청구권(부당이득반환청구권)이므로 토지양수인은 변종 후 승계인 ✕ [2014다31721]
㉡ **정**기금 지급 명한 판결이 **확**정될 것
연금·임금·이자·일실수익·불법점유 등 계속적 불법행위·부당이득 ○
(※ 변론종결 당시 예상 못한 후유증은 ✕ ∵ 판례는 '별개' 소송물설)
인낙조서·화해조서·조정조서·확정된화해권고결정·확정된조정갈음결정 ○
㉢ 액수산정 기초 **사**정 현저히 변경, 당사자 **형**평 크게 침해할 특별한 사정
[判例] 공시지가 2.2배 상승, 연차임 2.9배 상승은 특별한 사정 ✕ [2009다64215]

- 변경대상 기간 : **[判例]** 변경의 소제기일 이후 기간만 변경 대상 [2009다64215]
다만 신법 이후 판례 중에서도 사정변경일부터 변경의 소 제기일까지 부분에 대해 명시적 일부청구 의제론으로 인용한 사례 있음 [2009다102452])
ex. 전소 월 100 인용 → 변경의 소 '사정변경일부터 월 700으로 증액'을 청구하면 →
ⓐ 사정변경일부터 변경의 소제기일까지 : 기판력 변경 불가 : 청구 중 월 100 부분 각하(전소 승소확정), 월 600 부분 기각(전소 패소확정) / ⓑ 변경의 소제기일 이후 : 특별한 사정 있다면 월 700 지급 인용

- 절차 : 제1심 판결법원 전속관할, 집행정지는 별도로 해야

⌘ 기판력의 객관적 범위 ⌘

1. 의의

- 객관적 범위 : 판결주문(= 소송물인 법률관계 존부 판단의 결론)에 대해서만 발생(**제216조 제1항**)

  [判例2021] 망인이 국가 상대로 농지분배처분 원인 소이등청구소송 패소확정 → 그 상속인들이 국가 불법행위로 분배농지 수분배권 상실했다며 국가 상대로 손해배상청구해도 기판력 저촉 없음 ∵ 기판력은 소송물로 주장된 법률관계 존부 판단 결론에만 O, 전제되는 법률관계 존부에 ×, 확정판결 기판력은 망인의 국가에 대한 소이등청구권 존부 한정, 손배소송에서 문제되는 농지분배처분 무효나 망인의 수분배권 존부는 그 전제되는 법률관계 불과 [2020다219690]

- **[大判全合]** 1필 토지의 특정부분 소이등 ⇨ 1필 토지의 지분 소이등 : 기판력 × ∵ 양자는 분량적 일부 ×, 전부청구·일부청구 관계 × → 만일 전소 예비적 청구취지로 지분이전등기청구 포함되었다면 기판력 O [94다17956]

- **[大判全合]** 말소등기청구 = 진정명의회복 소이등청구 ∵ 목·근·성 [99다37894]

  [判例] A의 소이등말소 승소확정으로 B 소이등 말소된 후 C 명의 소이등, D 명의 근저당권등기 → B가 C 상대로 진명소이등, D 상대로 저당권말소 청구 → 기판력 저촉 ∵ C, D는 확정판결 사실심 변론종결 후 승계인 O, 진명소이등청구는 전소 소송물과 실질적 동일, 저당권말소청구는 전소 소송물을 선결문제로 [2000다24856]

  正辯 : 판례는 C를 변종 후 승계인으로 보고 있는데 이는 당연히 A의 변종 후 승계인일 것이고, 그렇다면 A→B 말소청구와 B→C(=A) 진명소이등청구는 동일관계가 아니라 '모순관계'로 보는 것이 타당함(私見, 말소청구와 진명소이등청구를 '동일' 소송물로 본다는 기존 판례의 잘못된 영향으로 보임). 한편 D의 경우에는 변종 후 승계인인 C로부터 저당권을 설정받은 자이므로 B→D 저당권말소청구는 전소 소송물과 '모순관계' 있는 소송물(B→C 진명소이등청구)과 다시 '선결관계'에 있는 작용국면으로 보는 것이 타당함(私見).

2. 판결이유 중 판단 (기판력 부정)

- 판결이유에서의 판단 : 기판력 ✕
  ex. 사실인정, 항변, 법규 해석 및 적용, 선결적 법률관계
- **[判例]** 임대차보증금반환 판결 확정 → 변종 전 사유로 보증금 수액 다투는 것 ✕ ∵ 기판력 저촉 → 그러나 '연체차임' 부존재에는 기판력 ✕ [2000다61398] → 별소로 차임청구 ○, 차임채권으로 상계 ○, 미반환 보증금에서 차임 공제 ○ (청구이의)
- **[判例]** 청구이의 소에서 변제로 대여금채무 소멸했다는 확정판결 있어도 후소에서 그와 달리 변제 효력 부정할 수 ○ ∵ 변제 효력 유무는 청구이의의 소의 소송물 아니고 그 전제가 되는 법률관계에 불과 [2008다48742]
- **[判例2019]** 인도청구 승소확정된 후 불법행위 손해배상 구하는 후소에서 전소확정 사실만을 들어 전소승소확정일 다음날부터 점유 위법하다며 손해배상책임 인정하면 위법 ∵ 전소 기판력은 인도청구권 존부에만 미칠 뿐 불법점유 손해배상에는 ✕, 전소확정으로 피고가 실체적으로 점유권원 소멸 혹은 점유 위법하게 되는 것은 ✕, 인도판결 확정 직후 인도 적극 이행 않았다고 불법행위 단정 ✕ [2014다46778]
- 쟁점효이론 : 판결이유 중 판단에 구속력 인정하자는 기판력 확장이론
  → 부정 [통판] → **[判例]**는 쟁점효이론 대신 '신의칙'이나 '증명효'로 해결
  [判例] 매매무효 매매대금반환 승소확정 후 이중의 이득 얻고자 매매 소이등 구하면 신의칙으로 불허 [2004다55698] ← 이유 中 : 원고 전소 취하에 피고 부동의로 유지되다가 피고가 갑작스레 인낙하여 원고는 전소도 승소하고 후소도 승소한 것이라면 원고에게 이중의 이득 얻으려는 목적 없으므로 신의칙 위반 없음
  [判例] 다른 민사사건 판결로 인정된 사실에 구속되지 않지만, "확정된 민사사건에서 인정된 사실은 유력한 증거 → 합리적 이유설시 없이 배척 ✕", 당사자 및 분쟁기초 사실 같으나 소송물만 달라 기판력 미치지 않을 경우 더욱 그러함 [94다47292]
  正辯 : 다만 대법원은 92다51372, 95다49370 판결 등에서 다른 관련 '민·형사사건' 확정판결에서 인정된 사실은 다른 증거에 비추어 그대로 채용하기 어렵다면 '구체적인 배척 이유를 일일이 설시할 필요 없이' 배척할 수 있다고 하여 유의(전술)
  [判例2018] 다만, 그러한 경우라도 확정된 관련 민사사건 판결의 사실인정을 그대로 채용하기 어렵다면 합리적 이유 설시하여 배척 ○ [2016다46338]
- 통설·판례는 동시이행항변권의 경우 주문에 의무 내용이 표시되지만 반대채권의 존부 및 액수에 기판력이 생기지 않고(216조 1항), 다만 동시이행의 조건이 붙은 점에 대해서는 기판력이 생긴다는 입장임

[判例] 피고는 원고로부터 A부동산 소이등을 받음과 동시에 B부동산 소이등 하라는 확정판결의 기판력은 동시이행의 조건이 붙어 있다는 점에도 미침 O → 원고가 반대의무 이행하지 않아도 피고는 이행할 의무가 있다는 주장은 확정판결의 기판력에 저촉 [74다2074]

3. 상계항변

- 의의 : 상계항변(**제216조 제2항**)은 자동채권의 존부에 대하여 상계로 대항한 액수한하여 기판력 O → 주문이 아닌 이유 중 판단에 기판력 생기는 예외
  제도적 취지 : "추후 다른 소송에서 반대채권 존부 분쟁으로 변형되어 이중 행사의 불이익 우려, 상계 주장 판단을 전제로 이뤄진 전소 판결 무의미하게 될 우려"
  [判例] 피고의 채권 둘 중 하나를 자동채권으로 한 상계항변 받아들이면서도 판결 이유에서 상계 자동채권들 중 어느 채권의 원본·지연손해금이 상계로 소멸하는지, 소멸하는 지연손해금의 기산일·이율은 어떤지 등에 대하여 아무런 언급하지 않은 원심판결은 상계의 기판력이나 상계충당 법리오해 위법 [2011다24814] → 기판력이 발생하는 부분이므로 이유에서 구체적으로 설시해야
- **상계항변 기판력 발생 요건**
  ① **수**동채권이 **소**구채권이거나 그와 실질적 동일할 것(*ex.* 청구이의의 소)
  ② **자**동채권의 **존**부에 **실**질적 판단 있을 것
  [判例] 상계 주장의 대상인 수동채권이 소구채권이 아닌 동시이행항변권에 행사된 채권이라면 상계 주장에 기판력 ✕ ∵ 216조 1항과 달리 동이항으로 행사된 채권의 존부·범위에 기판력이 생기는 부당한 결과 → 계약해제로 인한 매도인의 인도청구에 매수인이 해제로 인한 중도금반환채권으로 동이항을 하자 매도인이 점유사용료채권으로 상계재항변 → 상계 주장에 기판력 ✕ [2004다17207]
  cf. 금전지급청구에 피고 상계항변하자 원고 상계재항변은 재항변 자체가 불허
  [判例] 상계항변의 자동채권 부정하여 배척하면 기판력 O → 그러나 자동채권 성립 인정되지만 성질상 불허되어 상계항변 배척(자동채권에 항변권 부착)하면 기판력 ✕ [75다48] → 상계항변의 실기각하, 상계부적상, 민법상 상계금지사유(**民 제496조, 民 제492조 제1항 본문·단서**) 등으로 인하여 상계항변이 배척된 경우는 자동채권 존부의 실질적 판단 ✕ → 상계 주장에 기판력 ✕
  [判例] '상계합의'의 항변을 한 경우에는 기판력 발생하지 ✕ [2013다54390]

– 상계항변 기판력 발생의 구체적 모습

ⓐ 상계항변 배척 → 자동채권 부존재에 기판력 O

ⓑ 상계항변 인정 → 수동·자동채권 모두 존재했다가 상계로 소멸함에 기판력 O

(*v.* 현재 자동채권 소멸에만 기판력 생긴다는 견해 있음)

ex. 원고 甲의 1억 지급청구, 피고 乙의 1.4억 상계항변 하고 판결확정 ⇨ 乙이 별소로 1.4억 지급을 청구한 경우 :

ⓐ 전소 乙 상계항변 배척(= 패소확정) : 乙의 후소 중 1억 부분은 기각, 4천 부분은 기판력 無 (단, 증명효로 기각될 여지 큼)

ⓑ 전소 乙 상계항변 인정(= 승소확정) : 乙의 후소 중 1억 부분은 각하, 4천 부분은 기판력 無 (단, 증명효로 인용 여지 큼)

– **[判例2018]** 상계항변을 배척한 경우 반대채권 부존재 판단의 기판력 발생 범위는 '법원이 반대채권 존재 인정했더라면 상계 실질적 판단하여 수동채권의 상계적상일까지의 원리금과 대등액에서 소멸로 판단했었을 자동체권의 원리금 액수' 범위 → 반대채권 액수가 소구채권 액수보다 큰 경우에도 마찬가지

상계항변으로 복수 반대채권 주장했는데 법원이 하나만 인정, 나머지 반대채권들은 배척 → 반대채권 부존재 판단의 기판력 발생 범위는 상계 마친 후의 수동채권의 잔액 초과할 수 ✕ → 복수 반대채권 원리금 합계가 인정된 수동채권 원리금 액수보다 큰 경우도 마찬가지 → 부존재 반대채권을 법원이 인정하여 상계했을 경우 가정하더라도 상계적상일 기준 계산했을 것이고, 그 이후 발생 이자·지연손해채권은 어차피 상계 대상 아니었을 것 → 가정적 상계적상일이 실제 법원이 상계항변 받아들인 상계적상일보다 더 뒤라는 등 특별한 사정 없는 한, 부존재 기판력 범위 상한인 '상계 마친 후 수동채권 잔액'은 수동채권 '원금' 잔액만 의미 [2016다46338]

[判例] 소구채권 자체 부정하여 기각한 제1심판결과 소구채권 인정되나 상계항변을 받아들여 기각한 항소심판결은 기판력 범위 서로 다르므로 항소이익 O, 항소심은 항소기각 ✕, 제1심판결 취소 및 다시 원고청구 기각 O [2013다46023]

∝ 기판력의 주관적 범위 ∝

1. 의의

- 주관적 범위 : 당사자에만 미치는 것이 원칙 → 예외적으로 기판력 미치는 제3자 : 변종 뒤 **승**계인, 청구**목**적물 소지인, 권리**귀**속주체, 소송**탈**퇴자
  [判例2018] 지부·지회에 대한 승소 확정판결을 집행권원으로 소송의 당사자도 아닌 법인의 재산에 강제집행 ✕ [2018다231031]
- 주관적 범위는 작용국면, 객관적 범위가 미치지 않는 경우 따로 검토하지 않음
  [判例] 甲이 乙을 상대로 건물 소이등 말소청구 승소확정 → 변론종결 후 乙로부터 건물 매수하여 등기한 丙이 甲을 상대로 건물인도 및 차임 상당 부당이득반환청구소 제기해도 전소 기판력 미치지 ✕ ∵ 전소 소송물은 건물 '말소등기청구권' 존부이며 '건물 소유권' 존부는 그 전제가 될 뿐임, 말소등기청구권 존부 판단이 인도 등 청구의 선결문제 ✕, 그와 모순관계 ✕ → 동일·선결·모순관계로 기판력 미치는 객관적 범위 해당하지 않는다면 전소 변론종결 후 당사자로부터 계쟁물 승계한 자가 후소 제기해도 기판력 미치지 ✕ [2013다53939]

2. 변론종결 후 **승**계인(**제218조 제1항**)

- 피고의 '변론종결 후 승계인'으로 인정될 경우 실제적 효과
  ㉠ 전소 승소원고가 승계집행문만 받아 집행 O(집행력) → 소제기는 각하
  ㉡ 전소 패소원고가 소제기 하면 기각(기판력)
  [判例2022] 주임법 3조 4항에 비추어 변론종결 후 임대부동산 양수한 자는 보증금반환청구소송에서 218조 1항 변론종결 후 승계인 O → 승계집행문은 승계가 법원에 명백하거나 증명서로 증명한 때 한하여(민집법 31조 1항), 승계 증명할 수 없는 때에는 채권자가 승계집행문 부여의 소 제기(민집법 33조)
  임차인이 임대인 상대로 보증금반환 승소확정판결 받았으나 이후 주택 양수인을 상대로 반환받고자 할 경우, 승계 불명확·증명불가라면 승계집행문 부여의 소가 원칙, 그러나 이미 임차인이 양수인 상대로 보증금반환 소 제기하여 '임대인 지위 승계 여부'에 상당한 공격방어·심리 진행됨으로써 사실상 승계집행문 부여의 소 제기되었을 때와 큰 차이 없다면, 그럼에도 법원이 소의 이익 없다는 이유로 후소 각하 ✕, 임차인으로 하여금 다시 승계집행문 부여의 소 제기하도록 해서는 ✕ ∵

노력·시간 무위로 돌려 가혹, 신속한 분쟁해결과 소송경제 [2021다210720]

正辯 : 해당 판결은 주택의 '악의 계약명의신탁'에서 수탁자로부터 주택 임차하여 대항력을 갖춘 임차인이라면, 그 후 신탁자가 매도인을 대위하여 수탁자 명의 등기를 말소하거나 신탁자 명의로 소이등을 마칠 경우에도 '임대인 지위 승계'로 대항할 수 있다는 전제 하에 판단하고 있는데(이는 주택임대차와 매매 해제에 관한 2003다12717 판결과 동일한 취지, 이 부분은 民法 내용이므로 로민정에 필수 보충 또는 최신판례 자료 참조), 당시 원심은 이러한 경우 임대인 지위 승계를 부정하면서도, 만약 임대인 지위 승계가 이뤄진다고 '가정'해도 변종 후 승계인에 대해 승계집행문 부여가 아닌 별도의 소제기는 권리보호이익이 없다고 판시하였고, 그러나 대법원은 이러한 원심의 두 가지 판단 모두 잘못이라고 판시한 것임

– 적격승계설 [통판]

㉠ **소송물 자체의 승계인**

소유권확인의 소유권양수, 이행판결의 채권양도·면책적채무인수·계약인수

[判例2016] 중첩적 채무인수인은 승계인 ✕, 승계집행문(집행법 31조 1항) 부여 ✕ → 면책적 채무인수인은 승계인 ○, 승계집행문 ○ [2015다21967]

[判例] 확정판결 변론종결 후 채무자로부터의 상호속용 영업양수인은 상법 42조 1항에 의해 영업상 채무 변제할 책임 있지만 면책적 채무인수 등 특별한 사정이 없는 한 변론종결 후 승계인 ✕ [78다2330]

㉡ **계쟁물에 관한 당사자적격 승계인** ○ → 전소 소송물 물권적 청구권일 것

[判例] 소유권 기한 말소등기청구와 피고로부터 소이등 마친 자 ○ [72다1842]

[判例] 소유권 기한 저당권말소청구와 저당권실행 경락인 ○ [74다1046, 93다34183]

正辯 : 위 판결은 경락인을 '변종 후 승계인'으로 봄과 동시에 '저당권말소' 소송물과 경락인에 대한 '소이등말소' 소송물을 '선결관계'로 보기도 하였음

[判例] 매매 원인 소유권이전등기청구와 패소피고로부터 이중매매로 먼저 소유권이전등기 마친 제3자 ✕ [80다2217, 92다25151]

[判例] 취득시효 원인 소이등청구와 '원고'로부터 소유권이전등기 받은 자 ✕ [96다41649] → 확정판결 취소하는 재심을 제기 한 피고들이 원고로부터 소이등을 마친 자(기판력이 미치지 않는 자)를 상대로 재심제기 할 필요성 ✕, 재심 각하

[判例2021] 대금분할 명한 공유물분할 확정판결 당사자인 공유자가 공유물분할을 위한 경매 신청하여 진행된 경매절차에서 공유물 전부에 관하여 매수인에 대한 매각허가결정 확정되고 매각대금 완납되면 매수인은 공유물 전부에 소유권 취득, 각 공유지분 가지던 공유자들은 지분소유권 상실 → 대금분할 공유물분할판결의 변론종결 후 해당 공유자의 공유지분에 소유권이전청구권 순위보전 위한 가등기 마쳐진 경우, 위 확정판결 효력은 변론종결 후 승계인(민소법 218조 1항)인 가등기권자에게 미치므로, 특별한 사정이 없는 한 위 가등기상 권리는 매수인 매각대금 완납할 때 소멸 ○ [2020다253836]

– **실체법상 고유의 방어방법 있는 자**의 변종 후 승계인 해당 여부

ex. 매매 허위표시 이유로 등기말소청구 패소확정된 피고로부터 선의로 부동산을 매수한 자, 소유권 기한 동산인도청구 패소확정된 피고로부터 동산을 선의·무과실로 매수하여 선의취득 한 자

1) 실질설 [**통판**] : 제3자 보호 여부로 승계인 범위 자체 결정 → 위 예시의 전소의 소송물이 물청임에도 변종 후 승계인 자체 ✕ → 승계집행문 부여 ✕

2) 형식설 : 일단 변종 후 승계인으로 보아 승계집행문 부여했다가 승계인이 다시 그에 대한 이의신청·이의의 소를 제기하여야 한다는 견해

– 승계의 시기 : 사실심 변론종결 뒤

[判例] 물권의 변동 시점을 승계 시점으로 보아야 [2005다34667]

[判例] 변종 전에 가등기, 변종 후에 본등기 → 변종 후 승계인 ○ ∵비소급효 [92다10883]

[判例2020] 채권양수인이 ① '소송계속 중' 승계인이라며 참가신청 한 경우 채권자 지위 승계가 소송계속 중 이뤄졌는지 여부, ② 218조 1항 확정판결 효력 미치는 '변론종결 후' 승계인 해당하는지 여부 → 채권양도 합의 시점 ✕, 채권양도 통지·승낙 대항요건 갖춘 시점 기준 ○ ∵ 대항요건 갖추지 않으면 채권양수인은 채무자와 아무런 법률관계 ✕, 권리주장 ✕ [2020다210747]

[判例] 1차 승계가 변종 전이면 2차 승계가 변종 후라도 변종 후 승계인 ✕ [67마55]

– **[判例]** 소유권에 기한 건물인도소송 '기각' 확정된 후에 '원고'로부터 건물 매수하여 소유권이전등기 마친 자는 변종 후 승계인 ✕ → 전소 피고 상대로 소유권에 기한 건물인도소송 하는 것은 기판력 저촉 ✕ ∵ 전소의 소송물은 건물 '소유권'이 아닌 '건물인도청구권'의 존부이므로 전소 기판력은 전소 원고의 '건물인도청구권'의 존부에만 발생, 양수인은 인도청구권을 승계한 것 아니고 양수인의 소유권 존부에 전소 기판력 미치지 ✕ [84다카148, 98다6855]

正辯 : 전소 확정판결의 소송물이 물권적 청구권이고 계쟁물 승계가 있으므로 단순히 생각하면 '변종 후 승계인'으로 인정될 것 같으나, 이처럼 「물권적 청구권 + 계쟁물 승계」 사안이더라도 「'원고' 측 계쟁물 승계 + 전소 '패소' 확정판결」 상황인 경우 대법원은 '소송물 자체를 승계하지 않았음'을 들어 변종 후 승계인을 부정함(私見에 의한 정리·분석이며, 전술한 2019다261381 판결도 같은 취지로 정리할 수 있음)

[判例] 제3자가 소유자 상대로 소이등 확정판결로 소이등 마치면, 소유자에 대한 소이등청구권자는 이를 보전하기 위해 소유자를 대위하여 제3자 또는 그로부터의 전득자를 상대로 원인무효 내세워 말소청구 ✕ ∵ 기판력 저촉 [96다8666]

正辯 : 적극가담 제2매수인 C가 매도인 A를 상대로 소이등청구 승소확정판결 있는데 제1매수인 B가 매도인 A를 대위하여 C로부터 부동산을 전득한 D를 상대로 말소청구 한 사안

① 원고 측 : 전소 피고는 채무자, 후소 원고는 대위채권자이므로 당사자 동일(법정소송담당)
② 피고 측 : D는 C로부터 계쟁물 소유권 승계했는데 전소 확정판결 소송물이 채권적 청구권(C의 A에 대한 매매 소이등청구권)이어서 문제됨 → 전소 확정판결과 '모순관계'인 소송물을 생각해보면 물권적 청구권(A의 C에 대한 말소청구권)인데, 만약 (C가 A에 대해 소이등청구한 것이 아니라 그와 모순관계에 있는) A가 C에 대해 말소청구하여 패소확정판결 받은 상태였다면, 그 후 D가 C로부터 계쟁물을 승계한 경우 D는 C의 변종 후 승계인이 될 것이므로, 이와 같이 이해하면 사안과 같은 경우에도 D를 C의 변종 후 승계인으로 이해할 수 있음. '모순'관계라는 것은 달리 보면 '동일'관계나 마찬가지임(갑이 을에게 이겼다면 을은 갑에게 져야 함). 판례의 설시가 없어 이상 수험을 위해 私見으로 판례를 이해·정리했고, 동일한 분석은 현재 없는 것으로 보임

– **추정승계인(제218조 제2항)**
 의의 : 변종 전 소송물을 승계하였어도 승계사실을 진술 않는다면 변종 후 승계인으로 추정 (원고에게 알리지 않아 피고 바꿀 기회를 제공하지 않은 점)
 승계를 진술할 자 : 규정상 피승계인
 [判例] 승계인은 후소에서도 변종 전 승계사실 입증하면 전소에서 승계 진술을 하지 않았더라도 변종 후 승계인이라는 추정을 깨뜨릴 수 O [77다92]

3. 청구 목적물의 소지인(제218조 제1항)

– 당사자를 위하여 청구의 목적물('특정물'일 것)을 소지한 자
 수치인, 창고업자, 관리인, 운송인 O
 임차인, 질권자, 지상권자, 전세권자 ✕ ∵ 자기 고유이익 있으면 본조 ✕ → '변종 후 승계인' 문제

– 변종 후 승계인과 차이점
 ㉠ 소송물이 물청인지 채청인지 여부 불문
 ㉡ 소지 시기가 변종 전인지 후인지 여부 불문

4. 제3자소송담당의 권리귀속주체(제218조 제3항)

– **채권자대위소송 :**
 ⓐ 대위소송 ⇨ 채무자소송 : 채무자 알았을 경우에 기판력 O
 ⓑ 채무자소송 ⇨ 대위소송 : 기판력 O, 채무자 권리행사로 당사자적격 흠결
 If 전소 패소확정 → 기각 + 각하 → 각하 (소송요건 심리 선순위성)
 If 전소 승소확정 → 각하 + 각하 → 각하
 Instead, 제3채무자소송 ⇨ 대위소송 : 기판력 O, 당사자적격 문제는 없음
 ⓒ A대위소송 ⇨ D대위소송 : **[判例]** '채무자'가 알았을 경우에 기판력 O

[大判全合] "채무자가 어떠한 사유로든 대위소송 계속사실 알았을 때 한하여 채무자에게 대위소송의 기판력 ○" [74다1664] → 절차보장설 [통판]

[判例] 대위소송 당시 이미 채무자가 재판상 권리 행사했다면 설령 패소판결 받았더라도 대위소송은 당사자적격 × [92다30016]

[判例] 대위소송과 이미 판결확정된 채무자의 소송이 당사자만 다를 뿐 실질적으로 동일 내용 소송이라면 확정판결 효력이 대위소송에 미침 [76다688]

[判例] 제3자가 명의수탁자 상대로 승소확정판결 의해 소유권이전등기 마쳤는데 다른 소이등청구권자가 명의수탁자를 대위하여 제3자 명의 등기가 원인무효임을 내세워 그 등기 및 그에 기초한 다른 등기의 말소 구하는 것은 확정판결 기판력에 저촉 [2013다91146]

[判例] 어느 채권자가 대위소송 판결 받은 경우 어떠한 사유로든 '채무자'가 대위소송 제기된 사실 알았을 경우에 한하여 그 판결의 효력이 채무자에게 미치므로, 이러한 경우는 그 후 다른 채권자가 동일한 소송물에 대해 대위소송을 제기하면 전소 기판력을 받게 됨 → 그러나 '채무자'가 전소 대위소송 제기 사실 알지 못했을 경우는 다른 채권자의 대위소송에 전소 기판력 미치지 × [93다52808]

– **[判例]** 대위소송(각하확정) ⇨ 채권자소송 : 기판력 × ∵ 대위소송 기판력의 의미는 대위소송의 소송물인 피대위권리의 존부에 관하여 대위소송의 사실을 알았던 채무자에게도 미친다는 의미 → 대위소송의 소송요건인 피보전채권 존부에 관해 대위소송 당사자도 아닌 채무자에게 기판력 × [2011다108095]

[判例] 채권자소송(기각확정) ⇨ 대위소송 : 각하 ∵ 피보전채권 부존재에 기판력이 생겨 대위소송의 보전의 필요성 × [2000다55171]

[判例] 甲이 乙을 대위하여 丙을 상대로 취득시효완성 원인 소유권이전등기 소송을 제기했다가 피보전채권(매매 소이등청구권) 부존재로 각하판결 확정 ⇨ 丙이 甲을 상대로 토지인도 소송 제기하자 甲이 丙에 대한 위와 같은 대위권이 있다고 항변하는 것은 전소 기판력 저촉되어 불허 [2000다41349]

正辯 : 전소 각하판결도 기판력 있는데 후소에서 갑이 항변으로서 자신의 병에 대한 채권자대위권이 있다고 주장하는 것은 피보전채권 존재를 전제로 하는 것이어서 전소 기판력에 저촉됨

– **[判例2020]** 동일한 채권에 대한 복수 채권자들이 압류·추심명령 받은 경우 어느 채권자가 제기한 추심금소송의 확정판결 기판력은 그 변론종결일 전에 압류·추심명령 받았던 다른 추심채권자에게 미치지 × ∵ 추심금소송 소송물이 피압류채권 존부로 동일하더라도 소송당사자 다름, 기판력 주관적 범위는 신분·회사관계소송처럼 특별규정 제외하면 당사자·변종후승계인·목적물소지인·권리귀속주체에 한정

(218조 1, 3항), 민사집행법 249조 3, 4항(제3채무자 신청 따른 참가명령 받은 채권자는 참가 않더라도 재판 효력 미침)은 참가명령을 받지 않은 채권자에게는 추심금소송 확정판결 효력이 미치지 않음을 전제로 → 이는 추심금소송에서 화해권고결정 확정된 경우도 마찬가지(다른 추심채권자에 기판력 ✕) [2016다35390]

正辯 : 위 판결은 "압류·추심명령 있으면 민집법 229조 2항 따라 대위절차 없이 압류채권을 직접 추심할 권능 취득 → 추심채권자는 추심권 포기 가능(민집법 240조 1항), 그러나 집행채권이나 피압류채권에 아무런 영향 ✕, 추심채권자는 추심 목적 넘는 행위 ✕(피압류채권의 면제·포기·기한유예·채권양도 등 불허) → 추심금소송에서 추심채권자가 제3채무자와 '피압류채권 중 일부 금액 지급하고 나머지 청구 포기'하는 내용의 재판상 화해(혹은 화해권고결정 확정)가 이뤄진 경우, 이는 자신의 '추심권' 포기 의미 O, '피압류채권' 자체 포기 ✕ → 위 재판상 화해(화해권고결정)의 효력은 별도 추심명령 기초로 추심권 행사하는 다른 추심채권자에게 미치지 ✕"고 판시함
사안은 A가 B의 C에 대한 100의 채권에 압류·추심명령을 받아 추심금소송을 하다가 그 중 60만 지급받고 40은 포기하는 내용의 화해권고결정이 확정되었는데, 위 화해권고결정 확정일(판결이었다면 사실심 변론종결일) 前에 동일 채권에 대해 압류·추심명령 받은 D가 C를 상대로 추심금 청구한 경우, 대법원은 ① 40의 포기는 피압류채권 자체의 포기가 아니라(포기할 권한이 없음) A 자신의 C에 대한 추심권한의 포기이므로 이는 D에게 영향을 줄 수 없고, ② 설령 피압류채권 자체의 포기라고 보더라도(틀린 얘기지만) D가 압류·추심명령을 받은 것이 전소 확정판결의 변론종결일(화해권고결정 확정일) 前이므로 위 확정판결(확정된 화해권고결정)의 기판력은 D에게 미칠 수 없다고 판시하면서, 결국 C가 공탁한 60을 제외하더라도 나머지 40(A가 추심권을 포기한 부분)에 대해서는 D의 청구를 인용해야 한다는 입장임
한편 원심은 대위소송 기판력 판례를 원용하며 채무자가 선행 추심금소송 제기 사실을 알았다면 다른 추심채권자의 추심소송에 기판력이 미치므로 포기한 40 부분을 기각해야 한다고 했으나 대법원은 위와 같은 이유, 즉 '포기'의 의미가 다르다는 측면에서 파기함('안 경우 기판력 미친다'는 법리가 추심금소송에도 적용될지에 대해서는 판단을 유보한 것으로 보임).

[判例2022] 정당한 권원 없이 집합건물 공용부분·대지 점유·사용하여 이익 얻고 구분소유자들이 해당 부분 사용 못할 경우 부당이득반환 소송은, ⓐ 구분소유자 각각 또는 전원 이름으로 O ∵ 구분소유자 공유지분권에 기초, ⓑ 관리단도 O ∵ 관리단은 관리·사용 공동이익 위해 필요한 구분소유자 권리·의무를 선관주의의무로 행사, 관리인을 대표자로 관리단집회 결의나 규약 정하는 바에 따라 공용부분 관리사항 관련 재판상 또는 재판 외 행위 O → 관리단의 부당이득반환소송 확정판결은 구분소유자에게 효력 O ∵ 민소법 218조 3항, 구분소유자 공유지분권을 공동이익 위해 행사한 것이어서 동일한 내용의 소송 [2021다239301]

正辯 : 그러나 구분소유자가 본안판결 선고 후 취하했더라도 관리단이 소 제기한 경우에 새로운 권리보호이익이어서 재소금지는 적용되지는 않음(전술)

5. 채권자취소소송과 기판력

- **[判例]** 채권자취소소송이 확정되어도 다른 채권자의 채권자취소소송에 기판력 **×**
  ∵ 각 채권자 고유 권리, 상대적 효력 (기판력은 소송당사자인 전소의 채권자와 수익자·전득자 사이에만 발생)
- **[判例2017]** 무자력인 채무자가 수익자와 합의하여 수익자가 제기한 소송에서 자백하여 패소판결 혹은 그러한 취지 화해권고결정을 받아 확정시키고 수익자 앞으로 등기 경료 → 일련의 행위 실질적 원인인 이전합의가 사해행위 → 수익자 앞으로 확정판결 통해 마쳐진 소유권이전등기에 대해 채권자가 사해행위취소 및 원상회복으로 말소등기 청구해도 전소 확정판결 기판력 저촉 **×** ∵ 사해행위취소판결은 수익자가 채권자에 대해 그로 인한 원상회복의무 부담할 뿐, 채권자와 채무자 사이에서 취소로 인한 법률관계 형성 **×** (상대적 효력) [2016다204783]

6. 소송**탈**퇴자

- 독당(**제80조 단서**), 참가승계(**제81조**), 인수승계(**제82조 제3항**)

≪ 판결 ≫

1. 서설

- 중간판결(**제201조**) : 종국판결 전에 그 전제인 개개 쟁점사항에 대하여 미리 정리·판단하여 종국판결 용이하게 하는 판결
  '중간확인판결'은 중간판결 ✕, 종국판결 ○
- 종국판결(**제198조**) : 계속된 사건의 전부·일부에 관하여 해당 심급에서 완결하는 판결 → 전부판결/ 일부판결/ 추가판결, 소송판결/ 본안판결
  환송판결 → 종국판결 ○, 다만 실질적으로 '확정된' 종국판결 ✕, 재심 ✕

2. 일부판결과 잔부판결, 재판누락과 추가판결

- 전부판결 : 심리되는 사건 전부를 동시에 완결시키는 종국판결
  전부판결 청구 중 일부에 대해서만 상소해도 나머지 청구 이심 ○, 확정차단 ○, 그러나 심판범위 ✕
- 일부판결(**제200조**) : 동일한 소송절차에서 심판되는 사건의 일부를 다른 부분에서 분리하여 그것만 먼저 끝내는 종국판결 *cf.* 실수로 빠뜨리면 재판누락(**제212조**)
  판결 간에는 상소불가분 발생 ✕ → 일부판결만 독립하여 상소 대상 ○, 나머지는 원심에 계속되는 상태 → 추후 잔부판결 (= 재판누락과 추가판결도 같은 법리)
  일부판결 불허 : 선택적·**예**비적 병합, **예**비적·**선**택적 공동소송, 본소와 **반**소가 **동**일 목적 형성청구나 동일 법률관계인 경우, **필**수적 공동소송, **독**립당사자참가소송
  → 일부에 대한 판단 없다면 '판단누락' (재판누락 ✕) → 상소·재심 (추가판결 ✕)
  일부판결 허용 : 단순병합, **통**상 공동소송 → 일부에 대한 판단 없다면 '재판누락'
  → 추가판결

  正辯 : 본소와 반소는 동일 법률관계 등이 아니면 원칙적 일부판결 가능(200조 2항 참조)

  [判例] 주관적·예비적 공동소송은 동일한 법률관계에 관하여 모든 공동소송인이 서로간 다툼을 하나의 소송절차로 한꺼번에 모순 없이 해결하는 소송형태, 모든 공동소송인에 대한 청구에 관하여 판결을 해야(70조 2항) → 일부 공동소송인에 대하여만 판결 혹은 남겨진 자를 위해 추가판결 하는 것은 불허 → 주위적 피고와 예비적 피고 중 1인이 상소 제기하면 다른 1인에 관한 청구 부분도 확정차단·이심 및 심판대상 ○ [2009다43355]

- ㉠ 성질상 일부판결 가능 → 재판누락 → 추가판결(**제212조**)
  ㉡ 성질상 일부판결 불능 → 판단누락 → 상소(**제6호**)·재심(**제9호**)
  [判例] 주문은 전부 판단, 이유는 일부 누락 → 판단누락 [2003다13604]
  [判例] 이유는 전부 판단, 주문은 일부 누락 → 재판누락 [2004다24083]
  [判例] 재판상 이혼에서 당사자 청구 없었더라도 법원이 직권으로 친권자·양육자 정해야 → 정하지 않았다면 재판누락 [2013므2397]
  [判例] 원고가 실제로 감축한 것보다 더 많은 감축을 하여 판결 → 차액 부분은 재판누락 ∵ 차액 부분(원고가 감축하지 않은 부분)은 아무런 판결 ✕ → 항소심에 계속 중이므로 항소심법원에 추가판결 신청은 별론 상고는 부적법 [97다22843]

3. 판결의 확정시기

- 판결 확정시기 유형
  ① 판결선고시 : 통상의 상고기각판결, 무유보 불상소합의(1심판결 선고시)
  ② 판결송달시 : 상고이유서부제출·심리불속행 상고기각판결 ∵ 선고 없음
  ③ 상소기간만료시 : 상소제기 않은 경우, 상소제기 후 상소취하·상소장각하명령·상소각하판결 있는 경우 (취하시 ✕, 각하시 ✕)
  [判例2016] 항소기간 경과 후 항소취하 → 항소기간 만료 시로 소급하여 제1심판결 확정 / 항소기간 내 항소취하 → 다시 항소 제기 가능 [2015므3455]
  [判例] 부적법한 상소 제기된 경우 상소 각하판결 확정되면 상소기간이 지난 때에 소급하여 확정 [2013다25781]
  ④ 상소기간 경과 전 상소권자 전원 상소권 포기 → 마지막 당사자 포기시
  [判例] 전부패소자만 항소포기 하면 승소자 항소기간 남았어도 확정 [2005마933]
- 일부만 불복한 경우 **불복하지 않은 청구의 확정시기**
  → 상소심판결선고시설 **[통판]** (단, 선고 없는 판결은 법원사무관 등에 판결서원본 교부시) *v.* 상소심변론종결시설
  제1심 a, b청구 각 일부인용 판결 → 원고·피고는 b청구 각자의 패소부분만 항소 → 제2심 각 항소 모두 기각 → 피고만 상고 → 상고기각
  a청구 : 확정차단 및 항소심 이심 → '항소심판결선고시' 확정
  b청구 中 원고패소 부분 : '상고심판결선고시' (無선고는 '법원사무관 등 교부시')
  b청구 中 피고패소 부분 : '상고기각판결선고시' (無선고는 '판결정본 송달시')

[判例] 피고가 수개 청구에 대한 제1심판결 중 일부에만 항소 제기한 경우, 항소되지 않은 나머지 부분도 확정차단·이심되나, 피고가 변론종결시까지 항소취지 확장하지 않는 한, 나머지 부분은 항소심 심판대상 되지 않고 항소심 판결선고와 동시에 확정되어 소송종료 O [2009다35842]

4. 판결의 무효 기타

- 판결의 선고를 요하지 않는 경우 : 심리불속행 상고기각판결, 상고이유서 부제출 상고기각판결 → 선고기일 지정 ✕ → 판결정본 송달로써 효력 발생 O
- 기속력 : 판결 선고되면 법원 자신도 구속되어 스스로 철회·변경 불가
- 판결경정(**제211조**) : 잘못된 계산·기재·표현상 잘못 분명한 경우 법원 스스로 결정으로 정정·보충하여 스스로 고치는 것 / 판단잘못·판단누락은 판결경정 ✕
  판결경정하면 선고시에 소급효 O
  [判例] 대위소송에서 주문상 채무자의 주소·주민등록번호 보충은 판결경정 O [95그26]
  [判例] 1심 청구기각되어 항소한 후 항소심에서 교환적 변경했는데 항소심 주문에 '원고의 항소를 기각한다' → 잘못 표현한 것 분명하므로 판결경정 O [98다21953]
  [判例2022] 이행권고결정도 결정경정 O → 주민등록번호 누락은 경정 ✕ ∵ 예규 위반, 개인정보 보호법 취지, 민소규칙 76조의2, 집행 지장 우려 ✕ [2022그18]
- 판결의 집행력 : 이행판결, 지급명령·이행권고결정·집행증서도 집행력은 O
  판결의 형성력 : 형성판결
- 판결의 부존재 : 법관 아닌 사람이 행한 판결, 선고되지 않은 판결, 선고조서 없는 판결, 재판장 기명날인이 없는 판결 → 판결의 효력 일체 발생 ✕
- **판결의 무효** : 판결 외관은 있으나 중대한 흠결 있어 **기**판력·**집**행력·**형**성력 ✕ → 통상적 불복 어려운 형식적 확정력은 O → 동일 소송물 신소제기로 구제
  재판권 없음, 당사자**적**격 부존재, 실재하지 않는 단체나 이미 사**망**한 사람
  → 상소 ✕ 재심 ✕ (단, 사망자 상대 처분금지가처분결정 외관 제거 예외)

5. 판결의 편취

- 판결의 편취 : 당사자가 상대방이나 법원을 기망하여 부당한 내용의 판결 받은 것

– 편취판결의 유형 : **공**시송달, 성명**모**용, **참**칭대표자, 자기**수**령
편취판결의 효력 : 1) 유효설 [통판], 2) 무효설

– **소송법상 구제수단**

㉠ 송달유효 → 재심·추후보완상소 / ㉡ 송달 무효 → 항소

[判例] 판결정본이 **공**시송달 되었다면 주소 허위나 요건 미비 있더라도 송달 유효하여 항소기간 도과로 판결 형식적 확정 [94다27922] → **11호, 추후보완상소**

[判例] 제3자가 피고를 (성명) **모**용하여 판결 선고되면 피모용자는 적법한 대리권 없는 타인의 진행으로 상소·재심 [64다328] (확정된 경우) → **3호**(유추), **추후보완상소**

[判例] 법원이 **참**칭대표자에게 적법한 대표권 있는 것으로 알고 그를 송달받을 자로 지정하여 판결정본을 송달하여 그가 받았다면 송달은 유효하고 항소기간 진행하여 판결 확정 [92다47632] → **64조, 3호, 추후보완상소**

[判例] 원고가 피고 주소 거짓으로 기재하여 판결정본을 원고 측 스스로 **수**령하는 경우 송달 무효, 항소기간 진행 ✕ → 소송행위 추완 ✕ → "항소가 판결정본 송달 전에 제기된 것으로서 적법" [97다10345] → **항소**(추완항소 제기하면 선해 ○)

– **실체법상 구제수단**

재심 등 소송법적 절차 없이 곧바로 실체법적 구제수단 가부 논의

ⓐ 부당이득반환청구 → 재심필요설

[判例] 편취판결 의한 강제집행이 이뤄진 경우 재심으로 확정판결 취소되지 않는 한 부당이득 ✕ [94다41430]

ⓑ 불법행위 손해배상청구 → 제한적 재심불요설

[判例] 확정판결에 기한 강제집행이 불법행위로 되려면 당사자 절차적 기본권이 근본적 침해된 상태에서 판결 선고됐거나 재심사유 존재하는 등 확정판결 존중하는 것이 정의에 반함이 명백하여 묵과할 수 없는 경우로 한정해야 [95다21808]

ⓒ 말소·회복등기청구

[判例] 상대방 주소 허위로 기재하여 허위주소로 송달되고 다른 사람이 서류 **수**령하여 자백간주 승소판결 받고 이에 기하여 소유권이전등기나 말소등기 마친 경우에는, 판결정본 송달 무효로서 상소를 제기할 수 있을 뿐만 아니라, 별소로서 위 등기 말소(혹은 회복)를 구할 수도 ○ [94다41010]

正辯 : 물론 등기말소청구가 승소하려면 편취판결 받은 자가 원인 없이 등기 마친 경우여야 하고, 만약 실체관계에 부합한 등기라면 편취판결이었어도 말소청구는 기각될 것임

[判例] 거짓주소로 **공**시송달하여 승소판결 받아 등기 마친 경우 (재심을 제기해야 하고) 재심의 소와 병합하여 말소등기청구 ✕ [96다41649]

Part 4
병합소송

04

제5편 병합소송

제1장 병합청구소송

≪ 청구의 병합 ≫

1. 의의

– 청구의 병합 : 원고가 하나의 소송절차에서 수 개의 청구, 소의 객관적 병합

– 공통요건 : 동종**절**차(**제253조**), 공통**관**할

2. 모습, 판단

– ① 단순병합
모든 청구 심판해야/ 관련성無/ 분리可/ 일부판결·재판누락·추가판결 문제

– ② 선택적 병합
1개 인용시 다른 청구 심판 불요 ("하나 인용 해제조건부 다른 하나 심판")/ 관련성 有 : 양립가능성, 순서無/ 분리不可/ 판단누락·상소문제

– ③ 예비적 병합
주위적 인용시 예비적 심판 불요 ("주위 인용 해제조건부 예비 심판")/ 관련성 有 : 양립不可, 순서有/ 분리不可/ 판단누락·상소문제

– **[判例]** 선택적인지 예비적인지 여부는 병합청구의 성질(= 양립가능성 여부)을 기준으로 결정 O → 당사자 의사(주위적·예비적 순서 부여)로 결정 × [2013다96868]

– **[判例]** 단순(성질) ⇨ 선택·예비(청구) : 부적법 → 보정해야 → 법원 간과하여 청구 1개 인용하면서 다른 청구 판단 안 하면 재판누락·추가판결 문제 O(판단누락 ×) → 항소된 경우도 누락된 청구는 제1심에 잔존 상태 [2006다5550]
[判例] 주위적으로 권리금 상당 손해배상, 예비적으로 임대차보증금 상당 손해배상을 구했는데 단순병합 보정조치 없이 권리금 일부 인용하고 나머지 청구 판단 생략 → 임대차보증금 상당 손해배상청구는 제1심에 남아있음 [2009다10898]
[判例] 단순병합을 선택적·예비적 청구하면 부적법 → 제1심법원이 단순병합 본래 성질에 맞게 모든 청구 본안 심리하여 하나 인용, 나머지 기각 판결 → 피고만 인용된 청구에 항소 제기하면 모두 이심, 심판대상은 불복에 한정 [2005다51471]

– **[判例]** 예비적(양립불능 성질) ⇨ 선택적(무순 청구) : 부적법 [81다카1120]

– 선택적(양립가능 성질) ⇨ 예비적(순서 청구) : **'부진정 예비적 병합'**

부진정 예비적 병합은 논리적 양립 가능해도 ① 논리적 관계 밀접하고, ② 심판 순위 붙일 합리적 필요성 인정되면 허용 O

판례는 1) 대여금반환과 사기 불법행위 손배(2013다96868), 채무불이행과 불법행위 손배(2013다26425)에서는 합리적 필요성 부정, 2) 채불·불행 손배와 약정금(2002다23598), 재산상 손배와 동액 정신적 손배(2020다292411)에서는 합리적 필요성 긍정

[判例] 주위적 청구와 예비적 청구가 양립가능한 경우에도 심판 순위 붙여 청구할 "합리적 필요성" 있다면 허용 O, 당사자 부여한 순서 존중(=통상의 예비적 병합) → 단, 법원이 주위적 청구 일부 인용한 것이 예비적 청구보다 금액 적다면, 기각된 주위적 청구 수액 범위의 예비적 청구 판단 구하는 취지인지 당사자에게 석명해야(≠예비적 병합) ∵ 주위 일부 기각되면 예비도 판단해주길 바라는 불가분적 결합 제소도 가능하므로 [2001다17633, 2002다23598]

[判例2021] 주위적으로 재산상 손해배상 청구하며 손해가 인정되지 않을 경우에 예비적으로 같은 액수 정신적 손해배상 청구 → 논리적 양립 가능해도 ① 논리적 관계 밀접하고, ② 심판 순위 붙일 합리적 필요성 인정되면 당사자 붙인 순위에 따라 주위 심리하고 이유 없으면 예비 심리하는 '부진정 예비적 병합' 청구 허용 O

예비적 병합에서 주위 배척, 예비 불판단 → 상소하면 판단누락된 예비도 이심 O, 원심 계속 중 ✕ → 이는 부진정 예비적 병합도 동일 [2020다292411]

正辯 : 원고는 1심에서 재산상 손해배상만 구하다가, 항소심에 이르러 재산상 손해배상을 주위적 청구로, 정신적 손해배상을 예비적 청구로 변경하는 방법으로 예비적 청구 추가한 것인데 판례는 이러한 형태도 허용함 → 항소심은 판결서에 주위적 청구와 예비적 청구 모두 배척하는 이유 기재하면서 '항소기각' 주문만 표시하고 항소심에 추가된 청구(정신적 손해배상)에 '청구기각' 주문 표시하지 ✕ → 위법

[判例] 부진정 예비적 병합(실질적 선택적 병합 성질인데 당사자가 순위 붙여 청구)에서 제1심이 주위 기각, 예비 인용 → 피고만이 항소 → 항소심은 두 청구 모두 심판대상으로(=선택적 병합, ≠예비적 병합) ∵ 병합의 판단은 당사자 의사 아닌 병합청구 성질 기준으로 [2013다96868]

正辯 : 합리적 필요성 부정하여 '선택적 병합'으로 취급한 사안으로 평가됨

[判例2020] 선택적 병합 중 1개 인용, 피고 항소 → 항소심에서 원고가 제1심에서 심판되지 않은 청구를 주위적, 인용된 청구를 예비적으로 병합 형태 변경 → 항소심이 주위적 청구 먼저 심리하여 이유 있는 경우 → 제1심판결 주문과 동일 결론이더라도 피고 항소 기각 ✕, 새로이 청구인용 주문 선고해야 [2018다229625]

正辯 : 제1심에서 불법행위 손해배상과 부당이득반환 선택적 병합 중 불법행위 손배 인용 → 피고가 항소하고, 항소심에서 원고가 예비적 병합 형태로 변경(부당이득반환이 주위적, 불법행위 손배가 예비적) → 항소심이 부당이득반환 인용할 때 금액 같아도 항소기각 ×
한편 항소심에서 변경된 병합은 양립가능성 고려할 때 부진정 예비적 병합으로 보임(私見)

– 인도청구와 **장**래 **집**행불능(**민집 제41조 제2항**) 대비 대상청구는 **단**순병합
인도청구와 **현**재 **이**행불능 대비 대상청구는 **예**비적 병합
[判例] 본래적 급부청구에 이를 대신할 전보배상 부가하여 대상청구 병합 소구 → 판결확정 전 이행불능 또는 판결확정 후 집행불능 되는 경우 대비하여 전보배상을 미리 청구한 것 → 현재 급부청구와 장래 급부청구의 단순병합 ○ → 이를 예비적으로 병합했더라도 주위 인용 이유로 예비 판단 생략할 수 × [2011다30666]
正辯 : 주위적으로 근저당권등기 회복등기청구, 예비적으로 등기 공모하여 불법말소 손해배상청구 → 1심이 주위 인용, 예비 기각 → 원고가 예비 기각에 항소 → 2심이 주위 인용으로 전부승소라서 항소이익 없다며 항소 각하 → 예비적 병합 아닌 단순병합이므로 항소각하 한 2심은 위법
한편 위 판결에서 '판결확정 전 이행불능'은 '변론종결 후'로서 판결확정 전으로 해석해야 함. 그렇지 않으면 현재 이행의 소로서 예비적 병합이 됨(私見)

– **[判例]** 제1심에서 명예훼손 손해배상청구 기각된 후 항소심에서 새로운 명예훼손 행위를 청구원인으로 추가하면 선택적 병합 → 항소심이 새로운 명예훼손 행위에 판단 아니하면 판단누락 → 상소 (일부판결 × 재판누락 ×) [2010다8365]

– **[判例2017]** 양적 일부감축이나 질적 일부감축(무조건청구·상환이행청구)하여 하는 청구는 주위적 청구에 흡수되는 것일 뿐 예비적 청구 × [2016다225353]

– 대표·대리가 행위를 한 사안에서 법인·본인을 상대로 계약책임을 구하면서 계약이 무효가 될 것을 대비하여 民法 35조·756조의 불법행위 손해배상을 청구하는 경우 → 예비적 병합 ∵ 양립불가능
cf. 채무불이행 손해배상과 불법행위 손해배상 청구 → 선택적 병합

3. 절차, 심판

– ㉠ 단순병합
일부 인용 → 피고 상소 → 이심 전부, 심판대상 불복만(不變禁)
(만일 하나의 청구 판단 자체 없으면 재판누락·추가판결 문제 → 이심 ×)
[判例] 원고가 수개 청구에 대한 제1심판결 중 일부에만 항소 제기한 경우, 항소되지 않은 나머지 부분도 확정차단·이심되나, 원고가 변론종결시까지 항소취지 확장하지 않는 한, 항소하지 않은 나머지 부분은 항소심 심판대상 되지 않아 항소심이 이를 다시 인용할 수는 × [94다44644]

正辯 : 제1심은 말소청구와 금전청구 모두 기각 → 원고는 말소청구 부분만 항소 → 금전청구는 환송 전 항소심 선고시 확정되어 소송 종료 → 환송 후 항소심이 금전청구 판단한 것은 위법 → 재상고심이 직접 금전청구 부분 소송종료선언 O

– ㉡ 선택적 병합

a 인용, b 판단불요 → 피고 상소 → 이심 전부, 심판대상 전부(不變禁 ✕)

(패소판결은 양 청구 모두 판단해야 → 누락시 판단누락 → 상소 → 이심 전부)

[判例] 제1심법원이 선택적 청구 중 하나만 판단하여 기각, 나머지는 아무런 판단 않은 판단누락은 위법 → 항소하면 선택적 청구 전부가 이심 O, 선택적 청구 중 판단 않은 청구 부분은 재판누락 ✕, 제1심 계속 중 ✕ [96다99]

– ㉢ 예비적 병합

主 인용, 豫 판단 불요 → 피고 상소 → 이심 전부, 심판대상 전부(不變禁 ✕)

主 기각, 豫 인용 → 피고 상소 → 이심 전부, 심판대상 불복만(不變禁)

(주위 기각하면 예비 판단해야 → 누락시 판단누락 → 상소 → 이심 전부)

[判例] 제1심 법원이 주위적 청구 기각, 예비적 청구 인용한 판결 선고하고 피고만 항소 → 주위적 청구도 항소심 이심되나, "항소심 심판범위는 피고의 불복신청 범위인 예비적 청구 인용의 당부에 한정, 원고의 부대항소가 없는 한 주위적 청구는 심판대상 ✕" [94다31624] → 피고 항소 이유 있으면 예비적 청구 피고 패소 부분 취소, 주위적 청구 부분은 항소심 선고시 확정 [2001다62213] → 모두 기각 결과

[判例] 위 경우, 항소심이 주위 기각 판결하고 원고 상고하면 → 항소심은 무의미한 판결을 한 것, 상고각하 ∵ 상고 심판대상 ✕, 상고 이익 ✕ [94다29065]

[判例] 위 경우, 항소심에서 피고가 주위 인낙하면 예비는 심판 없이 종결됨 [92다12032]

[大判全合] 주위적 청구 배척하며 예비적 청구 판단 않은 판결에 상소 제기되면 누락된 예비적 청구도 이심 O, 재판누락 ✕, 원심 계속 중 ✕ [98다22253]

[判例] 항소심이 예비적 청구 판단 않은 판단누락 알게 된 당사자가 특별한 사정 없었음에도 상고하지 않아 항소심판결 확정된 후에는 그 예비적 청구 전부·일부를 소송물로 별소 제기 ✕ [98다17145]

– **[判例]** 선택적 병합에서 항소심은 제1심 판결과 상관없이 자유롭게 선택하여 인용할 수 O → 제1심과 다른 청구 인용할 경우는 결론적으로 금액 동일해도 항소기각 ✕ → 제1심판결 취소 및 청구인용 새 주문 선고해야 [92다7023]

[大判全合] 선택적 병합 모두 기각·각하한 항소심판결에 원고가 상고 → 상고법원이 어느 하나 상고 이유 있다면 원심판결 전부 파기해야 [92다46226]

- **[判例]** 예비적 병합에서 주위적 청구의 일부라도 인용되면 예비적 청구는 원칙적으로 판단 불필요 → 그러나 **예외 2가지**

  [判例] 합리적 필요성 있는 '부진정 예비적 병합'에서 법원이 주위적 청구 일부 인용한 것이 예비적 청구보다 '금액 적다면' 기각된 주위적 청구 수액 범위의 예비적 청구 판단 구하는 취지인지 당사자에게 석명해야 ∵ 주위 일부 기각되면 예비도 판단해주길 바라는 불가분적 결합 제소도 가능하므로 [2002다23598]

  [判例] 주위적 청구 일부 인용할 경우, 주위적 청구 일부를 특정하여 그 부분 인용을 해제조건으로 '그 부분에만' 예비적 청구 했다는 특별한 사정이 없는 한, 주위적 청구의 일부가 기각된다고 하여 그 부분의 예비적 청구 판단할 필요 ✕ [99다53742]

  正辯 : 통상 예비적 병합은 주위적 청구 일부만 인용되어도 그와 양립불능인 예비적 청구는 개념상 판단 불가 → ① '부진정 예비적 병합'은 실질이 선택적 병합으로서 양립가능 한 다른 청구를 석명하여 판단 가능, ② 주위적 청구의 특정된 '일부'에만 붙은 예비적 청구는 애초 주위적 청구의 '일부' 기각을 전제로 했으므로 판단해야

- **[大判全合]** 제1심은 주위적 청구 일부 인용, 예비적 청구 모두 기각 → 피고가 항소 → 항소심은 피고 항소 받아들여 제1심판결 취소, 그에 해당하는 주위적 청구 기각 → 항소심은 기각하는 주위적 청구 부분과 관련된 예비적 청구를 심판대상으로 삼아 판단하여야 [98다22253]

  正辯 : 주위적 청구로 ⓐ 불법말소된 근저당권등기 회복등기청구, ⓑ 토지거래허가신청청구, 예비적 청구로 ⓒ 근저당권말소에 따른 부당이득반환청구, ⓓ 매매대금반환청구를 구했는데 제1심이 주위적 청구 중에서 ⓐ 회복등기청구 중 2/3 지분만 일부인용, 나머지 청구 기각 → 피고가 항소한 항소심에서 제1심이 인용한 주위적 청구 2/3 회복등기청구를 기각할 경우, 이 부분과 관련한 예비적 청구를 판단해야 ∵ 제1심에서 2/3 회복등기 '인용' 부분과 관련된 예비적 청구(ⓒ 부당이득반환청구)는 심판대상 아니었음, 제1심이 '예비적 청구를 기각한다'고 한 것은 기각된 토지거래허가신청청구와 관련된 예비적 청구일 것임(ⓓ 매매대금반환청구) → 항소심이 청구들 사이 관계에 대해 석명권 행사로 명확히 밝히지 않은 채 예비적 청구에 대하여 전혀 판단하지 않은 것은 석명의무 위반, 예비적 병합에 대한 법리 오해한 위법

  [判例] 주위적 청구 일부 인용한 제1심판결에 쌍방이 항소 → 항소심이 제1심판결 중 피고 패소 부분 취소하고 그에 해당하는 주위적 청구 기각하면서 원고에게 예비적 청구의 취하 여부에 대해 석명 구하지 않고 판단하지 않은 것은 위법 [2007다37790]

∝ 청구의 변경 ∝

1. 청구의 후발적 병합

– 청구의 변경 / 중간확인의 소 / 반소

– 공통**관**할, 동종**절**차, **사**실심 변론종결 전, 소송절차 현저히 **지**연 않을 것
(중간확인의 소는 규정상으로 지연금지 요건 없음)

– 청구기초의 **동**일성 / 다툼 있는 **선**결적 법률관계 / 반소의 **이**익, **상**호관련성

2. 청구의 변경의 의의, 유형

– 청구취지의 확장 / 감축

– 청구취지의 변경 / 청구원인의 변경 (원칙적으로 청구의 변경 ∵ 구이론)

– 공방의 변경에 불과한 경우
[判例] 가등기에 기한 본등기청구에서 피담보채권의 변경 [92다11848]
[判例] 사해행위취소소송에서 피보전채권의 변경 [64다564]

– 추가적 변경 : 단순/선택/예비 → 청구의 병합요건 필요
교환적 변경 : 구청구 취하 + 신청구 추가(신소제기) → 결합설 [**통판**] *v.* 소변경설
[判例] 교환적 변경은 신청구 추가 및 구청구 취하 결합형태 → 항소심에서 교환적 변경 후 다시 구청구로 교환적 변경 ✕ ∵ 재소금지 ○ [86다카2600]
[判例] 교환적 변경에 (취하의 실질이 있기는 하지만) 본안에 변론한 피고라 하더라도 피고의 동의는 불필요 ∵ 청구기초 동일성 有 [69다2172]
[判例] 변경형태 불분명하면 석명의무 ○, 의견진술 기회 부여해야 → 특히 항소심에서의 교환적 변경은 재소금지 효력 있으므로 법적관점지적의무 ○ [2002다41435]
[判例] 교환적 변경 있었음에도 제1심이 간과, 구청구만 판단 → 항소심은 제1심 판결 취소, 구청구에 소송종료선언, 신청구는 재판누락 상태 [2002다56987]

3. 청구기초의 동일성

– 의의 : **[判例]** "동일한 생활사실·경제적 이익에 관한 분쟁에 있어서 그 해결방법에 차이가 있음에 불과" [97다44416] → 이익설 [**통판**]
사익적 요건 → 이의권 포기·상실 ○

[判例] 청구기초 변경되었으나 피고가 지체 없이 이의 진술하지 않고 변경된 청구에 관해 본안의 변론을 하면 이의권 상실 O, 다시 이의 제기 ✕ [81다546]

– 유형

ⓐ 청구**원**인은 동일, 청구취지만 변경

ⓑ 동일한 **목**적을 위해 법률적 구성만 달리 *ex.* 소유권 물청 → 점유권 물청

ⓒ **변**형물 혹은 부수물 *ex.* 소유권이전등기 → 이행불능 전보배상
건물인도 → 차임 상당 부당이득 추가

ⓓ 동일한 생활사실·경제적 이익, 분쟁 **해**결방법만 달리
ex. 매매 소이등 → 매매해제 대금반환
직접 매수 소이등 → 순차매도 대위청구

正辯 : 위 병합들 중 소이등·전보배상, 소이등·대금반환은 "양립불가" → 원시적 병합이면 예비적 병합 / 후발적 변경이면 "교환적 변경" 혹은 "추가적 변경 + 예비적 병합"

4. 소송절차 현저 지연 않을 것

– 판단기준 : 종전 소송자료 이용 가능성 고려 / 공익적 요건(이의권 상실 ✕)

[判例] 새로운 청구의 심리 위해 종전 소송자료를 대부분 이용할 수 있다면 소송절차 현저 지연 ✕ → 제1심에서 계약서 위조로 경료한 원인무효 등기말소 구하여 승소한 원고가 항소심에서 이를 주위적 청구로 하고 예비적으로 등기가 원인무효 아니더라도 명의신탁해지 원인 말소등기청구 추가 → 청구기초 동일성 O, 종전 소송자료를 대부분 이용 O, 현저히 지연 ✕ → 청구변경 O [97다44416]

5. 청구취지 확장과 항소이익

– 제1심 전부승소 원고는 청구취지 확장만을 목적으로 항소 ✕ → 예외 有

[判例] 피고가 항소하면 원고는 항소심에서 청구취지 확장 O(=부대항소) [68다158]

[判例] 원고가 **묵**시적 일부청구였다면 잔부청구를 위한 항소 O ∵ 기판력 불이익 받아 다시 청구할 수 없으므로 예외적 항소이익 O [96다12276] (후술)

[判例] **소**극적 손해 전부승소, 위자료 일부승소 → 소극적 손해 청구취지 확장을 위한 항소 O [94다3063] (전술)

6. 절차, 효력

- 청구취지 변경은 서면으로 해야(**제262조 제2항**) → 이의권 포기·상실 O
  [判例] 청구원인의 변경은 구두로 O [65다170]
- **[判例]** 신청구의 시효중단·기간준수 효력은 청구변경 서면 법원 제출시 O [2004두7023, 2008다84229] → 시효중단의 경우 명문의 규정도 있음(**제265조, 제262조 제2항**)
  신청구의 소송계속의 효력은 상대방에게 송달·교부됐을 때(**제262조 제3항**)
  [判例] 청구취지변경 불허결정에는 독립하여 항고 ×, 종국판결 상소로만 [92누5096]

7. 항소심에서의 교환적 변경

- 구청구 취하 + 신청구 신소제기 (결합설)
- **[判例]** 항소심에서 교환적 변경되면 항소심은 신청구에 대해서만 실질상 제1심으로서 판결 [87다카2372] → **[判例2017]** 항소심이 신 청구에 대해 아무런 판단없이 구 청구만 판단하면 위법 → 신 청구는 재판누락으로 항소심에 그대로 계속되어 있음 [2016다45595]
  → 항소심이 신 청구 기각할 경우 '청구기각' O, '항소기각' × [96다25449]
- **[判例]** 항소심에서 교환적 변경 → 항소취하 × ∵ 제1심판결 및 항소 실효 → 항소취하 할 경우 법원은 석명으로 항소취하 아닌 신청구의 취하 의미인지 확인 → 신청구 취하로 판단된 경우 피고 본안 응소 후라면 피고의 동의 필요(**제393조 제2항, 제266조**) [93다25875]
- **[判例]** 항소심에서 교환적 변경(a→b) 후 다시 구청구로 교환적 변경(b→a)하는 것은 재소금지(**제267조 제2항**) 해당하여 각하 ∵ 구청구 취하+신청구 [86다카2600]
- **[判例]** 제1심 일부인용(100 중 70)에 원·피고 모두 항소 → 원고가 청구 추가(15) → 기존 청구는 인용 부분(70) 넘어 일부(20)가 추가적으로 인용(90), 추가된 청구(15)는 기각 → 제1심판결 중 항소심이 추가로 인용하는 부분인 원고 패소부분(20)을 취소하고, 원고의 나머지 항소(10) 및 피고의 항소를 각 기각하며, 항소심에서 추가된 청구(15)에 대해 원고 청구기각 주문 표시해야 [2007다354]
  → 제1심에서 저작재산권침해 손해배상 일부 인용하자 쌍방 항소 → 저작인격권침해로 인한 손해배상을 '예비적' 추가 → 항소심이 저작재산권침해 손배 추가 인용하며 원고 패소 부분 취소, 원고 나머지 항소 및 피고 항소의 각 기각 주문표시만 → 원심은 추가된 청구에 기각 주문 있었어야 ∵ 당사자는 예비적으로 병합했어도 단순병합 성질 그대로 → 재판누락, 원심 계속 중 → 상고 부적법

≪ 반소, 중간확인의 소 ≫

1. 반소의 의의, 요건

– 반소 : 소송계속 중 피고가 본소 소송절차를 이용하여 원고에 대해 제기하는 소

– 반소의 요건 (공통요건 : 관·절·사·지)

① 반소**이**익

[判例] 본소 방어방법(= 본소청구 기각 구하는 것) 이상의 적극적 내용 포함되어야 → 채무이행청구에 채무부존재확인 반소 제기 × → 각하 [2005다40709]

원고의 채무부존재확인청구에 채무이행청구의 반소는 반소이익 O, 적법 O

② **상**호관련성

㉠ 본소청구와 : 본소 소송물과 "**대**상·**발**생원인에 법률상·사실상 **공**통성"

이혼청구 *v.* 이혼청구 / 매매소이등 *v.* 잔대금

건물 소유권확인 *v.* 임차권확인 (대상 동일)

동일사고 손해배상 *v.* 손해배상 (발생원인 동일)

㉡ 본소의 방어방법과 : 본소 항변사유와 **대**상·**발**생원인에 있어 법·사 **공**통성

대여금 *v.* 상계 후 초과채권 / 건물인도 *v.* 유치권의 피담보채권

→ 이 경우 그 방어방법은 반소제기 당시 현실적으로 제출되고 법률상 허용되어야 → 실기각하되거나 불허되는 (상계)항변에 바탕을 둔 반소 ×

– **반**소를 **항**소심에서 제기하려면 상대방 **동**의 있거나 **심**급 이익 해할 우려 없어야 (**제412조 제1항**) → 상대방(원고) 이의 없이 반소 본안에 변론하면 동의 의제(**제2항**)

– **[判例]** 원고가 이혼청구에 병합하여 재산분할청구 → 피고가 반소로 이혼청구 → 원고가 반대 의사 표시했다는 등의 특별한 사정 없는 한, 원고의 재산분할청구 중에는 본소 이혼청구 배척되고 피고 반소청구로 이혼 명해질 경우에도 재산분할 해달라는 취지 포함 O → 이때 재산분할청구는 '재반소' 실질 [2001므626]

* '본안에 관한 변론' 규정 정리

ⓐ **변**론관할 발생요건 (**제30조**, 본안 변론 + 준비기일진술)

ⓑ **기**피신청 제한 (**제43조 제2항**, 본안 변론 + 준비기일진술)

ⓒ **피**고경정 동의요 (**제260조 제1항 단서**, 본안 준비서면 + 준비기일진술 + 변론)

ⓓ 소**취**하 동의요 (**제266조 제2항**, 본안 준비서면 + 준비기일진술 + 변론)

ⓔ 항소심 **반**소제기에 동의의제 (**제412조 제2항**, 본안 변론)

2. 반소의 절차, 심판

- **[判例]** 반소가 적법히 제기된 이상 그 후 본소 취하되더라도 반소의 소송계속에는 아무런 영향 無 [69다446] → 그러나 예비적 반소는 소멸함
  [判例] 피고가 추완항소 하며 반소 제기했는데 추완항소 부적법하면 반소 소멸 [2003다16962]
  본소 취하 → 피고는 동의 없이 반소 취하 O (**제271조**)
  본소 각하 → 피고는 (원고가 반소에 응소했다면) 원고 동의 있어야 반소 취하
  [判例] 271조는 원고가 본소는 취하해놓고 본소로 유발된 반소만의 유지를 상대방에게 강요하는 것이 불공평하다는 취지 → 본소가 원고 의사와 관계없이 부적법 각하될 경우 유추적용 ✕, 원고 동의 있어야만 반소취하 O [84다카298]
- **[判例]** 항소심에서의 반소제기에 원고가 '반소기각 답변'만 했다면 412조 2항 '이의없이 반소 본안 변론' ✕ → 동의 간주 ✕ [91다1783]
- **[判例]** 피고가 반소 제기하며 원고 이외 제3자를 반소피고로 추가할 수는 없지만 반소가 필수적 공동소송인 경우는 필공 추가 요건 갖추면 허용 [2014다235042]

3. 예비적 반소

- 매도인인 원고의 매매대금청구에, 피고가
  ⓐ 대금지급 했다면서 소이등 구하는 것 : 단순반소
  ⓑ 매매무효 이유로 기각 구하면서, 본소 '인용' 대비(만일 매매 유효라면) 조건부로 소이등 구하는 것 : 예비적 반소
  ⓒ 매매무효 이유로 기각 구하면서, 본소 기각 대비(매매 무효이므로) 기지급대금 반환 구하는 것 : 부진정 예비적 반소
- **[判例]** 피고가 원고 본소 인용 대비하여 조건부로 반소 제기(예비적 반소) → 본소 기각한 이상 예비적 반소 판단 않은 것은 정당 O → 피고의 상고 각하 ∵ 상고 대상 無 [91다1615]
- **[判例]** 본소 및 예비적 반소 모두 각하 → 원고만 항소한 것 받아들여 본소 인용한 이상, 피고가 반소에 항소하지 않았어도 피고의 예비적 반소도 심판대상 O [2006다19061]
  正辯 : 제1심이 본소 기각, 예비적 반소 불판단인 상황에서도 위와 동일함

- **[判例2021]** 점유회수청구에 대해 점유침탈자가 점유물에 대한 본권 있다는 주장으로 배척할 수 ✕ ∵ 민법 208조 → 점유권에 기한 본소에 본권자가 본소청구 인용 대비하여 본권에 기한 '예비적 반소' 제기 → 양 청구 모두 이유 있으면, 법원은 본소 및 예비적 반소 모두 인용해야 → 모두 인용 확정되면, 점유자가 본소 확정판결의 집행문 부여받아 강제집행으로 물건 점유 회복 ○, 본권자는 본소 집행 후 집행문 부여받아 비로소 반소 확정판결 따른 강제집행으로 물건 점유 회복 ○ ∵ 반소청구는 본소 의무 실현을 정지조건으로 → 이 과정에서 본권자가 점유 침탈 중 설치한 장애물 제거될 수 ○

  다만 점유자의 집행이 무의미한 점유상태 변경 반복에 불과할 뿐 실익 없거나 본권자로 하여금 점유회수 집행 수인하게 함이 명백히 정의에 반하여 사회생활상 용인할 수 없는 경우, 또는 점유자가 점유권에 기한 본소 승소확정판결을 장기간 강제집행하지 않음으로써 본권자의 예비적 반소 승소 확정판결까지 조건불성취로 강제집행에 나아갈 수 없게 되는 등 특별한 사정 있다면, 본권자는 점유자 승소한 본소 확정판결에 청구이의의 소 ○, 강제집행 저지 ○ [2019다202795]

  [判例2021] 점유권 기초 본소에 대해 본권자가 본소청구 인용 대비한 본권 기초 장래이행 소로서 예비적 반소 제기하고 양 청구 모두 이유 있는 경우 법원이 본소와 예비적 반소를 모두 인용해야 → 점유권 기초 본소를 본권에 관한 이유로 배척할 수 ✕ → 이러한 법리는 점유 침탈당한 자가 점유권에 기한 점유회수의 소 제기, 본권자가 그 인용 대비하여 본권에 기한 장래이행 소로서 '별소'를 제기한 경우에도 마찬가지 ○ [2019다208441]

4. 중간확인의 소(**제264조**)

- 다툼 있는 선결적 법률관계의 확인 구할 것

  선결적 법률관계는 기판력 발생 없으므로 기판력 발생 위한 것
- 원고가 제기하면 청구의 변경, 피고가 제기하면 반소
- **[判例]** 소유권이전등기, 말소등기 이행청구 소 계속 중 당해 부동산 소유권확인청구를 항소심에서 추가하는 소변경 ○ [72다1436] → 상대방 동의 불요

  [判例] 재심 소송절차에서 중간확인의 소 제기함은 재심청구 인용을 전제로 재심 본안청구의 선결관계인 법률관계 존부 확인 구하는 것 → 재심사유 없어 재심청구 기각할 경우 중간확인의 소 각하를 판결 주문에 기재해야 ∵ 중간확인의 소는 단순한 공격방어방법 ✕, 독립된 소 ○ → 누락하면 재판누락 [2007다69834]

≪ 공동소송 ≫

1. 다수당사자소송 개관

– 공동소송(통공/필공/예선공/추공) / 선당
제3자 소송참가(보참/공보참/공소참/독당) / 당사자 변경(임당변/소송승계)

2. 공동소송의 일반요건(**제65조**)

– ㉠ 권리의무 **공통** (**제65조 전문 전단**) : 합유자·**공**유자, **연**대채무, **불**가분채무
㉡ 발생원인 **동일** (**제65조 전문 후단**) : 동일**사**고, **보**증채무, 순차**등**기명의인들
㉢ 권리의무·발생원인 **동종** (**제65조 후문**) : 동종 분양·임대차계약
[判例] 순차로 마친 등기, 수인 앞으로 마친 공유등기의 말소청구소송은 통상공동소송 O, 필수적 공동소송 ✕ → 통공에서는 변론주의에 따라 공동소송인 상호간 공격방어방법 차이에 따라 모순된 결론 발생 가능 O [90다9872]

– 전문과 후문 차이점 : **관**련재판적 적용, **선**정당사자, 독립의 원칙 **수**정 논의

– 공동소송은 청구의 객관적 병합요건 충족 전제(**제253조**) : 공통관할, 동종절차

3. 통상공동소송(**제66조**)

– **공동소송인독립의 원칙** : 소송**요**건/소송**자**료/소송**진**행/본안재**판** → 不통일
소송요건은 각 공동소송인마다 개별적 심사·처리
소송자료(주장·자백·인낙 등)는 유불리 떠나 다른 공동소송인에 효력 ✕
[判例] 피고들 통공 중 1인이 자백하여도 다른 피고들은 증거로 확정하여야
소송진행은 개별 진행되고 필요할 경우 변론 분리 O, 일부판결 O
본안재판은 판결내용 일치할 필요 없고, 상소제기기간이나 상소 여부도 개별적
[判例] 통공에서 일부만 항소제기 → 피항소인이 다른 공동소송인을 상대방으로 하거나 보태어 부대항소 ✕ ∵ 공동소송인 독립 원칙 [94다40734] → 판결 “분리확정”

– 독립원칙의 **수정** : 65조 ‘전문’임에도 모순·저촉 부자연스러워서 시작된 논의

㉠ **주장공통**의 원칙 → 부정 [**통판**]

[判例] "66조 명문 규정과 변론주의의 소송구조에 비추어 통상의 공동소송에서는 주장공통 적용 ✕" [93다47196]

[判例] 적법한 기일통지 받고 불출석하여 자백간주 된 피고들과 그렇지 않고 다툰 피고들 사이 내용 판단은 상반될 수 ○ [96다53789]

㉡ **증거공통**의 원칙 → 부정 [판]

[判例] "공동소송에서는 증명 기타의 행위가 그 행위자를 구속할 뿐 다른 당사자에게 영향 ✕" [4291민항231]

증거공통 원칙에 대해서 50년대 판례는 부정하지만 긍정설이 다수설로 보임

설령 인정하는 견해에 의하더라도 '자백'한 사람에게는 다른 공동소송인 제출 증거가 영향을 줄 여지는 ✕

[判例] 통상공동소송에서 공동피고 중 1인 자백은 다른 피고에게 직접 영향 없으나 변론 전체의 취지로서 증거자료는 될 수 ○ [75다2152]

4. 필수적 공동소송

- 필수적 공동소송 : 합일확정을 필수적으로 하는 소송(**제67조**)
- ㉠ 고유필수적 공동소송
  공동소송이 법률상 강제 → 모두가 당사자가 되지 않으면 부적법, 실체법상 이유
  "실체법상 관리처분권 공동귀속으로 소송수행권도 공동귀속"
  ㉡ 유사필수적 공동소송
  공동소송이 법률상 강제되진 않고, 법률상 합일확정의 필요 때문에 승패 일률적, 소송법상 이유(판결의 효력이 미치는 경우)
  → 일부 **각**하·**누**락·**취**하가 불허되면 고필공, 허용되면 유필공

5. 고유필수적 공동소송

- **[大判全合]** 가등기에 기한 본등기청구(매매예약완결권 행사)가 필수적 공동소송인지 → 매매예약의 내용 따라 → 예약에 명시 없으면 매매예약 체결 동기·경위·목적, 공동행사 의사, 채권자별 지분권 표시, 지분권 비율과 피담보채권 비율 일치 여부, 관행 등 종합적 고려 → 지분과 채권액 비율이 일치한 사안에서 독립적 매매예약완결권 인정 → 필공 ✕ (언제나 필공으로 보던 과거 판례 폐기) [2010다82530]

– **[判例]** 유언집행자가 수인인 경우 유언의 수증자가 소유권이전등기 구하는 소는 유언집행자 전원을 피고로 해야 하는 고유필수적 공동소송 [2009다8345]

– **합유** : 필수적 공동소송 원칙
합유물 보존행위는 각자 ○(**民 제272조 단서**) → 1인 소 제기 가능한 통공
[判例] 민법상 조합인 공동수급체가 경쟁입찰 참가했다가 다른 경쟁업체가 낙찰자로 선정된 경우 그 낙찰자선정 무효확인소송은 공동수급체의 구성원 1인 제기 ○ ∵ 공동수급체가 경쟁입찰 관련하여 갖는 법적 지위·이익 침해 우려 현상 유지로서 합유재산의 보존행위 [2011다80449] → 통공
[判例] 조합 채권자가 조합재산 의한 공동책임이 아닌 각 조합원의 개인적 책임에 기해 채권 행사하면 조합원 각자 상대로 소 제기 ○ [91다30705] → 통공
[判例] 공동명의 예금이 동업자금이면 준합유 → 예금반환청구는 필수적 공동소송 / 동업 이외 특정 목적 위해 공동명의 예치하여 목적 달성 전에는 단독 인출 못하도록 방지·감시할 목적이면 예금채권이 분량적 분할되어 각 예금채권자들에게 공동 귀속, 관리처분권도 각자 귀속, 공동반환특약에 따라 은행에 대하여는 모두가 지급청구해야 하겠지만 필수적 공동소송 ×, 통상공동소송 ○
→ ① 다른 공동명의 예금채권자가 협력 않을 경우 승낙청구 ○, ② 은행이 정당한 이유 없이 거절하고 미리 청구할 필요 있다면 승낙조건부 예금반환청구 ○ → 다른 공동명의 예금채권자와 은행을 공동피고로 ○ (통공) [93다31825]
[判例] 합유로 등기된 부동산에 명의신탁 해지 원인으로 소유권이전등기 구할 경우 고필공 ○ → 원고가 합유자 중 1인이어도 마찬가지 [2014다73794]

– **총유** **[大判全合]** 총유재산에 관한 소송은 비법인사단 명의로 *or* 구성원 전원이 필공 → 그러나 구성원 1인은 당사자 × (대표자+사총결의+보존행위여도) [2004다44971]

– **공유** : **[判例]** 원칙적 통공
보존행위 단독으로 (등기말소·진명소이등, 인도청구)
공유물침해로 인한 손해배상·부당이득은 각자 지분비율 한도 내에서만
공유자 1인 상대로 건물철거청구 ○, 필공 × (불가분채무, 건물전체 지분한도)
예외적 고필공
[判例] 공유물 전체 소유관계 확인청구 [94다35008]
[判例] 공유물분할청구 [2003다44615]
[判例] 공동상속인이 다른 공동상속인 상대로 상속재산확인청구 ∵ 상속재산 여부 결론 서로 달라지면 상속재산 분할 어려움 → 원고 일부의 소 취하 ×, 피고 일부에 대한 소 취하 × [2006다40980]
cf. **[判例]** 공동상속재산의 '지분권' 존재확인은 통공 ○, 필공 × [2008다96963]

6. 유사필수적 공동소송

– 여러 채권자가 제기하는 대위소송

[判例] 각 채권자대위권에 기해 공동하여 채무자 권리 행사하는 다수 채권자들은 유사필수적 공동소송관계 ○ → 제1심에서 다수 채권자 대위청구 모두 기각, 그중 1인만 항소 → 전원 확정차단·이심, 상소제기 효력 ○ ∵ 67조 1항 [91다23486]

正辯 : 위 판결은, 甲이 乙에 대한 소이등청구권을 보전하기 위해 乙의 丙에 대한 소이등 말소청구권을 대위하여 소 제기했다가 소송계속 중 사망하여 甲의 공동상속인 A, B, C가 수계를 하여 공동원고가 된 경우에 이들의 관계를 유사필수적 공동소송으로 보았음
그러나 위 판결 이후 2014년에 선고된 2013다25217 판결은, 부동산 취득시효 완성자의 공동상속인 1인이 소유자에 대한 소유권이전등기청구권을 피보전채권으로 무효등기 명의자를 상대로 소유자의 말소등기청구권을 대위행사할 경우 자신의 지분 범위 내만 대위할 수 있고 이를 초과하는 대위는 보전의 필요성이 없다고 판시하였음
2014년 판결을 고려하면, 1991년 판결처럼 지분 소이등청구권자들이 공동으로 '말소등기청구권'을 대위할 경우에는 유필공이 아닌 통공으로 볼 여지도 있게 됨(私見) → 결국 91년 판결의 '유필공' 요지는, 피대위권리가 공동소송인별로 쪼개지지 않는 공동 대위소송인 경우, 가령 각 1억 원의 금전채권자들이 채무자의 제3채무자에 대한 1억 원의 금전채권을 공동으로 대위하는 경우(피대위권리가 겹쳐지는 경우) 등으로 한정해야 할 것임(私見) → 제13회 사례형 1번은 복수정답의 여지가 있음

– 여러 사람이 제기하는 회사설립무효·취소의 소, 회사합병 무효의 소, 주총결의 취소·무효·부존재 소송(상법 184조·328조, 236조·529조, 376조·380조)

[大判全合2021] 주주총회결의 부존재·무효 확인소송은 67조 적용되는 필수적 공동소송 ○ ∵ 상법 380조, 190조 본문에 따라 인용판결은 제3자에 효력, 공동소송인 사이 소송법상 합일확정 필요성 ○, 상법상 회사관계소송의 전속관할·병합심리규정(상법 186조, 188조)도 합일확정 전제로, 당사자 의사, 소송경제 [2020다284977]

正辯 : 당시 〈별개의견〉 4인은 통상공동소송으로 보았음(기각은 제3자에 효력 없음, 합일확정이나 소송자료·소송진행 통일할 필요 없음을 이유로 하였음)

– 일부 **각**하·**누**락·**취**하 허용된다는 점이 고필공과 가장 큰 차이점
단, 일부 '인낙'은 고필공·유필공 모두 불허

7. 필수적 공동소송의 심판

– 긴밀한 연합관계(**제67조**) → 요·자·진·판

– 소송**요**건 : 개별적 조사
1인만 부적법할 경우 → 고필공은 전부 각하, 유필공은 1인만 각하

고필공 누락 보정방법 :

㉠ **별**소제기 및 변론병합(**제141조**)

㉡ 공동소송**참**가(**제83조**, 제2심 변론종결시까지)

㉢ 고필공 **추**가(**제68조 제1항**, 제1심 변론종결시까지)

cf. 애초의 누락이 아닌 소송계속 중 승계로 인한 변동은 '소송승계' 사유

[判例] 공유물분할청구 소 적법 제기되어 계속 중 공유자 1인 지분이 공유자 아닌 자에게 양도 → 사실심 변론종결 시까지 민소법상 승계참가나 소송인수 등으로 양수인이 당사자 되어야 소 적법성 유지 [2013다78556]

– 소송**자**료(**제67조 제1,2항**) : 1인 능동 유리해야 효력, 1인 수동 전원에 효력

㉠ 1인이 한 소송행위 유리하면 모두에 효력 O (**제1항**)

→ 주장·증거 제출, 1인 본안에 변론하면 취하에 모두의 동의 要, 1인 출석·변론하면 전원이 자백·취하간주 저지효, 1인이 기간 준수하면 전원이 준수 O

㉡ 불리한 행위는 함께 해야 효력(**제1항**)

→ 자백·포기·인낙·화해는 전원이 해야만 효력(1인만 하면 그 1인에게도 무효)

㉢ 1인에 대한 소송행위는 유불리 불문하고 전원에 효력 O (**제2항**)

→ 준비서면에 적지 아니한 사실을 출석한 1인에게 276조로 주장하면 전원에게 주장한 효력 O

– 소송**진**행 : 통일적

변론 분리 ×, 1인에 중단·중지사유 생기면 전체 중단·중지(**제67조 제3항**)

상소기간은 개별적 진행되지만, 결국 모두 만료되어야 확정

[判例2017] 공유물분할판결은 공유자 전원 상소기간 만료 전에 일부 공유자 상소기간 만료되었어도 그 공유자 부분 분리확정 × ∵ 고필공으로서 일부 상소 제기가 다른 공동소송인에 효력 O, 전원 확정차단 및 이심 [2017다233931]

1인이 제기한 상소(유리), 1인에 대한 상소(수동)는 모두 전원에게 효력 O, 이심 및 심판대상 모두 전원 O → 이때 상소제기 아니한 공동소송인의 지위 : 단순한 상소심당사자설 [**통판**] → 합일확정 요청 때문에 이심되었으나 상소인은 아님

– 본안재**판** : 모두에 대해 하나의 모순 없는 합일적 종국판결 선고해야

착오로 일부 누락되면 재판누락 × (추가판결 ×), 판단누락 O, 상소 O

[判例] 공유물분할청구의 소는 합일확정 필요한 고유필수적 공동소송 → 공동소송인 중 일부가 제기한 상소는 다른 공동소송인에게도 효력 O → 공동소송인 전원에 대해 확정차단 및 이심 O, 전원에 대해 심리·판단 O [2003다44615]

8. 예비적·선택적 공동소송

- 의의 : 공동소송인 중 일부의(에 대한) 청구가 다른 공동소송인의(에 대한) 청구와 양립 불가능한 경우 → 필공 준용(모순 없는 통일적 재판)
- 예비적·선택적 공동소송에서는 전원에 대한 판단이 필요하고(**제70조 제2항**), '예비적'과 '선택적' 모두 양립불능(순서 있는지 여부만 차이)

  ≠ 청구 객관적 병합 : 선택적 병합에서 어느 청구 인용하거나 예비적 병합에서 주위 인용하면 다른 청구 판단 불필요한 점, '선택적'과 '예비적'의 차이는 양립 가부인 점

  [判例] 70조 2항은 1항의 예비적·선택적 공동소송에서는 모든 공동소송인에 관한 청구에 대해 판결하도록 규정 → 일부 공동소송인에 대한 청구만 판결하면 일부판결 ✕, 흠결 있는 전부판결 O → 판단누락에 대한 상소 O [2005다49430]
- **'법률상 양립 불가능'**

  ㉠ 법률의 규정에 의한 양립불가능성

  ⓐ 공작물책임 점유자·소유자 (**民 제758조 제1항**)

  ⓑ 본인·무권대리인(**民 제135조**)

  [判例] 부진정 연대채무관계 ✕ ∵ 양립불가능 ✕ [2006다47677]

  ㉡ 동일한 사실관계에 대한 법률적 평가상 양립불가능성

  [判例] "동일한 사실관계에 법률적 평가 달리하여 어느 한쪽에 법률효과 인정되면 다른 쪽 부정됨으로써 두 청구가 모두 인정될 수 없는 관계" [2007마515]

  → 대표지위부존재확인에서 개인을 피고로 소송계속 중 입주자대표회의를 예비적 피고로 추가 O ∵ 피고적격 법적 평가에 따라 한쪽만 적법

  ㉢ 사실관계에 의한 양립불가능성

  [判例] "택일적 사실인정에 의해 한쪽 법률효과 긍정하면 다른 쪽 부정되고, 부정하면 긍정되는, 반대 결과가 되는 경우로서, 각 **판**단과정이 **필**연적으로 **상**호 결합된 관계, 실체법상·소송법상 양립불가능 모두 포함" [2006다57872]

  → 차량대금지급을 전제로 주위적 피고 자동차판매회사에 대해 차량미인도 채무불이행 내지 사용자책임 + 예비적 피고 카드회사에 대해 할부금채무부존재확인 및 기납입대금반환 O

  채권양도, 채무인수, 공탁에서 그 효력 여부가 불명한 경우

  ㉣ 그러나 불법행위 가해자가 A인지 B인지 불명하면 ✕ ∵ 단순한 사실인정 문제
- **[判例2015]** 주위적 피고에 대한 주위적·예비적 청구 중에 주위적 청구부분 기각을 대비하여 법률상 양립 불가능한 예비적 피고를 병합하거나 후발적 추가하는 것 O

(**제70조 제2항, 제68조 제1항**) ∵ 70조 1항의 '공동소송인 가운데 일부에 대한 청구'를 반드시 공동소송인 가운데 일부에 대한 '모든' 청구로 해석할 근거 無 → 이때 주위적 피고에 대한 예비적 청구와 예비적 피고에 대한 청구는 양립가능 할 경우 "통공" 관계 [2009다104960]

– **예비적 · 선택적 공동소송의 심판(제70조)**

→ 합일확정, 필공 준용, 다만 취·포·인·화 준용 ✕

소송**요**건 :

[判例] 양립가능한 피고들을 예선공으로 제기하면 통공 취급 ○, 바로 각하 ✕ [2006다47677]

소송**자**료(**제70조 제1항, 제67조 제1,2항**) :

1인이 한 소송행위 유리하면 모두에 효력, 불리하면 함께 해야(= 자백)

1인에 대한 소송행위는 유불리 불문하고 전원에 효력

제70조 제1항 단서 : 다만, 취하, 포기·인낙, 화해는 필공 준용 ✕ → 불리한 행위지만 각자 ○ ∵ 소송물 처분은 각자 하도록 → 결국 '자백'만은 함께 해야 효력

[判例2018] 예비적·선택적 공동소송인 일부가 소 취하 혹은 일부에 대한 소 취하가 된 경우, 나머지 공동소송인 청구 부분은 여전히 심판대상 ∵ 예선공은 필공 준용하면서 취하(포기·인낙, 화해)는 예외 인정(70조 1항 단서) [2015다242429]

소송**진**행 :

변론분리 ✕, 1인에 중단·중지사유 생기면 전체 중단·중지(**제70조, 제67조 제3항**)

예비적 피고의 인낙 허부 : 허용 *v.* 주위적 피고에 대한 기각시만 허용

[判例] 조정갈음결정·화해권고결정에 예비적 피고만 이의하면 원고와 주위적 피고 사이의 청구는 원칙적 분리확정 ∵ 70조 1항 단서가 취하·포기·인낙·화해는 각자 할 수 있고 조정갈음결정·화해권고결정 확정되면 재판상 화해와 효력 동일 → 다만 결정에서 분리확정 불허 또는 형평에 반하는 경우는 분리확정 불허 [2014다75202]

본안재**판** :

반드시 모두에 대하여 판결하여야 (**제70조 제2항**) ≠ 선택적·예비적 병합

착오로 일부 누락되면 재판누락 ✕ (추가판결 ✕), 판단누락 ○, 상소 ○

[判例] 예비적 공동소송은 동일한 법률관계에 관하여 모든 공동소송인이 서로간 다툼을 한꺼번에 모순 없이 해결하는 소송형태, 모든 공동소송인에 대한 청구에 관하여 판결 해야(70조 2항) → 일부 공동소송인에 대하여만 판결 ✕, 남겨진 자를 위해 추가판결 ✕ → 주위적 피고와 예비적 피고 중 1인 상소 제기하면 다른 1인에 관한 청구 부분도 확정차단·이심 ○, 심판대상 ○ [2009다43355]

- **[통판]** 예비적 공동소송 주위적 피고에 기각, 예비적 피고에 인용 → 예비적 피고만 항소 → 항소 인용시 제1심판결취소, 예비적 피고에 청구기각판결, 주위적 피고에 대한 청구도 심판대상 O (이유 있으면 인용, 없으면 기각) → 불이익변경금지 ✕
- **[判例]** 예비적·선택적 공동소송인 가운데 어느 1인에 대한 상소가 이유 있어 원심판결이 취소·파기되는 경우 상소 이유 없는 다른 1인 청구부분도 함께 취소·파기해야 ∵ 합일확정 필요 [2008다88207]
- 예비적·선택적 공동소송인의 추가(**제70조 제1항 본문**) : 고필공 추가 68조 1항 준용 → 제1심 변종시까지 추가 가능

9. 추가적 공동소송

- ㉠ 소송계속 중 제3자 스스로 참가·승계 → 공동소송참가(**제83조**), 참가승계(**제81조**)
- ㉡ 당사자가 제3자에 대한 소 추가적 병합 → 필수적 또는 예비적·선택적 공동소송인의 추가(**제68조**, **제70조**), 인수승계(**제82조**)
- **[判例]** 법률상 명문 규정 없이 소송 계속 중 당사자를 추가하는 것은 명목이 어떻든 불허 [93다32095] → 통상공동소송인의 추가 ✕

« 선정당사자 »

1. 의의

– 선정당사자 : 공동의 이해관계 가지는 여러 사람 가운데 모두 위해 소송 수행할 당사자 선출(**제53조**) → 당사자적격의 문제 (대리인 ✕)
명문 규정 있는 임의적 소송담당, 조합의 소송 수행방안 중 하나

2. 요건

– ① **공동의 이해관계** 있는 : 65조 전문의 공통·동일 ○
65조 후문의 동종은 원칙적 ✕, 예외적 ○
[判例] 공동의 이해관계란 상호 공동소송인이 될 관계 있고, "**주**요한 **공**격방어방법을 **공**통으로 하는 것"을 의미 → 권리·의무가 동종이고 발생원인이 동종인 것만으로 공동의 이해관계인 ✕ → 분양회사 대표의 배임행위에 적극가담한 근저당권자를 상대로 말소등기청구하는 수분양자들은 주공공 ✕, 공동의 이해관계 ✕, 선정당사자 ✕ [97다362]
[判例] 주택임차인들이 피고를 임대차계약상 임대인이라 주장하여 보증금반환청구한 경우에 쟁점은 피고가 임대차계약 당사자인 임대인인지 여부로 **주**요한 **공**격방어방법을 **공**통으로 ○, 공동의 이해관계 ○, 선정당사자 ○ [99다15474]

– ② 공동소송인으로 될 여러 사람

– ③ 가운데에서
제3자는 ✕ ∵ 소송신탁금지 및 변호사대리원칙 잠탈 염려

3. 선정의 방법, 절차

– 심급 한정 선정 : 선정은 조건 붙일 수 없는 단독 소송행위지만, 심급을 한정하는 것은 허용 ○ → 다만 **[判例]** 사건명 뒤에 '제1심 소송절차에 관하여'라고 기재한 정도는 사건 특정 위함이지 심급 한정은 ✕ [94마2452]

– 선정의 시기는 소송계속 전·후 불문
소송계속 후의 선정은 선정자 당연 탈퇴(**제53조 제2항**)

4. 선정당사자, 선정자의 지위

- 선정당사자의 지위

  당사자 O, 대리인 × → 90조 2항 특별수권 불필요

  → 취하, 포기·인낙, 화해, 상소제기, 관련된 사법행위 등 일체 소송행위 O

  [判例] 선정당사자는 선정자들로부터 소송수행 포괄적 수권 받은 것 O → 일체의 소송행위 O, 사법상 행위 O, 개개 소송행위에 개별 동의 불필요 [2001다10748]

  다만 **[判例]** 변호사보수약정은 소송수행에 필요한 사법상 행위 아니므로 별도 수권 없이 변호사보수약정 했어도 선정자들이 추인하지 않는 한 선정자들에 효력 × [2009다105246]

- 동일 선정자단 선정 복수 선당들 사이 → 필공 ∵ 소송수행권 준합유

  별개 선정자단 선정 복수 선당들 사이 → 원래 소송에 따름

  스스로 당사자 된 사람과 선당 사이 → 원래 소송에 따름

- 선정자의 지위 : 적격유지설 *v.* 적격상실설 [통판]

  [判例] 선정을 한 선정자들은 소송수행권 상실, 소송관계 탈퇴 [2010그133]

  적격상실설 취해도 선정당사자의 소송계속 중 선정자가 별소 제기하면 중복소송 O

  선정당사자가 받은 판결의 효력은 선정자에게 미침 (**제218조 제3항**)

- 선정당사자의 자격상실 사유

  선정당사자의 사망, 선정 취소, 공동 이해관계 소멸(취하, 판결확정)

  [判例] 선정당사자 본인 부분의 소 취하되거나 판결 확정되는 등 공동의 이해관계 소멸하면 선정당사자는 당연 자격 상실 [2006다28775]

  '선정자'의 사망·공동이해관계소멸은 자격상실 사유 × (**제95조** 유추적용 O)

  선정당사자는 '모두'가 자격 잃거나 죽어야 절차 중단 → 선정자 모두 혹은 새로운 선정당사자가 수계(**제237조 제2항**) → '상속인'의 수계는 일어나지 ×

  선정당사자의 변경 : 선정자는 언제라도 선정행위 취소 가능 → 새로 선정당사자 선정 가능 → 대리권 소멸과 마찬가지로 상대방에 통지해야 효력(**제63조 제2, 1항**)

- 선정당사자 자격 없을 때 효력

  당사자적격 문제, 직권조사사항, 흠 있으면 보정명령, 보정·추인 없으면 각하판결

  간과판결 : 상소 ×, 재심 × (대리권흠결 3호 유추적용 ×) ∵ 판결 당연무효

  [判例] '공동이해관계' 없었더라도 선정자 스스로 공동소송인 중 1인에게 소송수행권 수여 선정행위 했다면 선정자의 실질적 소송행위·소송관여 기회 박탈된 것 × → 3호 유추 ×, 재심 × [2005다10470] ← 공동이해관계 없는 선정당사자가 인낙하여 인낙조서 확정된 경우도 마찬가지 (준재심 ×)

  正辯 : 스스로 선정했으나 공동 이해관계 없다면 판결 당연무효가 아니고 아예 하자 없는 것임

≪ 보조참가 ≫

1. 제3자의 소송참가 요건 개관

– 보참 : 계·이·지　　공보참 : 계·기·소
　공소참 : 계·합·소　독당참 : 계·이·병·소

2. 보조참가의 의의

– 보조참가(**제71조**) : 소송결과에 법률상 이해관계 있는 자가 한쪽 당사자의 승소를 돕기 위해 참가

[判例] 서울특별시장은 보조참가신청 ✕ ∵ 당사자능력·소송능력 ✕ [99두1519]

3. 보조참가의 요건

– ① 타인 간 소송**계**속 중, ② 소송결과에 법률상 **이**해관계, ③ 현저 **지**연 않을 것

– ① 타인 간 소송**계**속 중

상고심에서 ○

보조참가신청은 참가인으로서 할 수 있는 소송행위와 동시에 ○ (**제72조 제3항**) → 보조참가신청 + 상소제기·추후보완항소·재심제기 ○

[判例2018] 판결확정 후 재심사유 있을 때 보조참가인은 보조참가신청과 함께 재심의 소 제기 ○ → 그러나 재심청구 당시 피참가인인 재심청구인이 이미 사망하여 당사자능력 없다면 보조참가인의 재심청구 ✕ [2018므14210]

正辯 : 위 판결은 공동소송적 보조참가 사안이므로 위 법리는 보참, 공보참 동일 적용
한편 신분관계 소송에서는 상대방 될 자가 존재하지 않는 경우 이해관계인들의 이익 위해 공익대표자인 검사를 상대방으로 소송 가능한 점과 구별(민법 849조, 864조, 865조, 가소법 24조 3항, 4항, 90므1135 판결) → 신분관계소송은 검사 상대로 재심 ○

– ② 소송결과에 **이**해관계 있을 것(= 참가이유)

[判例] "소송결과에 대한 이해관계란 사실상·경제상 ✕, 법률상 이해관계 ○" [99다12796] → "당해 판결의 기판력·집행력 당연히 받는 경우(공보참) 혹은 당해 판결 전제로 보조참가 하려는 자의 법률상 지위 결정되는 관계(보참)" [79누74] → 판결 '주문'에서 판단되는 소송물인 권리관계의 존부에 의하여 직접적으로 영향 받는 관계일 것 (판결이유로만 영향 받는 경우는 보참 ✕)

[判例2018] 채권양도가 사해행위취소 되었는데 양수금청구가 승소하여 변제받으면 자신이 채무자를 대위할 수 없다는 이유로 피고 보조참가 ×, 신청 각하 ∵ 법률적 이해관계 아닌 사실적·경제적 이해관계 [2016다242440]

正辯 : 채권양도를 사해행위 취소한 후 취소채권자가 채권자대위 할 수 없다는 판례와도 상통

[判例] 피해자의 공동불법행위자들 상대 손해배상소송에 다른 공동불법행위자 ○ [99다12796] → 원고(피해자)가 항소심에서 피고 1 보험회사를 상대로 일부인용, 피고 2 도로공사를 상대로 기각판결 → 원고가 피고 2에게 상고제기 하지 않자 피고 1은 원고의 상고제기 기간 내 보조참가신청과 함께 상고제기 ○ (**제72조 제3항**)

– 그러나 동일사고의 공동피해자들 중 1인은 법률상 이해관계 × [통]

4. 보조참가의 절차·재판(제72~75조)

– 참가신청 → 당사자 이의나 직권 요구 있으면 참가이유 소명 → 참가 허가·불허가 결정 → 참가인은 이의신청 있어도 불허가결정 확정시까지 소송행위 ○ → 불허가결정 확정되어도 참가인의 소송행위를 당사자가 원용하면 효력 ○ (**제75조**)

참가에 이의신청 않은 채 변론이나 준비기일진술 → 이의신청권 상실(**제74조**)

[判例] 당사자가 보조참가에 대해 이의 신청한 경우 법원은 참가 허가 여부 결정해야 → 결정 아닌 종국판결로써 심판해도 위법 아님 [2005두15700]

– **[判例]** 부적법한 독립당사자참가신청을 보조참가로 전환해주지 않아도 위법 아님 → 독립당사자참가신청을 하면서 예비적으로 보조참가 신청 × [76다797]

5. 참가인의 소송상 지위

– ⓐ 종속성 : 공동소송인 ×, 자기 이름으로 판결 받지 ×, 증인·감정인 ○

ⓑ 독립성 : 이익옹호, 기일통지·송달 받아야, 주장·증거신청·상소제기·이의신청

[判例] 소송 계속 중 보조참가인 사망해도 본소 소송절차 중단 × ∵ 보조참가인은 피참가인 당사자 승소를 위한 보조자일 뿐 당사자 × [94다27373] → 종속성

[判例] 피참가인과는 별도로 보조참가인에게도 기일통지·소송서류송달 행하여야 ∵ 보조참가인의 소송수행권능은 피참가인으로부터 ×, 독립적 권능 ○ → 보조참가인에게 기일통지서·출석요구서 송달하지 않아 변론 기회 부여 않은 채 행해진 기일 진행은 위법 → 그러나 기일통지서 송달 못 받은 보조참가인이 변론기일에 직접 출석하여 변론 기회 가졌고 당시 송달 못 받은 점 이의하지 않았다면, 기일통지 절차 흠결 치유 ○ [2006다75641] → 독립성

– **할 수 없는 행위 :**

㉠ 피참가인도 할 수 **없**는 행위(**제76조 제1항 단서**)

자백취소, 실기한 공방 제출, 상고심에서 새로운 사실·증거 제출

피참가인의 상소기간 경과 후 상소제기

[判例] 보조참가인이 자신에게 판결정본 송달된 때로부터 기산하여 상고기간 내이더라도 피참가인에게 판결정본 송달된 때로부터 기산하여 상고기간 경과했다면 보조참가인의 상고는 상고기간 경과하여 부적법 ∵ 보조참가인은 소송 진행 정도에 따라 피참가인이 할 수 없는 소송행위 할 수 없으므로 [2007다41966]

㉡ 피참가인의 행위에 **어**긋나는 행위(**제76조 제2항**) : 적극적 불일치해야

자백했는데 부인, 상소권 포기했는데 상소제기

피참가인이 뒤에 한 경우에도 참가인의 행위가 무효

[判例] 보조참가인이 제기한 항소를 피참가인이 포기·취하 O ∵ 76조 2항 취지는 피참가인 소송행위와 보조참가인 소송행위가 서로 저촉될 때는 피참가인의 의사가 우선하는 것이어서 피참가인은 참가인 행위와 저촉되는 행위 O [84다카659]

소극적으로만 불일치하면 어긋나지 않아 허용 :

[判例] 76조 2항의 '어긋나는 경우'는 명백히 적극적으로 배치되어야, 소극적으로만 불일치하면 해당 × → 피참가인이 상대방 주장 명백히 다투지 않아 150조 자백간주 성립한 경우 참가인은 다툴 수 O, 다투는 효력 O [2007다53310]

[判例] 보조참가인이 전체 항소 제기하고 피참가인이 항소장에 '지연손해금 부분에 불복 항소' 기재 → 피참가인이 원금 부분 항소권 포기·취하 의사 명시되어 있지 않으므로 소극적으로만 불일치 → 보참의 원금 부분 항소도 효력 O [2002다20278]

㉢ 피참가인에 **불**이익한 행위

소취하, 포기·인낙, 화해, 상소권포기, 상소취하

[判例] 참가인의 증거신청행위가 피참가인과 저촉 없고 적법 증거조사절차 거쳤다면 피참가인에게 불이익한 사실 인정도 O → 76조 2항 위배 아님 [94다3629]

㉣ 청구의 **변**경·확장

청구변경 [86다카2329], 반소, 중간확인 소

별개의 재심사유 주장하며 재심청구 추가 [92므266] → 이상 모두 불허

㉤ 피참가인의 **사**법상 권리 행사

취소권·해제권·해지권·상계권

6. 참가적 효력(**제77조**)

- 참가인이 피참가인을 보조·수행하였으나 패소했다면 그 후에 피참가인이 참가인을 상대로 제기한 후소에서 참가인이 패소판결 부당성 주장할 수 없는 구속력
- **[判例]** "확정판결 결론의 기초가 된 사실상·법률상 판단으로서 보조참가인이 피참가인과 공동이익으로 주장하거나 다툴 수 있었던 사항"에 한하고, 참가인이 피참가인과 다투어야 할 사항은 × [95다42133] → 주문 외에 '판결이유' 판단에도 ○
[判例2019] 조정에 갈음하는 결정, 화해권고결정으로 종료되면 참가적 효력 × ∵ 확정판결 같은 법원의 사실상·법률상 판단 × [2016다221085, 2012다78184]
- **[判例]** 참가적 효력은 피참가인과 상대방 사이 판결의 기판력이 참가인과 상대방과의 사이에까지 미치는 것 의미 × [86다카2289]
- **참가적 효력 배제**(**제77조**)
㉠ 참가인이 할 수 **없**었던 행위(**제1호 전단**)
상고심에 참가하느라 사실자료제출 불가
㉡ 피참가인 행위와 **어**긋나 효력 없던 행위(**제1호 후단**)
상소제기 했으나 피참가인인 상소권포기
㉢ 피참가인이 참가인 행위 **방**해한 경우(**제2호**)
참가인이 다투는데 피참가인 자백·인낙 [73다1030]
참가인이 상소제기·증거신청했는데 피참가인 취하
㉣ 피참가인이 **귀**책사유로 '참가인이 못하는 행위'를 아니한 경우(**제3호**)
참가인이 모르고 피참가인이 아는 사실의 주장·제출을 게을리한 경우
피참가인이 사법상 권리 불행사
→ 다만 참가적 효력을 배제하려는 참가인은 이상의 사유가 아니었다면 판결 결과가 '승소'로 달라졌을 것에 대하여 증명해야

공동소송적 보조참가

- **공동소송적 보조참가** : 단순한 이해관계를 넘어 판결의 효력까지 미치는 제3자가 보조참가(**제78조**)
- **요건**
  ① 타인 간 소송**계**속 중
  ② **기**판력 등 판결 효력 받으나
  ③ **소**송요건 불비한 경우(= 당사자**적**격 흠결, **중**복소송, 제소**기**간 도과)
- 채권자대위소송에 채무자는 공보참으로 참가 [통] → 병행형으로서 채무자의 적격이 상실되지 않으나(견해대립), 중복소송이 될 것이어서 공보참
- **지위** : 필공 준용(**제78조, 제67, 69조**)
  종속성 완전히 벗어날 수는 없으나 보조참가인보다 독립성
  피참가인과 어긋나는 행위 가능(76조 2항 ✕)
  그러나 피참가인이 할 수 없는 행위는 공보참도 할 수 없음(=보참)
  상소기간 독자적 계산(≠보참)
  피참가인이 취하 외에는 참가인에게 불리한 소송행위 불가(**제78조, 제67조 제1항**)
  참가인에게 중단·중지 사유 생기면 소송진행 정지(**제78조, 제67조 제3항**)
  [判例] 공송소송적 보조참가인도 판결 효력을 받지만 보조참가인 성질이 있으므로 통상의 보조참가인과 마찬가지로 참가 당시 소송 진행 정도에 따라 피참가인이 할 수 없는 행위는 할 수 ✕ [2014다13044]
  [判例] 공보참이 적법하게 '상고' 제기하고 상고이유서 제출기간 내에 '상고이유서' 제출했다면, 상고 제기 않은 피참가인의 상고이유서 제출기간 도과했더라도 공보참의 상고이유서 제출 적법 ○ [2011두30069]
  [判例2020] 공보참이 '상고 제기하지 않은 채' 피참가인이 상고 제기한 부분에 대한 상고이유서 제출 가능 ○ → 다만 이 경우 '피참가인'을 기준으로 상고이유서 제출기간 준수 여부 판단해야 → 적법하게 제출된 피참가인의 상고이유서에 주장되지 않은 내용을 공보참이 피참가인의 상고이유서 제출기간 지난 후에 서면으로 제출했어도 상고이유 주장은 적법하지 ✕ → 공보참과 피참가인이 서로 불복하는 부분이 다른 상고를 각각 한 경우, '피참가인만 불복한 부분'에 대해 참가인은 '상고하지 않은 참가인' 지위 → '피참가인만 불복한 부분'에서 피참가인이 상고이유서에 주장하지 않은 새로운 내용을 참가인이 피참가인의 상고이유서 제출기간 지난 후에 주장할 수 ✕ [2019두40611]

[判例] 피참가인은 공동소송적 보조참가인의 동의 없이 소 취하 O ∵ 공동소송적 보조참가는 유사필수적 공동소송에 준하고 유필공 중 일부의 소 취하는 다른 사람 동의 불요, 소 취하는 재판 효력과 직접 관련 없어 공보참에게 불이익 × [2012다43]
그러나 **[判例]** 재심의 소에서 공동소송적 보조참가인 참가한 후에는 공보참의 동의 없이 재심의 소 취하할 수 × ∵ 소취하와 달리 재심 소 취하되면 확정판결 효력 다툴 수 없어 공보참에게 불리한 행위 O [2014다13044]
[判例2017] 공보참은 78조가 필공 67조 1항 준용하여 피참가인의 소송행위는 모두의 이익을 위해서만 효력 O, 공보참에게 불이익 되면 효력 × → 공보참이 상소할 경우, 피참가인은 상소취하 ×, 상소포기 × [2015두36836]

« 공동소송참가 »

– **공동소송참가** : 소송목적이 한쪽과 제3자 사이 합일확정 되어야 할 경우(**第83조**)
소송경제, 소의 주관적·추가적·후발적 병합, 주로 유필공 관계인 경우

– **요건**
① 타인 간 소송**계**속 중
② **합**일확정이 필요할 것(= 판결의 효력이 그 제3자에게 미치는 경우일 것)
③ **소**송요건 구비할 것(= 당사자**적**격, **중**복소송 아닐 것, 제소**기**간 준수)

– **[判例]** 상고심에서 공동소송참가 ✕ ∵ 신소제기 실질 [4292민상853]
[判例] 공동소송참가는 항소심에서도 O, 심급이익 박탈 문제는 발생하지 않음 ∵ 항소심에서 공소참 이뤄진 후 피참가소 각하되더라도 소송목적이 일방·제3자에 대해 합일적으로 확정될 경우에만 인정되는 공소참의 특성에 비추어 [2000다9086]

– **[判例2015]** 채권자대위소송이 계속 중인 상황에서 다른 채권자가 동일한 채무자를 대위하여 채권자대위권 행사로 공동소송참가 → 양 청구 소송물 동일하면 83조 1항 '합일적 확정돼야 할 경우' O → 원고가 명시적 일부 청구했다면 참가인의 청구금액이 원고의 청구금액 초과하지 않는 한 적법 O [2013다30301]
正辯 : 다른 대위채권자가 원고의 청구금액 초과한 경우에 관한 판례의 태도는 알 수 없으나, 초과하는 경우라고 하여 공소참 자체가 부적법하다고 볼 수는 없고, 초과 부분을 별소로 볼 여지가 있음
[判例] 주주 대표소송에 회사가 참가하는 것(상법 404조 1항)은 '공동소송참가'이며 중복소송금지 위배 아님 ∵ 주주가 제대로 소송수행 못하거나 상대방인 이사와 결탁할 경우 회사가 권리보호 위해 소송수행권한 가진 정당한 당사자로서 소송에 참가할 필요, 소송경제 도모되고 판결 모순·저촉 유발할 가능성 없음, 상법 404조 1항 특별한 규정의 회사 권익 보호 입법취지 [2000다9086]
正辯 : 주주대표소송에 대한 상법 404조 1항 회사의 참가의 성질에 대하여 1) 중복소송이므로 '공동소송적 보조참가'라는 견해 있으나, 2) 판례는 중복소송이 될 수 없고 '공동소송참가'라는 입장
[判例] 학교법인 이사회결의무효확인소송에 제3자 공동소송참가 ✕ ∵ 공동소송참가는 타인 간 소송 목적이 제3자에 대해 합일 확정되는 대세효 있어야 허용, 이사회결의무효확인 승소확정판결은 소송당사자 사이만 효력 생기고 대세적 효력 ✕, 합일확정 필요 ✕ [2001다13013]
추심금소송 중 경합채권자는 공소참 O (**민집 249조 제2, 3항**)

– 절차 및 신청 : 보조참가신청에 준함 (**제83조 제2항**)

≪ 소송고지 ≫

- **소송고지** : 소송계속 중 당사자가 소송참가를 할 이해관계 있는 제3자에게 소송계속의 사실을 통지하는 것(**第84条**)
- 상고심에서 ○
- 고지자 : 계속 중인 소송 당사자, 보조참가인, 피고지자
  피고지자 : 참가할 지위인 자 모두 인정, 주로 보조참가 할 자(참가적 효력)
- **소송법상 효과** : 참가적 효력 원용 → 고지자가 패소한 경우에 피고지자 보조참가할 이해관계 있다면 참가하지 않거나 뒤늦게 참가했더라도 그가 참가할 수 있었을 때(=고지서 송달받은 때) 참가한 것으로 77조 참가적 효력 ○ (**第86条**)
  단, 참가적 효력 원용 불허되는 경우 :
  ㉠ 공동이익으로 주장하거나 다툴 수 있는 사항 아닌 경우
  ㉡ 고지자가 소송고지만 하고 불성실한 소송수행으로 패소한 경우
  [判例] 피고지자가 후일 소송에서 주장할 수 없는 것은 전소확정판결 결론의 기초가 된 사실상·법률상 판단에 반하는 것으로서 피고지자가 보조참가하여 고지자와 공동이익으로 주장하거나 다툴 수 있었던 사항에 한함 [85다카2091]
- **실체법상 효과**
  [判例] 소송고지에 채무이행청구의사 표명되면 민법상 최고 ○ [70다593]
  [判例] 소송고지는 소송고지서를 법원에 제출한 때 시효중단 ○ ∵ 소송고지는 보통의 최고와 달리 법원의 행위를 통하여, 민소법 265조 유추적용 [2014다16494]
  [判例] 소송고지 한 경우 당해 소송 종료된 때부터 6월 기산 ∵ 고지자는 소송고지를 통하여 당해 소송 결과에 따라 피고지자에게 권리 행사하겠다는 의지를 표명함, 당해 소송이 계속 중인 동안은 최고에 의한 권리행사 상태 지속됨 [2009다14340]

« 독립당사자참가 »

1. 의의

- **독립당사자참가** : 소송계속 중 양쪽·한쪽을 상대방으로 하여 원·피고 사이의 청구와 관련된 자기의 청구에 대해 함께 심판을 구하기 위해 참가(**제79조**)
- 구조
  1) 공동소송설, 2) 3개소송병합설, 3) 3면소송설 **[통판]**
  [判例] 독립당사자참가소송에서 본소 취하되면 삼면소송관계 소멸 → 이후 참가인의 원·피고에 대한 청구가 일반 공동소송으로 잔존 → 참가인의 원·피고에 대한 소가 독립의 소로서 소송요건 갖춘 이상 소송계속은 적법, 종래의 삼면소송 당시 필요했던 참가요건 구비 여부 판단 불필요 [90다4723]
  [判例] 보조참가인이 독립당사자참가를 했다면 그와 동시에 보조참가는 종료된 것 ∵ 소송당사자인 독당참가인은 그의 상대방 당사자인 원·피고 어느 한 쪽을 위해 보조참가 ✕ → 보조참가인의 입장으로 상고 ✕ [93다5727]

2. 요건

- ① 타인간 소송**계**속 중 → **[判例]** 상고심 ✕ ∵ 신소제기 실질 [93다43682]
  ② 참가**이**유 있을 것 → 권리주장참가, 사해방지참가
  ③ 청구**병**합 요건을 갖출 것
  ④ **소**송요건을 갖출 것
  [判例] 독립당사자참가신청에 있어 원고와 피고가 사해소송 수행하고 있다는 등의 특별한 주장 없다면 사해방지참가 아닌 권리주장참가 한 것 [91다4669]
  [判例] 독립당사자참가이유가 참가인은 피고 선대로부터 토지 전전매수하여 점유하고 있는데 원고가 피고 상대로 토지 소이등 구하는 본소 제기했기 때문이라면 사해방지참가 주장 포함 ○, 제1심도 의제자백으로 원고 본소 승소판결 선고됨 → 명백히 권리주장·사해방지참가 여부 밝히지 않은 경우 원심으로서는 석명권 행사 통해 이를 명백히 한 후 참가 적법 여부 심리했어야 [94다12524]
  正辯 : 본 판결은 별소로 대위소송 계속 중인 채권자가 다른 소송에 독립당사자참가 신청하여 동일한 내용의 대위소송을 제기한 경우 중복소송으로서 부적법 각하한 사안 → 즉, 독립당사자참가신청은 소제기 실질 가지므로 중복소송금지 준수 등 소송요건도 갖춰야

3. 권리주장참가(제79조 제1항 전단)

- 소송목적(=소송물)의 전부·일부가 자기의 권리라고 주장
  "양립불가능성" 필요 → 주장 자체로 판단하는 주장설 [통판]
  [判例] 참가하려는 소송에 여러 청구 병합된 경우 그 중 어느 하나 청구라도 독립당사자참가인의 주장과 양립하지 않는 관계라면 참가 허용 O → 양립할 수 없는 본소청구에 관하여 본안 들어가 심리 결과 이유 없는 것으로 판단되더라도 참가신청 부적법하게 되는 것은 아님 [2006다80322] → 주장설
  [判例] 독립당사자참가는 소송목적의 전부·일부가 자기 권리임을 주장하거나, 소송결과에 의해 권리침해를 받을 것을 주장하는 제3자가 당사자로서 소송에 참가하여 3당사자 사이에 서로 대립하는 권리·법률관계를 하나의 판결로써 서로 모순 없이 일시에 해결하려는 것 → 양쪽·한쪽을 상대로 한 청구는 소의 이익 갖추는 외에 그 "주장 자체에 의하여 성립"할 수 있어야 [2005다43081]
  [判例] 소유권확인 본소 → ⓐ 원고에 소유권확인, ⓑ 피고에 소유권확인·보존등기말소 권리주장참가 → 양립불능, 참가 O [98다5708]
  [判例] 매매 소이등 본소 → 피고에 취득시효 소이등 권리주장참가 → 양립가능, 참가 × [80다1872]
  正辯 : 위 판결은 양립가능하여 '권리주장참가'가 부적법하다고 하면서도, 참가인의 예비적 청구인 '사해방지참가'를 검토함 ∵ 사해방지참가는 양립가능하더라도 권리침해 염려 있으면 적법하므로 충분히 가능 → 다만 적극가담 인정되지 않아 사해소송 아니므로 사해방지참가도 부적법 판단
- 채권적 청구권으로서 양립가능 하면 부적법 → 그러나 사해방지참가는 가능 O
- 본소 및 독당 소송물이 '채권적' 청구권이더라도 '내가 진정한 매수인/시효취득자/명의신탁자임'을 내세운 경우에는 양립불능 O, 권리주장참가 적법 O
  [判例] 취득시효 소이등 본소 → ⓐ 원고에 소유권확인·토지인도, ⓑ 피고에 소유권확인 권리주장참가 O [95다25886]
  [判例] 취득시효 소이등 본소 → ⓐ 원고에 토지인도, ⓑ 피고에 취득시효 소이등 권리주장참가 O [94다50595]
  正辯 : 독당의 원고에 대한 인도청구는 관리위탁계약 해제를 이유로 한 것이었는데 경우에 따라 점유 침탈당한 완성자가 204조에 기한 점유물반환청구로 인도 구하는 경우도 있을 수 있음
  [判例] 매매 소이등 본소 → (자신이 그 매수당사자라며) ⓐ 원고에 소이등청구권 부존재확인, ⓑ 피고에 매매 소이등 권리주장참가 O (권리·법적지위 불안 제거에 유효적절한 수단이므로 확인의 이익 O) [86다148]

4. 사해방지참가(**제79조 제1항 후단**)

- 소송결과에 따라 권리나 법률상 지위 침해된다는 주장
  제3자를 해칠 의사 및 권리·법률상 지위 침해 우려가 객관적 인정되어야
- **[判例]** 근저당권등기회복등기청구에 후순위저당권자가 근저당권부존재확인청구 O
  ∵ 등기상 이해관계 있는 제3자, 기판력 안 미쳐도 사실상 영향력 有, 권리를 실현할 법률상 지위 침해 염려 [2000다12785]
  [判例2016] 수익자의 채무자에 대한 청구의 원인행위가 사해행위라는 이유로 원고에 대해 사해행위취소 ✕ ∵ 참가인 청구 받아들여져도 사해행위취소소송의 상대적 효력 때문에 원고·피고 사이 법률관계에 영향이 없어 사해방지참가의 목적 달성 불가능 [2012다47548]
  [判例2017] 공동저당 물보 소유 부동산 먼저 경매되어 공동저당권자가 채권 전액 변제받자 물보 소유 부동산 후순위저당권자가 공동저당권자 상대로 채무자 소유 부동산 근저당권설정등기 이전등기청구 → 채무자가 공동저당권자 상대로 근저당권설정등기 말소 구하는 독당참가신청 → ㉠ 본소 이전등기청구와 독당 말소등기청구는 양립불능 ✕, 권리주장참가 ✕, ㉡ 후순위저당권자와 공동저당권자의 소송을 통해 채무자 권리 침해 의사 ✕, 사해방지참가 ✕ [2014다221777]
  正辯 : 위 판결은 '채무자가 물상보증인에 대한 반대채권으로 구상채권과 상계'하였다는 사실을 들어 물보 소유 후순위저당권자에게 대항할 수 없다는 독당의 본안판단도 하였음
- **[判例2022]** 독당참가 중 권리주장참가(79조 1항 전단)는 양립 불가, 사해방지참가(79조 1항 후단)는 해할 의사 등 필요 → 독당참가인이 수 개 청구 병합하여 독당참가 할 경우, 각 청구별로 독당참가 요건 갖춰야 [2022다241608]

5. 참가절차

- 참가신청은 소제기 효과 있으므로 시효중단·기간준수 효력 O
  독립당사자참가는 67조, 72조 준용(**제79조 제2항**) → 독당참가신청도 보조참가와 마찬가지로 항소제기·재심청구 등 소송행위와 동시에 O (**제72조 제3항** 참조)
- 신법은 편면참가 인정했으므로, 구법 하에서 부적법했던 판례(다른 쪽에는 청구 **아**니한 경우, 원고 청구의 **기**각만 구하는 경우, 다른 쪽은 **승**소가능성 없는 경우, 한쪽에 **소**의 이익 없는 경우)들도 이제는 편면참가로서 적법

6. 심판

- 합일확정 필요하여 필공 준용(**제79조 제2항, 제67조**)

  [判例] 독립당사자참가소송은 동일한 권리관계에 관하여 원고·피고·참가인 서로간 다툼을 하나의 소송절차로 한꺼번에 모순없이 해결하는 소송형태 → 일부판결 ×, 추가판결 × → 제1심에서 원고·참가인 패소, 피고 승소 본안판결 선고되고 원고만 항소한 경우, 원고·참가인·피고간 3개 청구는 당연히 항소심 심판대상 ○, 참가인의 원·피고에 대한 청구도 같은 판결로 판단해야 [90다19329]

- 참가**요**건·병합요건 : 흠결 있으면 각하판결

  [判例] 독당참가신청이 부적법한 경우에 이를 통공이나 보조참가로 전환하지 × [92다48789, 76다797]

  소송**자**료 : 합일확정 요청상 통일 원칙, 1인 행위 유리하면 효력

  [判例] 두 당사자 사이 소송행위가 나머지 1인에게 불이익 되는 경우(가령 자백)는 둘 사이에서도 효력 발생 × ∵ 합일확정 [2007다9030]

  포기·인낙·화해·상소권포기·상소취하는 합일확정에 반하므로 불허

  [判例] 원·피고 사이만 재판상 화해 × ∵ 3자 간 합일확정 목적 반하고, 두 당사자 사이 소송행위는 나머지 1인에게 불이익 되는 한 두 당사자에도 효력 × → 독당참가인이 화해권고결정에 이의하면, 이의의 효력이 원·피고 사이에도 ○ [2004다25901] → 결국 화해권고결정에는 전원이 이의가 없어야 재판상 화해 효력 ○

  소송**진**행, 본안재**판** : 역시 모두 통일해야

- **상소** : 한쪽이 상소하면 전체 확정 차단 및 이심(상소하지 않은 자 포함)

  → 상소하지 아니한 사람의 지위

  1) 단순한 상소심당사자설 [**통판**] : **인**지 ×, (피)상소인 **표**시 ×, 상소**비**용 ×, 상소**취**하권 × *v.* 2) 상소인설 *v.* 3) 피상소인설

- **[判例2022]** 독당참가소송은 하나의 소송절차로 한꺼번에 모순 없이 다툼을 해결, 본안판결 한다면 세 당사자 사이 합일확정적 결론 내려야 → 본안판결 항소하면 제1심판결 전체 확정차단·이심, 심판대상은 항소인 불복범위 한정하되, 세 당사자 사이 결론 합일확정 필요성 고려해야 → 합일확정 위해 필요하면 항소·부대항소 제기 않은 당사자에게 결과적으로 유리하게 변경 ○

  그러나 합일확정 위해 항소 않은 당사자의 청구에 대한 제1심판결 취소·변경 필요 없다면 심판대상으로 심리·판단하더라도 청구 당부 반드시 주문에 선고할 필요 × → 항소심 판결 주문 선고되지 않고 독당참가소송 확정된다면 제1심판결 주문에 기판력 발생 ○ [2020다231928]

[判例] 원고·참가인 각 일부 승소 → 원고만 항소, 참가인은 부대항소 → 항소법원은 원고·참가인 제1심 일부씩 인용된 부분마저 기각 → 항소·부대항소 하지 않은 피고에 유리해짐 ∵ 항소심 심판대상은 불복범위 한정하되 세 당사자 합일확정의 필요성 고려하여 불복 않은 당사자에 결과적으로 제1심보다 유리해질 수 ○ (불변금 ×) [2006다86573]

[判例] 원고·참가인 각 일부 승소 → 피고만 원고 승소 부분에만 항소 → 참가인의 승소 부분은 심판대상 × (불변금 ○) [73다820]

[判例] 원고 승소, 참가신청 부적법 각하 → 참가인만 항소 → 참가인 항소 기각할 때, 본소 취소 및 원고 청구기각은 불허 ∵ 불변금 적용 ○, 독당참가에서 원고승소 판결에 참가인만 상소했음에도 원고 인용 부분을 원고에게 불리하게 변경할 수 있는 것은 참가인 참가신청 적법하고 합일확정 필요한 경우에 한함 [2007다37776]

[判例] 원고 청구기각, 참가신청 각하 → 원고만 항소하고, 참가인 항소기간 경과하면 → 참가신청 각하 부분 이미 별도 확정 [91다4669]

- **[判例]** 원고 본소 취하하려면 피고 응소 후에는 피고 및 참가인 쌍방의 동의 필요 [80다577]
- 본소 취하·각하 후 소송형태 → 공동소송잔존설 **[통판]** : 독당 부분이 소송요건 갖춘 이상 독당참가의 요건은 갖추지 못했어도 소송계속 존재 *v.* 전소송종료설
- 참가신청의 취하는 소취하 실질이므로 원·피고 응소한 후에는 동의 필요 (**제79조 제1항, 제67조 제1항, 제266조 제2항**)
- 소송탈퇴(**제80조**) : 원고나 피고가 소송탈퇴를 하기 위해서 참가인 승낙은 불필요, 다만 상대방의 승낙은 필요 (**제80조**)
- 탈퇴자에 대한 판결의 효력 : 기판력 및 집행력설 **[통]**
  판결주문에 탈퇴자에 대한 이행의무 선고하여 집행권원 ○

∻ 임의적 당사자변경 ∻

1. 임의적 당사자변경

- 의의 : 소송계속 중 당사자의 임의의 의사에 의하여 당사자가 교체·추가되는 것 → 교환적/추가적 당사자변경 → ① 피고경정 ② 고필공추가 ③ 예선공추가
- 명문의 규정 없는 임당변 불허 **[통판]**
  [判例] 원고 표시를 개인에서 단체로 바꾸는 것은 동일성이 없어서 표시정정 **×** → 당사자 변경의 문제이나 원고의 경정은 명문 규정 없음 → 결국 불허

2. 피고의 경정(**제260조**)

- **요건**
  ① 소제기 후 제**1**심 변론종결시까지
  [判例] 항소심에서는 피고경정 **×**
  ② 피고를 잘못 지정한 것이 **분**명한 경우
  [判例] "청구취지·원인 기재의 내용 자체로 보아 원고가 법률적 평가를 그르치거나 법인격 유무 착오 일으킨 것이 분명한 경우일 것" → 도급계약 수급인이 명의인인지 여부는 증거조사 거쳐 인정할 계약당사자 확정 문제이므로 피고경정 **×** [97마1632]
  [判例] 피고 잘못 지정되면 석명의무 *有*
  ③ 피고 **동**의(**제1항 단서**)
  본안에 관한 준비서면제출, 준비기일진술, 변론한 뒤(=소취하, 266조 2항)
  ④ **서**면으로(**제2항**)
  서면은 상대방에게 송달해야(**제3항**, 피고에게 소장부본 송달 않았다면 불요)
  피고가 송달받은 날부터 2주 이내 이의제기 없으면 1항 단서 동의 간주(**제4항**)
- 효과 : 시효중단·기간준수 효력은 경정신청서 제출시 발생(**제265조, 제260조 제2항**)
  cf. 표시정정, 이송, 참가·인수승계, 고필공 추가는 소제기시 발생
  [判例] 동일성 있어 표시정정 할 경우인데 '피고경정'으로 신청했더라도 표시정정으로 보아 시효중단은 소제기시에 발생한 것으로 취급 [2009다49964]

3. (고유)필수적 공동소송인/예비적·선택적 공동소송인의 추가(**제68조, 제70조**)

– **요건**

① **고**유필수적/예비적·선택적 공동소송에서

[判例] 유필공 추가 **×**, 통공 추가 **×**

② 제**1**심 변론종결시까지

③ (원고측 추가의 경우) 신당사자의 **동**의

④ **서**면으로

⑤ 공동소송의 요건 구비할 것

[判例] 70조, 68조에 따라 예비적 공동소송인 중 일부 누락되면 제1심 변론종결 시까지 원고 신청에 따라 결정으로 피고 추가 **○** → 허가결정 하면 허가결정 정본을 당사자 모두에게 송달해야, 추가될 당사자에게는 소장 부본도 송달해야(68조 2항) → 추가된 당사자는 처음 소 제기된 때 제기로 간주(3항) → 모든 공동소송인에 관한 청구에 대하여 판결해야(70 2항) → 원고가 어느 한 사람을 피고로 지정하여 소 제기했다가 다른 사람이 주위적 또는 예비적 피고 지위에 있다고 주장하면서 그에 대한 청구를 아울러 할 경우, 주위적 또는 예비적 피고 추가 취지라면 법원은 위 적시한 조치 취해야 [2007다86860]

– 효과 : 시효중단·기간준수 효력은 처음 소제기시에 소급 (**제68조 제3항**) ≠ 피고 경정 종전 소송수행 결과는 유리한 범위 내에서 신당사자에 효력 (≠소송승계)

소송승계

1. 소송승계(제81조, 제82조)

- 의의 : 소송계속 중 소송목적인 권리관계 변동으로 새로운 승계인이 종전 당사자를 갈음하여 당사자가 되고 소송을 인계받는 것(=당사자적격의 이전)
  변론종결 전 승계인은 소송을, 변론종결 후 승계인은 기판력을 승계받음
  正辯 : 다만 변론종결 후 승계인은 기판력에서 다뤘으므로 여기서는 '변론종결 전' 승계인을 전제로 소송승계 논의를 함
  분류 : 당연승계/특정승계, 참가승계/인수승계
  [判例] 소 제기 전 양수한 자는 승계참가 ✕ ∵ 소송계속 중 승계해야 [83다카1027]
  [判例] 승계참가신청은 법률심인 상고심에서는 ✕ [94후487]
  [判例] 81조의 '소송의 목적물인 권리관계의 승계'는 소송물인 권리관계의 양도뿐만 아니라 당사자적격 이전 원인이 되는 실체법상의 권리 이전 널리 포함 ○ → 승계참가 인정될 경우 참가 시기 불문하고 소 제기된 당초에 소급하여 법률상의 기간준수 효력 발생 ○ [2000다42786] → 소멸시효 중단 효력도 마찬가지

2. 당연승계

- 의의 : 실체법상 포괄승계원인 있는 때 법률상 당연히 소송당사자 바뀌는 것
  중단·수계 문제와 관련됨 → 사망, 합병, 선당 전원의 사망·자격상실
  '승계 ○ + 중단 ✕' → 소송대리인 有 (**제238조**)
  '중단 ○ + 승계 ✕' → 소송능력 상실, 법정대리권 소멸 (**제235조**)
- 당사자가 사망하면 공동상속인 사이에 합일확정의 필요가 없는 한 공동상속인들은 수계 상속인과 비수계 상속인으로 나뉠 수 있고, 이때 비수계 상속인은 중단 상태로 사망 당시 법원에 그대로 잔류한 것

3. 특정승계(= 소송물의 양도)

- 의의 : 소송물 권리관계 관한 당사자적격이 제3자에게 특정적으로 이전되는 것
  포괄승계 제외한 권리이전 사유 : 매매·증여·경매·추심명령·전부명령·변제자대위

- 소송물인 권리관계 자체의 양도(채권양도, 면책적 채무인수, 계약인수) 뿐 아니라, 소송물인 권리관계의 목적인 물건(계쟁물)의 양도 포함 O : 적격승계설 **[통판]**
- 218조 변론종결 뒤 승계인과 적격승계설 관련 법리 동일 적용 → '계쟁물 양도'는 소송물이 물권적 청구권이면 승계 O, 채권적 청구권이면 승계 ✕

  [判例] 소유권이전등기청구 소송계속 중 이전등기채무 자체 승계는 없이 단순히 같은 부동산에 소유권이전등기나 근저당권설정등기가 제3자 앞으로 경료된 경우는 82조의 '소송목적인 의무 승계' ✕, 제3자에 대한 등기말소 위한 인수승계 ✕ [80마283] → 소송물이 채권적 청구권이므로

  [判例] 공유물분할 소송계속 중 변론종결일 전에 공유자 중 1인인 甲의 공유지분 일부가 乙 등에게 이전 → 변론종결 시까지 81조 승계참가나 82조 인수참가 이뤄졌어야 하는데 그렇지 못했으므로 소송 전부 부적법 [2013다78556]

  正辯 : 위 판결은 계쟁물 승계 사안임에도 소송승계를 긍정했므로 공유물분할청구소송의 소송물은 물권적인 것으로 판단한 것임(사견)

- 적격승계설 **[통판]**은 원칙적으로 교환적(이전적) 승계만 인정, 추가적 승계 ✕

  [判例] 소송당사자가 제3자로 하여금 소송을 인수하게 하기 위하여서는 그 제3자에 대하여 인수한 소송의 목적된 채무이행을 구하는 경우에만 허용 [71다726]

  正辯 : 사안은 '건물철거' 소송 중 '등기말소' 구하기 위한 인수승계신청은 불허 → 각하
  단, 등기말소청구 계속 중 순차등기 마친 자를 추가하는 추가적 승계는 예외적 허용(실무)

4. 참가승계, 인수승계

- 참가승계(**제81조**) : 스스로 참가, 독당참가 방식(79조 준용)
  인수승계(**제82조**) : 강제로 끌어들이는 것
- 참가·인수승계를 하면 당초 '소제기' 시점으로 소급하여 시효중단·기간준수 효력 O (**제81조, 제82조 제3항**, '소송 계속' 표현은 입법 오류)
- **소송상태 승인의무** : 승계인은 소송행위 유불리 불문 기존 소송행위 결과에 구속
- 참가승계 후 소송구조

  ㉠ 피승계인이 승계사실 다투지 않는 경우 : 독당 같은 대립·견제 관계 없는 편면참가

  ㉡ 피승계인이 승계사실 다투는 경우 : 독립당사자참가와 같은 3면 소송관계로서 쌍면참가이므로 승계인은 피승계인에 대해서도 일정한 청구해야 [통]

  [判例] 권리승계인의 소송참가는 독당참가와 같은 3면소송관계 ✕ [69다1578]

  正辯 : 피승계인이 다투지 않은 경우였고, 피참가인과 참가인을 동일한 변호사가 소송대리 하였어도 쌍방대리금지에 저촉되지 않는다고 본 사안

- 인수승계신청에 대한 재판 : 양 당사자와 제3자를 심문하여야(**제82조 제2항**)
  승계인적격 흠이 분명하면 인수승계신청각하결정
  승계인적격 흠이 분명치 않으면 인수승계결정 → 중간적 재판, 독립하여 불복 ×
  [判例] 소송인수 명한 결정은 승계인적격 인정하여 당사자로 하는 중간적 재판 → 불복은 본안판결과 함께 상소 ○, 독립하여 불복하는 (재)항고 × [81마357]
  [判例] 인수승계 신청한 경우 주장 자체로 승계적격 흠 분명한 것 아니면 인수승계 일단 인용 → 심리 결과 승계사실 없다면 청구기각 본안판결(인수승계신청 각하 ×) [2003다66691] → 주장설
- **[判例]** 일단 승계참가 이뤄지면 기존 청구와 청구 기초 동일성 있는 한 상대방에 대한 자기 고유 권리를 주장하며 청구취지·원인 변경 ○ [2012다25449]

5. 소송탈퇴(**제82조 제3항, 제80조**)

- 상대방 승낙 얻어 소송탈퇴
  참가·인수승계 적법한 경우에만 허용 → 부적법하면 소송탈퇴 불가
- 친권자 제외한 법정대리인, 소송상대리인은 소송탈퇴에 특별수권 要(**제56조 제2항, 제90조 제2항 제2호**)
- 피승계인과 상대방 사이 소송관계 종료
  판결 효력은 탈퇴자에 미침(80조 단서 준용)
- **[判例]** 승계참가신청이 부적법함에도 법원이 간과하고 승계참가신청 및 피참가인의 소송탈퇴가 적법함을 전제로 승계참가인과 상대방 사이 소송만 판결 → 항소심에서 승계참가신청 부적법 밝혀졌다면, 항소심은 탈퇴한 피참가인의 청구 판단할 수 × ∵ 피참가인－상대방 사이 소송은 여전히 탈퇴 당시 심급에 계속 중 [2011다85789]
- 소송탈퇴 하지 않는 경우의 소송 형태
  ① 피승계인이 승계사실 다투는 경우 : 독당(권리자측) 또는 예선공(의무자측)
  ② 피승계인이 승계사실 다투지 않는 경우(로서 탈퇴하지 않은 경우) :
    1) 통공으로 보는 견해
    2) 필공 준용으로 보는 견해 [판례] → 독당 또는 예선공
  [大判全合2019] 81조 권리승계형 승계참가(소송목적 권리·의무의 전부·일부 승계를 주장하며 소송 참가)에서 원고(피참가인)가 승계 여부 다투지 않으면서도 탈퇴·취하하지 않거나 피고의 부동의로 소송에 남아 있다면 → 원고와 승계참가인의 중첩된 청구 사이에 필수적 공동소송 **제67조** 적용 ○

∵ ① 독당참가나 예선공처럼 모순·저촉 방지 및 합일확정 필요 있음(원고 채권이 존재한다면 승계참가인이 승계원인으로 주장한 채권양도·전부명령에 의해 채권이 법률상 유효하게 승계되었는지 여부에 따라 원고·승계참가인의 청구 중 하나 인용, 나머지 기각되어 모두 인용될 수는 없는, 주장 자체로 법률상 양립할 수 없는 관계), ② 81조는 독당에 관한 79조에 따른 참가 규정, 79조 2항은 필수적 공동소송 특칙인 67조를 준용 → 원고·승계참가인의 청구를 통상공동소송 관계로 본 기존 대법원 판례는 변경함 [2012다46170]

正辯 : A의 B에 대한 정산금청구소송 중 위 채권에 전부명령 받은 C가 승계참가 → 제1심 A청구 기각, C청구 일부인용, B·C는 각 항소, A는 항소하지 않음 → 항소심에서 A가 C의 전부명령 송달 전 D의 가압류 송달되어 C의 전부명령이 무효라며 부대항소 → A·C 사이 관계를 '통공'으로 보게 되면 A는 분리확정 되어 부대항소 불가 → 전원합의체판결은 A·C 관계에 '필공' 규정 준용하여 A의 위 부대항소 인정(다만 독당인지 예선공인지 밝히지는 않음)

Part 5
상소, 재심

05

상소

1. 상소요건

- 흠결시 상소 각하판결
- ① **대**상적격 : 유효한 종국판결
  중간판결 같은 종국판결 이전의 재판은 독립하여 항소 ×, 종국판결 항소법원에서 함께 판단(**제392조**)
  선고 전 ×, 중간적 재판 ×, 무효판결 ×
  [判例] 조서 기재 불복은 상소 × → 164조 조서 이의로 [81다86]
- ② 상소**기**간 준수
  [判例] 상고장이 대법원에 제출되었다가 다시 원심법원에 송부되었다면 상고장이 원심법원에 접수된 때를 기준으로 상고기간 준수 여부 판단해야 [81누230]
  항소·상고는 판결정본 송달일로부터 2주, 송달 전이라도 ○(**제396조 제1항, 제425조**)
  통상항고는 취소 구할 이익 있는 한 기간제한 無
  즉시항고·특별항고는 재판고지일로부터 1주 (**제444조 제1항, 제449조 제2항**)
- ③ 상소**이**익 (후술)

2. 상소권포기, 불상소합의

- **상소권포기**(**제394조, 제425조**)
  상소권 발생(=선고) 후에만 포기 ○ (미리 포기 ×)
  항소권 포기는 항소 전에는 제1심 법원에, 항소 이후에는 소송기록이 있는 법원에 (**제395조 제1항**) → 항소 이후의 항소권 포기 = 항소 취하(**제3항**)
  통공에서는 1인 상소권포기 ○, 필공·독당·예선공에서는 상소권포기 ×
- **불상소합의**
  선고 전 합의 → 판결선고와 동시에 판결확정
  선고 후 합의 → 합의성립과 동시에 판결확정

[判例] 구체적 사건 소송계속 중 당사자 쌍방이 판결선고 전에 미리 상소 않기로 합의했다면 판결은 선고와 동시에 확정 → 반드시 명백한 취지 표현된 서면으로 ∵ 상소권 사전포기 같은 중대한 소송법상 효과 발생하므로 [2000다17803]

[判例] 판결선고 전에 미리 불상소합의 했다면 선고 후에 합의로 불상소합의 해제하고 소송계속 부활시킬 수 ✕ ∵ 판결 선고와 동시에 확정되므로

일방만 상소하지 않기로 하는 불상소합의는 공평에 반하여 무효 [86다카2728]

正辯 : 강학상 불상소합의는 불항소합의(=비약상고 합의)와 구별되는데, 간혹 불상소합의의 의미로 불항소합의라고 표현하기도 하는데 위 판결도 그러하나 편의상 '불상소합의'로 용어를 바꾸었음. 한편 강학상 불항소합의인 비약상고 합의는 1심판결 '선고 후'에만 가능

3. 상소이익

– 1) 형식적 불복설 [**통판**] : 신청과 판결주문 비교 → 전부승소자는 상소불가(원칙)

2) 실질적 불복설 : 실체법상 유리한 판결 가능성 있다면 전부승소자도 상소가능

3) 절충설 : 원고는 형식적 불복설, 피고는 실질적 불복설

[判例] 상소는 자기에게 불이익한 재판에 대해 유리하게 취소변경 구하는 것이므로 승소판결에 대한 상소는 불허 → 불이익 여부는 원칙적으로 재판의 '주문'을 표준으로 판단 → 상소인의 청구가 전부인용이라면 상소이익 ✕ [86누233]

– 소각하판결 → 원·피고 모두 상소 ○

– **전부승소 했으나 상소이익 有**

㉠ **[判例]** 피고 **상**계항변 인정되어 승소한 피고가 소구채권의 부존재를 주장하는 경우 [2002다34666] → **[判例2018]** '소구채권 자체 부정'한 청구기각 판결과 '소구채권 존재 인정하면서도 상계항변 인정'한 청구기각 판결은 216조에 따라 기판력 범위가 서로 다르므로 후자에 대해서는 상소이익 ○ ∵ 상계항변은 예비적 항변, 수동채권 존재 등 실질적 판단 이뤄져야 상계 효과 발생 [2016다46338]

㉡ **[判例]** 매매 소이등 청구했더니 원고가 주장하지 않은 양도담보 소이등 원인으로 승소 → 주문상 전부승소로 보이나 동일 청구 ✕, 실질적 인용 ✕, 처분권주의 위반 → 원고 상소이익 ○ [91다40696] → **구**이론에 따른 상소이익

㉢ **[判例]** 원고가 명시하지 않은 **묵**시적 일부청구로 전부승소했다면 잔부청구 위한 항소 ○ ∵ 기판력 불이익으로 다시 청구 못하므로 예외적 항소이익 ○ [96다12276]

㉣ **[判例]** 인신사고에서 **소**극적 손해 형식상 전부승소 했어도 위자료 일부 패소하여 항소제기하면서 소극적 손해 청구 확장 ○, 항소이익 ○ ∵ 재산적 손해와 위자료는 단일한 원인인데 편의상 별개 소송물로 분류한 것 불과 [94다3063]

4. 상소불가분의 원칙

- 의의 : 상소로 인한 확정차단과 이심의 효력은 불복신청 범위와 상관없이 원심판결 전부에 불가분적으로 발생한다는 원칙 (≠ '심판범위'는 불복신청 범위에 국한)
  단, 청구 일부에 불상소합의·상소권포기 있으면 상소불가분 ✕
  통공의 경우는 공동소송인독립의 원칙상 상소불가분 ✕ → 분리확정
  판결과 판결 간(일부판결, 재판누락)에도 상소불가분 ✕
- **[判例]** 원고 청구(100) 일부인용(40)한 제1심판결에 원고 항소했으나, 피고는 (부대)항소하지 않은 경우 → 원고 승소부분(40)은 이심 ○, 심판범위 ✕ → 항소 일부인용(5)될 경우 제1심판결 중 원고 패소부분(60) 가운데 일부(5) 취소하고 그 부분의 원고 청구인용 → 이때 원고 승소 부분(40)에 대해서 피고는 상고 不可 ∵피고의 항소가 없어 항소심 선고시에 확정되어 대상 ✕ [2001다63131]

5. 심리불속행제도(상고심절차에 관한 특례법)

- 중대한 법령위반 사항 아니면 대법원이 상고기록 받은 날로부터 4개월 내 상고심리 불속행 이유로 상고기각판결 하고, 여기는 판결이유 적지 아니할 수 있고(**상특법 제5조 제1항**), 판결 선고 불필요하여 송달로써 고지를 갈음하며(**상특법 제5조 제2항**), 판결원본이 법원사무관 등에게 교부된 때 판결 성립하고(=상고 않은 자 판결확정 시기), 판결문이 상고인에게 송달되었을 때 판결 효력 발생(=상고한 자 판결확정 시기) = '상고이유서 부제출'도 동일한 내용

6. 항소

- **항소** : 속심, 항소제기는 제1심법원에 (**제397조 제1항**, 항소장 원심법원제출주의)
- **항소취하** : 항소제기 후 항소심 종국판결 선고시까지(**제393조 제1항**)
  변론종결 후 항소취하 ○, 서면 또는 변론(준비)기일에 말로 ○ (**제2항**)
  [判例] 적법한 항소취하서 제출되면 그때 취하 효력 발생 ○, 상대방에 대한 통지는 효력요건 ✕ ∵ 393조 2항, 266조 3항은 상대방에게 항소취하 알려주라는 의미 [80다76]
  [判例] 상고심 파기환송 후 새로운 종국판결선고 전에 항소취하 ○ [94다51543]
  cf. 소취하 : 판결확정시까지 (판결선고 후에도 확정 전이면 ○)

소송상 대리인은 특별수권 사항
항소심에서 교환적 변경 후는 항소취하 대상 無
항소심에서 양쪽 불출석은 항소취하 간주(**제408조, 제268조 제4항, 제286조**)
[判例2016] 항소기간 경과 후 항소취하 → 항소기간 만료 시로 소급하여 제1심판결 확정 / 항소기간 내 항소취하 → 다시 항소 제기 가능 ∵ 항소취하도 소급효 있으나 소취하·항소권포기와 달리 제1심 종국판결 유효 존재 [2015므3455]
[判例2017] 항소의 일부 취하 ✕ → 병합 청구 전부에 불복한 항소에서 일부 청구만 불복신청 철회해도 불복범위 감축(심판대상 변경 효과)만 → 항소심 변종시까지 언제든지 서면·구두로 불복 범위 다시 확장 ○, 항소 효력 영향 無 [2016다241249]

– **부대항소** : 이미 개시된 항소심절차 편승하여 자기에게 유리하게 항소심 심판범위 확장시키는 신청 → 항소기간 도과나 항소권 포기 경우도 ○ → 비상소설[**통판**]
부대항소 제기의 시기(**제403조**) : 항소심 변론종결시까지
부대항소의 종속성(**제404조**) : 주된 항소 취하·각하로 실효

– **[判例2022]** 부대항소란 피항소인이 제기한 불복신청, 항소심 심판 범위가 항소인의 불복범위 한정되지 않도록 자기에게 유리하게 제1심판결 변경, '부대항소장' 제출 원칙 → 다만 피항소인이 항소기간 지난 뒤 단순히 항소기각의 방어적 신청 아닌 제1심보다 유리한 판결 구하는 적극적 의미 기재된 서면 제출, 상대방(항소인)에게 공방 등 절차적 권리 보장되었다면, 서면에 '부대항소장' 표현 없어도 부대항소 ○ → 피항소인이 항소기간 지난 뒤 실질적으로 제1심판결 중 자신의 패소 부분에 불복하는 취지 담긴 항소장 제출한 경우도 마찬가지 [2022다252387]
[判例] 피고만 항소한 경우에 원고가 항소심에서 청구취지 확장하면 그 한도에서 부대항소 한 것 ○ [80다982]
[判例] 원고가 전부 승소하여 피고만 항소한 경우 원고는 항소심에서도 청구취지 확장할 수 있고 이로써 피고에게 불리하게 하는 한도에서는 부대항소 한 것으로 의제 ○ [91다43015, 94다58261]
[判例] 항소인은 파기환송 후에도 피항소인 부대항소 여부 상관없이 항소 취하 ○ → 부대항소 실효 ∵ 부대항소이익은 항소에 의존한 은혜적, 종속적 [94다51543]
독립부대항소 : 항소기간 내인데 '부대항소장' 제출 → 항소 (부대항소 ✕)
[判例] 통공에서 일부만 항소제기 → 피항소인이 다른 공동소송인을 상대방으로 하거나 보태어 부대항소 ✕ ∵ 공동소송인 독립 원칙상 판결 분리확정 [94다40734]
[判例] 원고가 제1, 2계약 청구병합 전부승소 → 피고가 제1계약 원금·지연손해금과 제2계약 지연손해금 부분 항소 → 원고가 부대항소로 제2계약 원금 청구취지 확장 ○ [2001다68914]

– **항소심의 종국재판**

㉠ 항소장각하명령 : 항소기간 도과 / 인·송·필

[大判全合2021] 항소심에서 항소장 부본 송달할 수 없는 경우 항소심재판장은 402조 1·2항에 따라 항소인에게 상당기간 정하여 피항소인 주소 보정 명해야 → 보정하지 않으면 항소장각하명령 → 법리 계속 유지 ∵ 소장 부본 송달불능 시 주소보정 명하고 원고 불응하면 소장각하명령 하는 것과 마찬가지, 항소인이 항소심 재판 진행에 필요한 최소한 요건 갖추지 않는 데 대한 제재 의미 [2017마6438]

正辯 : 〈반대의견〉은 항소장 부본 송달불능은 소송계속 중 소송서류 송달불능에 불과, 항소인이 항소장 부본 송달불능 초래한 것 아님, 소장과 항소장은 각각 각하명령이 본질적 다른 재판인 점 등에 비추어 항소장 부본 송달불능은 주소보정명령·항소장각하명령 불허된다고 보았음

㉡ 항소각하판결 : 항소요건 흠결

㉢ 항소기각판결 : 제1심판결 정당한 경우, 이유 부당해도 결론 같으면 항소기각 단, 상계항변은 예외

[判例] 항소심에서 교환적 변경 → 구청구 취하, 제1심판결 실효 → 제1심 일부인용 판결에 원·피고 모두 항소한 사안에서 교환적 변경이 있었다면 금액상 원고 청구에 추가적 인용 있어도 원고 패소부분 취소 주문 ✕, 피고 항소기각 주문 ✕ [2007다83908]

㉣ 항소인용판결(**제417조**) : 원심판결 취소·자판 원칙

ⓐ **제418조** 필수적 환송 : 원심이 소각하판결인 경우 → **제418조 단서** 다시 예외적 자판 : 제1심에서 본안판결 할 만큼 본안심리 *or* 당사자 동의 있는 경우

ⓑ **제419조** 취소·이송(판결) : 전속관할위반

7. 불이익변경금지의 원칙(**제415조**)

– 의의 : 항소인 불복신청 범위를 넘어 제1심판결보다 유리한 재판 금지(이익변경 금지), 항소인에게 불리한 재판도 금지(불이익변경 금지)
불이익변경금지원칙은 상소심에서의 처분권주의

– **[判例]** 제1심 상환이행판결에 원고가 항소한 경우, 반대급부에 기판력 생기지 않더라도 반대급부 증액하여 원고 불리하게 변경되면 ✕ (불이익변경금지) [2004다8197]

– **[判例2022]** 항소심은 당사자 불복신청 범위 내 제1심판결 당부 판단할 뿐, 설령 제1심판결 부당성 인정되어도 불복당사자의 불이익으로 변경할 수 ✕, 일방만 항소한 경우 항소심은 제1심보다 항소인에게 불리한 판결 ✕

불이익 여부는 기판력 범위 기준이지만, 동시이행 주장한 당사자만 항소했음에도 항소심이 제1심판결에서 인정된 금전채권에 기한 동시이행 주장을 공제나 상계 주장으로 바꿔 인정하면서 금전채권 내용을 항소인에게 불리하게 변경 ×, 불이익변경금지 ○ ∵ 금전채권 동시이행 받아들인 판결의 반대 당사자는 금전채권 이행 제공 않고는 채권 집행 불가 [2022다211928]

– **[判例]** 제1심이 원고 소구채권 및 피고 상계항변 모두 인정하여 기각판결
원고만 항소 → 항소심 '원고 소구채권 부존재' 판단 → '그 이유로' 원고 청구기각 ×
피고만 항소 → 항소심 '피고 반대채권 부존재' 판단 → '그 이유로' 피고 항소기각 ×
→ 양자 모두 "제1심과 같은 이유로(= 소구채권+반대채권 모두 有) 항소기각 ○"
[2010다67258, 94다18911]

– **[判例]** 부대재심 제기되지 않는 한 재심원고에게 원래의 확정판결보다 불이익 × ∵ 재심은 상소와 유사 성질 [2001다76298] 正辯 : 재심에도 불이익변경금지원칙 적용 ○

– 소각하판결에 원고만 항소 → 소는 적법, 청구는 이유없는 경우
1) 청구기각설 [**다수설, 지법판결**] : 불변금은 '본안판결'로 부여한 지위에 관한 것
2) 환송설 : 심급이익 고려하여 제1심판결 취소하고 환송해야
3) 절충설 : 본안심리 정도나 동의 여부 고려하여 청구기각 또는 환송
4) 항소기각설 [**판례**] : 청구기각이 소각하보다 불리하므로 불변금 적용
[判例] 부적법 각하한 원심참골판결을 파기하더라도 확정판결 기판력 저촉되어 어차피 청구기각 될 운명이었다면 상고기각해야 ∵ 불이익변경금지 원칙 [95다9945]

– **불이익변경금지원칙 적용 ×**
㉠ 예비적·선택적 공동소송, 독당참가 : 상소 안 한 당사자에게 유리하게 될 수 ○ (∵ 합일확정)
㉡ **형**식적 형성의 소 : 경계확정, 공유물분할
㉢ **직**권조사사항(소송요건, 판결절차 위반)　㉣ 소송**비**용재판
㉤ **가**집행선고　㉥ **부**대항소
㉦ 415조 단서 **상**계　㉧ 파기**환**송 후 원심
[判例] 불변금은 직권조사사항에는 적용 ×, 원고가 불복하지 않은 청구의 확인의 이익 조사하여 각하할 수 ○, 불변금 위반 아님 [95다14817]
[判例] 피고만 항소한 항소심에서 원고가 청구취지 확장한 경우 그것이 피고에게 불리하게 되는 한도에서 부대항소 한 것 → 항소심이 1심판결 인용금액 초과하여 원고청구 인용하더라도 불변금 위반 아님 [91다21688]

8. 상고

- **상고** : 법률심, 원심판결 적법하게 확정한 사실은 상고법원 기속(**제432조**)
  직권조사사항(소송요건, 확정판결 존재) 등 새로운 사실 참작, 필요한 증거조사 O
  [判例] 상고이유서 제출기간 경과 후에 매매예약완결권 제척기간 도과 주장된 경우에도 상고법원은 판단하여야 ∵ 제척기간 도과 여부는 직권조사사항 [99다18725]
  [判例] 채무자의 제3채무자에 대한 이행소송 계속 중 추심채권자가 압류·추심명령 받으면 채무자는 피압류채권에 대한 이행의 소 제기할 당사자적격 상실하나, 추심채권자가 압류·추심명령 신청 취하하여 추심권능 상실하면 채무자는 당사자적격 회복 → 이러한 사정이 항소심 변론종결 이후 발생했더라도 상고심은 이를 직권으로 참작해야 [2007다6041]
- **상고이유**
  ㉠ **일반적 상고이유** (**제423조**)
  판결에 영향을 미친 헌법·법률·명령·규칙 위반, 법령해석의 과오, 법령적용 과오
  그러나 증거취사·증거가치 평가나 사실인정의 과오는 ✕ (다만 사실에 대한 평가적 판단, 사실추정, 일응의 추정, 논리·경험법칙 위반은 법률문제 O)
  판단상 과오, 절차상 과오 → **[判例]** 심리미진도 상고이유 ∵ 절차법규 위반
  [判例] 판결에 당사자 주장 사항에 대한 구체적·직접적 판단 표시가 없어도 전반적 취지로 알 수 있다면 판단누락은 ✕ → 설령 실제로 판단하지 않았더라도 배척될 것이 분명하면 역시 판단누락 위법 ✕ ∵ 판결결과에 영향 ✕ [2011다87174]
  ㉡ **절대적 상고이유** (**제424조 제1항 제1~6호**)
  판결법원**구**성 위법, 판결 **관**여불가 법관, **전**속관할 위반, **대**리권·특별수권 흠, **변**론공개 위반, **이**유불명시·이유모순
  ㉢ **재심사유** (**제451조 제1항 단서**)
  절대적 상고이유 아니어도 법령위반 상고이유
- **[判例2022]** 구체적 소액사건에 적용할 법령 해석에 대법원 판례 아직 없고 같은 법령 해석이 쟁점인 다수 소액사건들이 하급심 계속되어 재판부에 따라 엇갈리는 판단 → 소액사건심판법 3조 2호 '대법원 판례에 상반되는 판단한 때' 요건 갖추지 않았더라도 대법원 직권 판단 O ∵ 소액사건이라며 대법원이 법령 해석 판단 않고 사건 종결하면 법적 안정성 해칠 우려 [2003다1878, 2021다293831]
- 상고제기는 원심법원에 (**제425조, 제396조, 제397조**) : 상고장 원심법원제출주의

– **상고이유서 제출(제427조)** : 상고기록 접수통지 받은 날로부터 **20일** 내 상고법원에 제출 강제 → 법정기간 O, 불변기간 ✕, 추후보완 ✕

[判例] 구체적·명시적 상고이유 기재 없으면 제출 ✕ [71므5]

[判例] 우편집배원 착오로 수령권한 없는 자에게 소송기록접수통지서를 배달하여 상고이유서 제출기간 도과하면 **제3호** 유추하여 '재심' O [97재다445]

正辯 : 불변기간이 아니므로 추후보완은 불가하고 재심만 되는 경우임

– **부대상고** : 전부승소자 ✕ ∵ 법률심, 청구변경·반소 불허 (≠ 부대항소)

부대상고 제기 시기 : **[判例]** 상고이유서 제출시까지 [2006다10439] → 위반시 각하

[判例] 부대상고 기간 내 제기했으나 부대상고이유 기재 ✕ → 기각 [2006다39720]

[判例] 원고가 제출한 부대상고장에 부대상고이유 기재 없고, 상고기록접수통지서가 피고(상고인)에게 송달된 날부터 20일이 경과한 후에 비로소 원고가 부대상고이유서 제출 → 원고의 부대상고는 429조에 의해 기각되어야 [2011두25005]

正辯 : 부대상고장 및 부대상고이유서 제출은 '상고인'이 접수기록통지 받은 날부터 기산

– **상고심의 종국재판**

㉠ 상고장각하명령 : 상고기간 도과 / ㉡ 상고각하판결 : 상고요건 흠결

㉢ 상고기각판결

㉣ 상고인용판결(**제436조**) : 원심판결 파기·환송 원칙

ⓐ **제437조** 예외적 파기자판 : 확정된 사실에 법령해석·적용 잘못 이유로 파기함에 새로운 사실확정이 불필요할 때, 사건이 법원 권한에 속하지 않는 때

ⓑ **제436조** 파기·이송(판결) : 전속관할위반(1심이 위반 → 2심은 파기, 1심은 취소한 후 전속관할권 있는 1심 법원에 이송)

– **파기환송 후 심리** : 환송 전 항소심의 속행

환송 전 원심 관여 판사는 환송 후 원심에서 배제(**제436조 제3항**) → 새로운 재판부 구성(**제436조 제3항**) 및 변론갱신

[判例] 환송 후 항소심에서 당사자는 새로운 사실·증거 제출, 소의 변경, 부대항소, 청구 확장 O ∵ 환송 후 항소심은 환송 전 항소심의 속행 → 환송 전의 판결보다 상고인에게 불리한 결과 O ∵ 불이익변경금지 ✕(≠형사소송법) [91다18132]

[判例] 환송 전 원심의 원고 청구 일부인용 판결에 피고만 상고 → 상고인용, 원심판결 중 피고 패소부분 파기환송 → 상고심 심리대상(= 환송 후 원심의 심판범위)은 상고되었던 '피고패소' 부분에 국한, 환송 전 원심판결 중 '원고패소' 부분은 확정되어 환송 후 원심이 심리 ✕ [2011다31706]

ⓐ 상고심에 불복했으나 상고이유 없어 기각된 부분, ⓑ 상고심이 파기하며 '자판'한 부분, ⓒ 상고심에 불복하지 않은 부분 → 상고심 판결선고 시에 이미 확정, 환송 후 항소심의 심판대상 × → ⓓ 파기환송된 부분만 ○

[判例2020] 일부인용 판결에 피고만 상고하고 상고심이 상고 받아들여 원심판결 중 피고 패소 부분 파기·환송되었다면 → 피고 패소 부분만 상고되어 상고심 심리 대상, 환송되는 사건 범위(환송 후 원심 심판범위)도 환송 전 원심 피고 패소 부분에 한정 → 환송 전 원심판결 중 원고 패소 부분은 확정 ○, 환송 후 원심 심리 × [2018다221867]

[判例] 본소·반소 각 일부인용 판결에 피고만 상고 → 원심판결 중 본소·반소에 관한 피고 패소부분을 파기환송 → 환송 후 원심의 심판범위 : 환송전 원심에서 피고 패소부분 한정 → 본소 관련 원고 패소 부분 ×, 반소 관련 피고 승소 부분 × [90다18036]

– **환송판결의 기속력(법원조직법 제8조, 제436조 제2항 후문)**

환송받은 법원이 심판할 때 상고법원이 파기의 이유로 삼은 사실상·법률상 판단에 기속되는 것 (분쟁 종국적 해결, 심급제도, 법률관계 안정, 소송경제 : **특수효력설**)

[大判全合] 대법원 '환송판결'은 동일절차에서 철회·취소 불가한 기속력, 법원조직법 8조, 민소법 436조 2항 후문에 의해 하급심에 대한 "특수한 기속력" ○ [93재다27]

[判例] 상고심이 파기이유로 삼지 않은 본안 관련 사실판단은 기속력 × → 새로운 증거에 의해 새로운 사실 인정 ○ → 그러나 명시적 파기이유로 삼지는 않았더라도 파기이유와 논리 필연적 관계 있으면 기속력 ○ [90누7890]

[判例] 종전 대법원판례를 변경하는 파기환송판결이 전원합의체가 아닌 소부에서 행해졌더라도 파기이유로 한 법률상 판단은 하급심·상고심에 기속력 ○ [80다2029]

[大判全合] 재상고심에서 상고법원 자신도 환송판결 기속력 ○ ∵ 제도 취지 관철(법령해석적용 통일, 분쟁 종국적 해결, 심급제도, 법률관계 안정, 소송경제)
→ 그러나 대법원 '전원합의체'만은 환송판결에 기속되지 × ∵ 법원조직법 7조 1항 3호, 환송판결 파기이유(법률상 판단)도 '대법원에서 판시한 법령 해석적용에 관한 의견', 전원합의체와 대법원의 책무, 소송경제 [98두15597] → 예외인정설 **[통판]**

[判例2020] 환송판결 기속력은 상고심법원도 기속 → 그러나 환송판결 선고 이후 헌법재판소가 환송판결 판단 기초인 법률조항에 위헌결정, 효력상실 → 환송판결 기속력 미치지 ×, 환송 후 원심이나 그 상고심은 위헌결정 된 법률조항 적용 ×, 환송판결과 다른 결론 내더라도 기속력 저촉 아님 [2019다2049]

※ '항고' 제도는 별도의 수험추록 참조

《 재심 》

1. 의의

– **재심** : 확정된 종국판결에 재심사유 있으면 판결 취소와 종결 사건의 재심판 구하는 비상의 불복신청
확정된 종국판결의 **기**판력·**집**행력·**형**성력 배제 목적, 구체적 정의 지향

– 소송물 : 개개 재심사유마다 소송물 별개. 기간준수는 재심사유 추가한 때 기준

2. 적법요건

– 흠결시 재심각하 판결

– ① **대**상적격 : 유효하고 확정된 종국판결
[判例] 제소 당시 이미 사망한 자 상대로 한 확정판결 ✕ [94다16564]
[大判全合] 종국판결이란 소·상소로 계속중인 사건의 전부·일부에 심판 마치고 그 심급을 이탈시키는 판결 → 대법원·제2심의 환송판결도 종국판결 ○, 중간판결 ✕ → 재심 대상인 '확정된 종국판결'은 당해 사건 소송절차를 최종적 종결시켜 하자가 있더라도 다시 통상의 절차로는 더 이상 다툴 수 없는 기판력, 형성력, 집행력 갖는 판결 → 대법원의 환송판결은 '형식적'으로는 확정된 종국판결 ○, 그러나 '실질적'으로는 확정된 종국판결 ✕, 재심 대상 ✕ ∵ 당해 심급 이탈시킬 뿐 실제로는 환송받은 하급심이 다시 심리 계속하므로 소송절차 최종적 종료시키지 ✕, 다시 심리·판단하라며 종국적 판단 유보, 기판력·형성력·집행력 직접 생기지 ✕ [93재다27]
[判例2015] 확정된 재심판결도 재심 ○ ∵ 확정된 종국판결 → 이때 '본안에 관한 심리'(454조 1항, 459조 1항 참조)는 재심판결 이전 상태로 돌아가 전 소송인 종전 재심청구에 관한 변론을 재개하여 속행하는 것 → 원래의 확정판결의 재심사유 인정한 종전 재심법원의 판단에 재심사유가 있어 종전 재심청구에 관해 다시 심리한 결과 원 확정판결에 재심사유가 인정되지 않을 경우, 재심판결을 취소하고 종전 재심청구를 기각해야 → 이때 재심사유 없는 원 확정판결 사건의 본안에 관하여는 다시 심리·재판 ✕ [2013다17124]

[判例2016] 확정되지 않은 판결에 재심 제기하고 각하되지 않는 동안 판결이 확정되었더라도 재심은 여전히 부적법 각하 [2016다35123]

– ② 재심**당**사자 : 확정판결로 불이익 받는 자가 재심원고, 이익 받는 자가 재심피고 변종 뒤 승계인 O, 제3자 소송담당에서 권리귀속주체 O, 선정자 O = 기판력

– ③ 재심**사**유, ④ **보**충성, ⑤ 재심**기**간 → (후술)

– **재심사유 : 제451조 제1항 제1~11호** (1·2·3·11호는 절대적 상고이유)

제1호 판결법원**구**성 위법

[大判全合] 판례 변경을 대법관 2/3 미달 부에서 하면 1호 재심 O [95재다199]

제2호 판결 **관**여 불가 법관 관여

제3호 대리권 및 특별한 권한수여 흠 *ex.* 종중 총회 흠결

㉠ 유추적용 **[判例]** : **중**단 간과, 허위 아닌 **공**시송달, 소송**무**능력자, **성**명모용소송, 집배원이 소송기록접수통지서 **상**고인 아닌 자에게 배달

㉡ **[判例]** 대리권 흠결 측의 '상대방'이 재심사유 삼으려면 대리권 흠 이외의 사유로도 종전 종국판결이 상대방의 이익으로 변경될 수 있어야만 재심 O [2000재다513]

㉢ **단서** '추인' : **[判例]** 대상판결 소송절차에 본인 출석하여 증거조사 결과 진술 → 제1심 소송절차의 모든 공방·증거조사결과 원용한 것 → 재심대상판결의 제1심의 소송대리인이 무권대리인 흠 치유 O, 재심 ✕ [79다2148]

제4호 법관의 직무상 **범**죄

제5호 형사상 처벌받을 다른 사람 행위로 자백했거나 판결영향 미칠 공방 제출 방해받은 때 **[判例]** 해당 소송절차에서 직접 방해받아야 → 범죄행위로 실체법상 효과 발생 저지된 것 ✕, 어떤 사실의 조작으로 법원의 사실인정을 그르친 것 ✕

[判例] 제3자가 공방 담긴 합의서를 소송 중 반환거절로 횡령죄 유죄확정 O

제6호 증거 **문**서 위조·변조 / **제7호 증**인 등 거짓 진술

[判例] 6, 7호는 상고심 재심사유 ✕ ∵ 사실인정 자체에 관한 것 [99재다746]

[判例] 거짓진술한 다른 사건 증인진술조서 제출은 7호 ✕ [91다33179]

[判例] 거짓진술 없었으면 주문 달라졌을 수 있는 개연성 요하나 확실성은 불필요하고, 거짓진술이 직접 증거가 아닌 간접적 영향을 준 경우에도 O [97다42922]

제8호 판결 기초 재판·행정처분 **변**경

[判例2019] 재심대상판결 기초인 유죄판결들이 재심으로 무죄판결 확정되는 경우 각각 별개 독립된 8호 재심사유(형사재심 재심사유 공통되더라도) [2018다300470]

제9호 판결 영향 미칠 중요사항 판단**누**락

[判例] 당사자가 주장이나 촉구했어야 [85사43]

제10호 확정판결 **저**촉 / **제11호** 상대방 **주**소 알면서 모른다거나 거짓 소 제기

- **증거확실성의 원칙 (제451조 제2항)**

  재심사유 중 가벌적 행위(**제4~7호**)는 유죄확정판결 있거나 '증거부족 외의 사유로 판결할 수 없을 때'에 한하여 재심 O → 후자는 **[判例]** 범인사망, 심신장애, 사면, 기소유예, 공소시효 완성 O / 그러나 소재불명 기소중지 ×, 혐의없음 불기소 × [99두2475, 88다카29658] → 재심각하 → 적법요건설 [통판]

- **보충성(제451조 제1항 단서)**

  당사자가 재심사유를 상소로 주장했으나 기각된 경우, 알면서도 상소심에서 주장하지 아니한 경우 → 같은 사유로 재심 × → 각하

  [判例] 재심사유 알고도 주장하지 않은 경우에는 상소 제기하지 아니하여 판결 확정된 경우 포함 [84후68]

- **재심기간** (㉠ **제3호 中** 대리권 흠결, ㉡ **제10호** 기판력 저촉 → **제457조** 재심기간 無)

  [判例] 비법인사단 대표자가 민법 276조 사원총회 결의 없이 총유물 관련 소송행위하면 특별수권 결여 → 민소법 451조 1항 3호 재심사유 O, 제척기간 적용 O (457조는 ×) ∵ 3호 中 대리권 흠결은 아니므로 [98다46600]

  [判例] 주식회사 대표이사가 금원 차용함에 있어 주주총회 특별결의 없이 제소전화해 했다면 특별수권 결여로 재심사유 O, 그러나 전혀 대리권 없는 것은 아니므로 재심기간 적용 O, 457조 적용 × [80다584]

  ① **재심사유 안 날로부터 30일 (제456조 제1항)**

  불변기간 O, 각 재심사유마다 안 때부터 진행

  4~7호 가벌적 행위는 유죄판결 확정을 안 때부터 30일(**제2항**) → 증거부족 이외의 이유로 판결 할 수 없는 경우라면 그 사유 알았을 때부터 30일

  [判例] 공소시효완성으로 공소권없음 불기소처분 사실 알았을 때 [2005다72508]

  [判例] 불기소처분에 불복하였으면 검찰항고·재정신청 결정통지 받은 날 [97다6599]

  ② **판결확정일로부터 5년 (제456조 제3항)**

  제척기간 O, 불변기간 ×

  [判例] 재심사유가 판결확정 뒤에 생겼다면 판결확정일이 아니라 재심사유 발생한 때부터 5년 (**제456조 제4항**) [91다1561]

- 항소심에서 본안판결을 했다면 제1심 판결에 재심 ×(**제451조 제3항**)

  재심은 재심을 제기할 판결을 한 법원의 전속관할(**제453조 제1항**)

  법원은 재심의 소 적부, 재심사유 존부의 심리·재판을 본안 심리·재판과 분리하여 먼저 시행할 수 있음(**제454조 제1항**)

  본안의 변론과 재판은 재심청구이유의 범위 안에서(**제459조 제1항**), 재심의 이유는 바꿀 수 있음(**제2항**)

  재심사유가 있어도 판결 정당한 경우 재심청구 기각하여야(**제460조**)

판례 색인

저자소개

변호사 **정연석**

저자약력

- 서울대학교 법학과 졸업
- 제50회 사법시험 합격
- 사법연수원 제40기 수료
- 금융권·공공기관 민사법 출제위원
- 법무법인(유한) 정률 Partner변호사
- 現 법무법인 중용 대표변호사
- 現 메가로이어스 민사법 대표강사

특강 및 저서(2023년 출간확정 포함)

- 변호사특강(서울대 법학과, 강원대/경북대/부산대/서강대/서울시립대/
  인하대/전남대/전북대/중앙대/충남대/충북대 로스쿨)
- 로스쿨이야기(필통북스, 2017)
- 로스쿨 민법의 정석 The Basic(도서출판 정독, 제3판, 2023)
- 로스쿨 민사소송법의 정석 The Basic(도서출판 정독, 제2판, 2023)
- 로스쿨 민법의 정석(도서출판 정독, 제6판, 2023)
- 로스쿨 민사소송법의 정석(도서출판 정독, 제5판, 2023)
- 로스쿨 가족법의 정석(도서출판 정독, 제5판, 2023)
- 정연석 변호사의 Daily TEST - 민법(도서출판 정독, 제4판, 2022)
- 정연석 변호사의 Daily TEST - 민사소송법(도서출판 정독, 제4판, 2022)
- 로스쿨 민사기록형의 정석(필통북스, 제4판, 2023)
- 로스쿨 민사기록형의 정석 기출문제 완전분석(필통북스, 제4판, 2023)
- 로스쿨 민사사례형의 정석(신간, 2023)
- 로스쿨 민사사례형의 정석 기출문제 완전분석(필통북스, 제3판, 2023)
- 로스쿨 선택형의 정석 기출문제 완전분석[민법](필통북스, 제2판, 2023)
- 로스쿨 선택형의 정석 기출문제 완전분석[민사소송법](필통북스, 제2판, 2023)
- 로스쿨 선택형의 정석 최신·빈출지문 3000[민사법](필통북스, 제2판, 2023)
- 로스쿨 민법의 정석 판례총정리(도서출판 정독, 제2판, 2023)
- 로스쿨 민사소송법의 정석 판례총정리(도서출판 정독, 제2판, 2023)
- 최신 2.5개년 대법원 민사판례 총정리(도서출판 정독, 제2판, 2023)

로스쿨
민사소송법의 정석 [제5판]

초판 발행 2019년 6월 5일
제2판 발행 2020년 5월 18일
제3판 발행 2021년 5월 20일
제4판 발행 2022년 5월 20일
제5판 발행 2023년 5월 15일

지은이 정연석
펴낸이 김중용
편 집 심성보
펴낸곳 도서출판 정독
경기도 고양시 일산서구 하이파크로 113, 102-204
등록 제406-2014-000093호

전 화 031)924-7203 팩 스 02)718-8554
홈페이지 www.jeongdok.co.kr 이메일 admin@jeongdok.co.kr
ISBN 979-11-6858-134-0 93360

정 가 28,000원